# COMO SE LIBERTAR
# DE UM NARCISISTA

## DRA. SARAH DAVIES

# COMO SE LIBERTAR DE UM NARCISISTA

Traduzido por Livia de Almeida

Título original: *How to Leave a Narcissist… For Good*

Copyright © 2019, 2023 por Dra. Sarah Davies
Copyright da tradução © 2024 por GMT Editores Ltda.

Todos os direitos reservados. Nenhuma parte deste livro pode ser utilizada ou reproduzida sob quaisquer meios existentes sem autorização por escrito dos editores.

As informações e orientações oferecidas neste livro não têm a intenção de diagnosticar ou substituir a opinião de um profissional qualificado de saúde mental. Os exemplos e casos apresentados aqui têm um caráter meramente ilustrativo.

*coordenação editorial:* Alice Dias
*produção editorial:* Livia Cabrini
*preparo de originais:* Rafaella Lemos
*revisão:* Ana Grillo e Hermínia Totti
*diagramação:* Ana Paula Daudt Brandão
*capa:* Natali Nabekura
*imagem de capa:* fran_kie / Adobe Stock
*impressão e acabamento:* Lis Gráfica e Editora Ltda.

CIP-BRASIL. CATALOGAÇÃO NA PUBLICAÇÃO
SINDICATO NACIONAL DOS EDITORES DE LIVROS, RJ

D289c

Davies, Sarah
    Como se libertar de um narcisista / Sarah Davies ; [tradução Livia de Almeida]. -1. ed. - Rio de Janeiro : Sextante, 2024.
    256 p. ; 23 cm.

Tradução de: How to leave a narcissist... for good
ISBN 978-65-5564-877-5

    1. Relações humanas. 2. Conflito interpessoal. 3. Distúrbios da personalidade - Narcisismo. I. Almeida, Livia de. II. Título.

24-91493                        CDD: 155.2
                                CDU: 159.923

Gabriela Faray Ferreira Lopes - Bibliotecária - CRB-7/6643

Todos os direitos reservados, no Brasil, por
GMT Editores Ltda.
Rua Voluntários da Pátria, 45 – 14º andar – Botafogo
22270-000 – Rio de Janeiro – RJ
Tel.: (21) 2538-4100
E-mail: atendimento@sextante.com.br
www.sextante.com.br

*Este livro é dedicado a todo mundo que encontra força, coragem e humildade para enfrentar o abuso narcisista e tomar as medidas necessárias para crescer, se recuperar e seguir em frente... por mais doloroso, difícil ou assustador que seja. Você é uma inspiração e espero que continue a crescer e brilhar.*

# Sumário

Introdução     9

### PARTE UM
### Os narcisistas e o narcisismo

1. O que é narcisismo?     17
2. O que é abuso narcisista?     47

### PARTE DOIS
### Os narcisistas e você

3. Sua arma secreta: informação     59
4. O triângulo do drama     67
5. Fantasia *versus* realidade: caindo na real     71
6. Identificando os sinais: Parte 1     77
7. Um par perfeito     87
8. Origens da atração: filhos de narcisistas     99
9. Sobreviver, avançar, crescer     107
10. Identificando os sinais: Parte 2 (Dentro de mim)     113

## PARTE TRÊS
## Você e a sua recuperação

| | | |
|---|---|---|
| 11. | O processo de recuperação | 135 |
| 12. | Regulação emocional | 143 |
| 13. | Mude seus sentimentos mudando seus pensamentos | 151 |
| 14. | Limites | 163 |
| 15. | Pegando o jeito dos limites saudáveis | 175 |
| 16. | A comunicação com um narcisista | 191 |
| 17. | Suavizando nosso diálogo interno | 207 |
| 18. | O processo de luto | 217 |
| 19. | Trauma e abuso narcisista | 219 |
| 20. | Gratidão e reconhecimento | 235 |

## PARTE QUATRO
## Indo além

| | | |
|---|---|---|
| 21. | Conselhos para amigos e familiares | 241 |
| 22. | Seguindo em frente | 245 |

| | |
|---|---|
| Epílogo: O escorpião e o sapo | 251 |
| Referências e sugestões de leitura | 253 |

# Introdução

Sem dúvida, se você está lendo este livro é porque já tem algum interesse no assunto. Para muitos, pode ser um grande choque despertar e perceber que alguém na sua vida pessoal ou profissional é efetivamente um narcisista. Essa percepção costuma dar início a um processo difícil e confuso. Talvez você desconfie de que precisa encerrar um relacionamento tóxico com um narcisista ou já tenha feito isso e esteja enfrentando dificuldades para entender e superar sua experiência.

Eu vivi o abuso narcisista em primeira mão. Eu mesma percorri uma jornada da recuperação e hoje ajudo muitos pacientes em meu consultório a fazer o mesmo. Grande parte do trabalho clínico que desenvolvo consiste em oferecer apoio às pessoas na hora de identificar, elaborar, administrar e se recuperar do abuso narcisista.

Se você pegou este livro porque se relacionou ou sofreu com um narcisista em algum outro contexto, o primeiro passo fundamental para sua recuperação é desenvolver uma compreensão melhor da natureza do narcisismo: como ele se apresenta, as origens dos traços narcisistas, e assim por diante.

Os primeiros capítulos oferecem uma visão geral do tema. Porém o foco principal deste livro não é o narcisista. Depois de ajudar você a compreender a base do narcisismo, vamos nos concentrar na *sua* recuperação. O objetivo é fornecer informações, dicas e técnicas para ajudá-lo a administrar seu relacionamento, se libertar do feitiço do narcisista, aprender a se proteger dele e evitar ser afetado negativamente por essa dinâmica no futuro. O foco excessivo no narcisista é uma grande parte do problema. A recuperação começa quando você volta os holofotes para si mesmo.

Minha intenção é apoiá-lo nesse processo de recuperação. Ele inclui estudos de caso baseados nas experiências de outras pessoas para ajudar você a compreender suas próprias experiências. Além disso, também traz ideias e sugestões para a sua jornada de cura e para que você não volte a passar por isso. Uma importante parte desse processo é entender como essa dinâmica relacional funciona e romper com qualquer padrão de atração que ela possa oferecer.

Há muitos narcisistas por aí. Enquanto seres humanos, procuramos naturalmente dar sentido e atribuir significado à nossa experiência. Compreender o comportamento de um narcisista, no entanto, nem sempre é fácil, especialmente no começo. Para conseguir processar sua experiência com o abuso narcisista, é importante aprender o máximo que puder sobre o narcisismo, inclusive suas origens potenciais. Mas preciso fazer uma advertência. À medida que você vai percebendo as semelhanças com o que viveu ou está vivendo, existe o perigo de ficar "estagnado" nesse estágio – tentando compreender tudo em termos analíticos; tentando entender por que a pessoa age assim. Isso pode ser paralisante. É a etapa da tentativa desesperada de descobrir como e por que isso aconteceu. Você provavelmente vai se fazer perguntas do tipo:

*Como essa pessoa pôde fazer isso? Como é capaz de ser tão maravilhosa em algumas ocasiões e tão insensível em outras? Era tão adorável no começo... o que aconteceu? Essa pessoa realmente me amou? Será que é sequer capaz de amar? O que eu fiz de errado? O que há de errado comigo? Como pôde "mudar" tanto? Como pode ser tão tóxica? Por que fez isso comigo? Isso vai mudar algum dia? Como pude não enxergar isso? Por que não atentei para os sinais de alerta? Será que a culpa é minha? Sou responsável pela situação? O que foi que eu fiz?*

Gostaria que você soubesse que é uma etapa absolutamente normal e necessária do processo passar algum tempo repassando mentalmente suas experiências com o narcisista, tentando estabelecer a cronologia dos fatos, a progressão do relacionamento e seu fim. Essa é apenas a tendência natural da mente, que quer dar sentido ao que aconteceu, analisar informações e atribuir significado à sua experiência. É seu mecanismo inato para compreender e processar tudo que vive e viveu. Nessa busca muito humana e natural por uma construção de sentido, é provável que você deseje encontrar pistas e respostas para muitas das suas perguntas. É completamente compreensível e faz parte dos primeiros estágios da recuperação. Até certo ponto, pode contribuir para sua aceitação de que houve abuso de caráter narcisista. Também é útil para seu aprendizado. Ao olhar para trás, você vai reconhecer os sinais e as pistas que estavam por ali – os comentários maldosos, os encontros frustrados, as inconsistências, a lábia, as mentiras, o ciúme, o egoísmo, a falta de consideração, o *gaslighting* e muito mais... Muitos que passaram pelo choque e o trauma do abuso narcisista perdem muito tempo revivendo tudo e tentando entender esse comportamento. Isso é normal, é uma parte essencial do processo. Em algum momento, porém, é preciso reconhecer um fato muito difícil: talvez nunca venha a encontrar todas as respostas para suas perguntas. E a razão é simples:

*É impossível usar a lógica para tentar compreender ações completamente ilógicas.*

O comportamento sem sentido é simplesmente o que se espera de qualquer narcisista. Embora seja importante e útil refletir e tentar compreender algumas das suas experiências, você vai precisar se reconciliar com a ideia de que talvez nunca consiga encontrar a explicação de que tanto precisa. Costumo ver pessoas presas nessa tentativa de encontrar o sentido em tudo. Às vezes ficam estagnadas por muito tempo. O desenrolar normal da recuperação, infelizmente, não é assim. Empacar nessa etapa é ficar preso na doença, na obsessão, na paralisia da análise, no choque e no trauma. Não é possível usar a lógica para compreender pessoas e atos ilógicos. Para seguir em frente, é preciso iniciar o difícil processo de aceitar que muitas perguntas ficarão sem resposta, e você terá que conviver com todos os sentimentos que decorrem dessa constatação.

Na realidade, essa jornada pode ser como uma dança dolorosa, um tango aparentemente interminável e terrível: dois passos para a frente, dois passos para trás – tudo isso enquanto calçamos sapatos dois números menores! Saiba que essa sensação faz parte da recuperação. É provável que você volte a enfrentar repetidas vezes o desejo de entender as coisas e de encontrar um sentido para o que viveu, algo muito compreensível. Até certo ponto, é uma etapa necessária. Haverá dias bons e outros em que a vida vai parecer uma luta. No final das contas, porém, você vai ver que é inútil insistir em encontrar sentido para o que é, essencialmente, a irracionalidade de outra pessoa. Os momentos difíceis se repetirão durante todo o processo de cura, mas com o tempo se tornarão menos frequentes, porque você vai aprender a conviver com a impossibilidade de entender o outro e a aceitar isso com mais tranquilidade. Vai ficar mais fácil. Com as ferramentas certas, apoio e trabalho terapêutico, você vai se sentir melhor.

É importante ressaltar que se você está chegando à conclusão de que está ou esteve envolvido com um narcisista, é provável que já tenha passado por poucas e boas. Essa é uma das razões pelas quais é tão crucial, a partir de agora, aprender a ter muita bondade, gentileza, generosidade e compaixão consigo mesmo. Para alguns de nós, a autoestima anda tão lá embaixo e os abusos foram tantos que o próprio conceito de autocuidado nos parece a coisa mais esquisita do mundo. Está tudo bem. Isso será abordado em capítulos posteriores, mas, por enquanto, basta reconhecer que: (a) você viveu uma experiência muito dura e difícil e (b) a partir de agora, pode começar a entrar em sintonia com o que é bom para você e a se concentrar mais no que você precisa – ou seja, tudo o que for simplesmente gentil, amoroso, solidário e que contribua para a sua cura.

Faça aqui uma breve pausa e observe como está se sentindo neste exato momento, depois de ler sobre a importância do autocuidado e da autocompaixão. O que você percebe dentro de si? Quais são seus pensamentos ou sentimentos sobre o assunto? Está sentindo vontade de pular esta parte? Descartou automaticamente todo este trecho por achar que é básico demais? Sente que já sabe tudo isso? Ou será que você realmente não entende muito bem o que o conceito de autocuidado significa? Costuma estar ocupado demais colocando as necessidades dos outros antes das suas? A ideia de ser gentil ou compassivo consigo mesmo traz mais alguma coisa à tona? Em caso positivo, o que seria? Parece um gesto egoísta? Ajuda a reconhecer que às vezes você é duro demais consigo mesmo? Ou é difícil pensar sobre isso no momento? Existe espaço para progresso? Geralmente existe.

Este livro vai falar mais sobre autocuidado, diálogo interno, bondade e compaixão em capítulos posteriores, pois são alicerces importantes para cultivarmos um relacionamento saudável com nós mesmos. Também são componentes cruciais na recuperação do abuso narcisista e, mais importante, são um escudo eficaz que nos protege de entrar e permanecer em relacionamentos abusivos no futuro. Por enquanto, porém, concentrar-se no autocuidado talvez signifique procurar amigos, conversar com um terapeuta, tomar um banho relaxante com sais de lavanda, mimar-se com algo agradável, passar um dia num spa, dedicar algum tempo àqueles que se importam com você, caminhar na natureza, desfrutar de um esporte da sua preferência, ler um livro de desenvolvimento pessoal, comer bem, ver um espetáculo com amigos ou familiares, fazer compras, fazer trabalho voluntário, praticar yoga, descansar, meditar ou tentar de alguma maneira ser gentil consigo mesmo.

Muitos daqueles que se encontram em relacionamentos com narcisistas são, na verdade, alguns dos indivíduos mais compreensivos, generosos, atenciosos e amorosos que conhecemos. Com frequência, porém, o foco das atenções deles está nos cuidados com os outros, no amor aos outros e em suprir as necessidades e os desejos de todos antes dos seus. Assim, há boas chances de que você já saiba amar, ser bondoso e atencioso – porque é o que costuma fazer pelos outros. A recuperação começa ao voltar essa compaixão, bondade, atenção e solidariedade para *você*.

---

*Relacionamentos saudáveis começam, antes de tudo, com o desenvolvimento de uma relação verdadeiramente saudável e amorosa com você mesmo.*

---

Quando fazemos esses ajustes, todos os outros relacionamentos se tornam bem mais fáceis. É assim que colocamos os relacionamentos saudáveis no caminho certo.

Estar num envolvimento com um narcisista é como passear de montanha-russa: há altos e baixos, é empolgante e divertido em alguns momentos, absolutamente terrível e assustador em outros. E, como numa montanha-russa, se o passeio se estender por tempo demais, você vai acabar passando mal. E se está lendo este livro, há uma boa chance de que já esteja farto de andar de montanha-russa. Meu objetivo é ajudar você a desenvolver a percepção e as ferramentas necessárias para sair dessa, se recuperar e seguir com a própria vida.

Este livro foi escrito com a intenção de compartilhar meus conhecimentos e experiências de modo a ajudar o máximo de pessoas possível. Deve haver pontos em que concordamos e espero que você os considere úteis. Deve haver também pontos em que você não concorde. Algumas partes podem ser difíceis de ler. Eu o encorajaria a aproveitar tudo que achar relevante e desejo sinceramente o melhor para sua jornada de recuperação e cura.

Dra. Sarah Davies

---

Ao longo das próximas páginas, você encontrará diversas histórias de pessoas que passaram por situações parecidas com as que você viveu. Esses depoimentos estão destacados em *itálico* e tiveram alguns detalhes alterados para proteger a identidade das pessoas envolvidas.

# PARTE UM
# Os narcisistas e o narcisismo

# 1
# O que é narcisismo?

O primeiro passo crucial para aprender a reconhecer o narcisismo e evitá-lo no futuro é se armar de informações sobre o assunto, compreendendo os problemas e as limitações da relação com um narcisista. A história de Narciso e Eco capta a essência desse tipo de relacionamento.

### NARCISO E ECO: A TRAGÉDIA

A palavra "narcisismo" vem do grego, especificamente de um personagem da mitologia grega, Narciso. A história de Narciso e Eco fala sobre uma relação trágica e destaca bem a dinâmica observada entre narcisistas e "ecoístas", aqueles que costumam se sentir atraídos por eles.

Narciso era um caçador belo e carismático que tinha a reputação de partir muitos corações por rejeitar o amor dos outros. Nunca satisfeito, ele era arrogante e indiferente. Diz a lenda que, como punição por seu comportamento de desdém e arrogância, Nêmesis, a deusa da vingança, lançou um feitiço sobre ele para fazê-lo se apaixonar pela primeira pessoa que visse. Pouco depois, num dia extremamente quente, extenuado após a caçada, Narciso decide descansar um pouco à beira de um lago tranquilo. Ao tomar um gole de água, ele vê uma imagem na superfície e fica embevecido no mesmo instante – apaixonado pelo seu reflexo. A partir daquele momento, Narciso permanece completamente fascinado, cativado por sua imagem e por todas as razões pelas quais ele é admirado. E não percebe que, na realidade, está apaixonado por sua própria imagem idealizada. E então começa uma busca infrutífera por esse amor inalcançável.

Eco era uma linda e doce ninfa da montanha que foi punida pela deusa

Hera por ser muito tagarela. Como castigo, Hera a privou da capacidade de se expressar diretamente, de modo que ela só conseguia se exprimir repetindo as últimas palavras dos outros, terminando frases, mas incapaz de iniciá-las. Ao conhecer Narciso, Eco se apaixona perdidamente. Tenta com desespero alcançá-lo, conectar-se, comunicar-se com ele e fazer com que ele a ouça, veja, reconheça sua existência e a ame... mas não consegue. Ele também não é capaz disso. Eco anseia pela atenção e o afeto de Narciso com dor e desespero, mas ele permanece fixado em si mesmo. Ele continua a rejeitar Eco e seu amor, mas a ninfa, sem se intimidar, passa a vida consumida pela busca do impossível com Narciso. Eco acaba desaparecendo, e tudo o que resta dela é sua voz, ecoando. Narciso também definha por conta do amor cego que nutre por si mesmo, morrendo pela agonia de nunca conseguir alcançar o objeto de seu desejo. Os dois têm um fim trágico, relegados à insatisfação e ao sofrimento, sozinhos, com o coração partido.

A história de Narciso e Eco descreve a busca infrutífera e a obsessão em torno da fantasia do "amor" pelas duas partes envolvidas. Narciso é obcecado por si mesmo e apaixonado por sua própria imagem, mal percebendo quem se encontra ao seu redor, enquanto Eco concentra tanta atenção e esforços nele que não lhe sobra nada de si.

*É provável que tudo tenha começado bem antes do que eu gostaria de admitir, nos primeiros meses em que estávamos juntos. As inconsistências e as agressões verbais... Houve diversas ocasiões em que fui atingida por uma verdadeira onda de agressões verbais. Ser chamada de egoísta, louca, até mesmo de abusiva e narcisista... Parece loucura agora, mas eu aceitei. Na verdade, eu estava em estado de choque e descrença, sem entender como ele podia ser tão adorável num momento e em seguida totalmente vil. Acho que simplesmente não conseguia ver o que estava acontecendo. Eu estava cega.*

*Olhando para trás, essas agressões costumavam acontecer nas vezes em que eu queria sair com as amigas, tentando desfrutar uma noite só com as meninas de vez em quando. A princípio, ele desejava que eu me divertisse, muitas vezes me comprando presentes antes de eu sair. Minhas amigas ficavam com inveja – o parceiro delas não fazia aquilo, ressaltavam. Vejo os presentes e o momento em que eram dados como algo bastante sinistro, porque minhas amigas diziam que ele era delicado por me dar coisas bonitas, e então não conseguiam entender quando eu contava, mais tarde, que ele estava sendo terrível comigo. Elas meio que desconsideravam: "Este é um homem adorável que compra lindos presentes!" Era um namorado maravilhoso para quem via de fora. E assim passei a guardar as humilhações em segredo. Percebo agora que era o que ele queria.*

*De qualquer forma, as noites começavam bem. Aí, mais tarde, eu recebia telefonemas e mensagens em que o tom dele ia ficando cada vez mais agressivo e irracional. Era acusada de não me importar com ele, de abandoná-lo, de ser egoísta, de flertar, de ser promíscua. Nada disso era verdade, mas, estranhamente, eu me sentia muito culpada! Eu me sentia péssima, como se tivesse feito algo de errado. Ficava apavorada. Chegava a perguntar a mim mesma se tinha feito alguma coisa! Depois, era eu quem tentava desesperadamente me redimir, mesmo sem ter feito nada. No dia seguinte eu passava o tempo todo pisando em ovos. Ele se mantinha calado e distante. Às vezes agia como se nada tivesse acontecido, como se não tivesse ideia do que eu estava falando, ou culpava a bebida, como se não fosse nada de mais. Eu estava cega na época. Só agora, de fora da situação, consigo enxergar com mais clareza. Eu passava muito tempo confusa. Fazia tudo por ele, mas nunca era o suficiente. Eu me perdi, perdi minha voz. Não conseguia entender por que ele não conseguia me apreciar nem retribuir meu amor. Agora percebo que é porque ele não é capaz disso. É preciso me concentrar na minha autoestima e me lembrar de que mereço coisa melhor.*

Compreender a verdadeira natureza e a profundidade das questões do narcisismo, do ecoísmo, da codependência e de outras características que nos deixam vulneráveis a sentir atração por personalidades narcisistas (ou a atraí-las) é fundamental para reconhecer e, em última análise, aceitar a falta de sentido e a loucura nesse tipo de dinâmica de relacionamento.

É importante começar a se separar do narcisista e vice-versa, passando a entender que os comportamentos, a mentalidade, as dificuldades e as questões da outra pessoa dizem respeito apenas a ela. Não cabe a você, a mim nem a mais ninguém assumir a responsabilidade por ações, escolhas, dores, traumas, vícios e mentiras do outro. É importante – na verdade, é essencial – para a recuperação e o crescimento dele, que ele aprenda a fazer isso por conta própria. Se, por qualquer motivo, essa pessoa não puder ou não quiser, é crucial saber que isso também é um problema *dela*, uma responsabilidade *dela*, e não *sua*. Da mesma forma, *a sua* responsabilidade é trazer o foco de volta para as suas próprias ações e escolhas, seus comportamentos, traumas, necessidades e desejos. Trata-se de voltar a se colocar em primeiro lugar e trabalhar em si mesmo. Para encontrar a recuperação e a cura após um relacionamento abusivo, é vital exercitar um desapego saudável e dedicar-se a recuperar um equilíbrio mais saudável.

## Narcisismo e Transtorno da Personalidade Narcisista

O transtorno da personalidade narcisista, muitas vezes referido como TPN, é uma condição psiquiátrica do "Grupo B", conforme a definição do *DSM-5* (o Manual Diagnóstico e Estatístico de Transtornos Mentais). Esse transtorno é caracterizado por padrões de comportamento e atitudes consistentes que giram em torno de uma percepção exagerada de si mesmo, do descaso pelos outros e de uma necessidade patológica de atenção e admiração, juntamente com uma nítida falta de empatia. Narcisistas têm uma preocupação com realizações e sucesso, dinheiro, poder, prestígio, grandiosidade e um elevado conceito de si próprios. São manipuladores e não pensam duas vezes antes de usar ou tirar vantagem de outras pessoas ou organizações para seus próprios objetivos egoístas. Na verdade, muitos deles veem os outros apenas como mercadorias e são incapazes de experimentar relacionamentos ou conexões profundas e autênticas com as pessoas.

As principais características do transtorno da personalidade narcisista incluem as seguintes:

- Uma forte percepção de grandiosidade, com expectativas de tratamento especial por parte de outras pessoas ou instituições.
- Questões fundamentais de identidade pessoal: narcisistas precisam receber dos outros constantes demonstrações de consideração,

feedbacks positivos, admiração e adoração a fim de regular a sua autoestima e seu senso de individualidade.
- Demonstrações de atos e comportamentos egoístas e autocentrados.
- Uma percepção exagerada do próprio valor: narcisistas aumentam ou mentem sobre suas realizações, sua importância, seu status e suas habilidades.
- Arrogância.
- Ansiedade.
- Uma necessidade patológica de admiração e atenção.
- Baixa autoestima e insegurança profunda – compensadas por arrogância, soberba, pela depreciação dos outros e por comportamentos críticos ou comentários maldosos em relação a eles.
- Uma obsessão por ideias e fantasias de sucesso, poder, riqueza, amor, brilhantismo, aparência ou imagem.
- Uma sensação ou crença de que são "especiais", "diferentes" ou "únicos".
- Uma forte convicção de merecer privilégios.
- Extremamente manipuladores e/ou exploradores nas relações interpessoais, narcisistas tiram vantagem dos outros para alcançar seus próprios objetivos.
- Uma nítida falta de empatia genuína. Na verdade, narcisistas podem parecer atentos aos sentimentos dos outros, mas muitas vezes apenas para prever como isso poderia afetá-los. Demonstrações de empatia são usadas somente para manipular e, em última análise, estão sempre voltadas a seus próprios objetivos egoístas.
- Relutância em assumir ou em aceitar responsabilidade pessoal por quaisquer erros ou delitos.
- Uma forte tendência a culpabilizar os outros.
- Vícios e questões que têm a ver com excessos, incluindo tendências obsessivo-compulsivas, uso de drogas, alcoolismo, vício em sexo, amor, pornografia, jogos de azar, trabalho, etc.
- Incapacidade de formar ou manter relacionamentos significativos ou de longo prazo.
- Medo e/ou incapacidade de intimidade emocional real e/ou compromisso.

- Agressividade ou comportamento agressivo, dificuldade em controlar a raiva e a fúria.

É importante notar que uma pessoa pode ter todas essas características ou apenas algumas. Se você reconhecer muitas delas em um parceiro atual ou antigo, é possível que essa pessoa apresente TPN ou traços narcisistas. No entanto, um diagnóstico formal só pode ser dado por um profissional clínico qualificado.

Essas são as características principais, mas os narcisistas podem ter inúmeros comportamentos diferentes. De modo geral, existem dois tipos principais de narcisistas e falarei deles com mais detalhes a seguir.

### Narcisismo grandioso

Um **narcisista grandioso** encarna o estereótipo mais conhecido e é bem mais fácil de detectar do que outras formas mais sutis de narcisismo. Ele tem a característica de grandiosidade frequentemente retratada em Hollywood e encontrada no mundo dos negócios, na política e entre celebridades. Tradicionalmente, esse narcisista explícito é visto como um homem sedutor, sofisticado, carismático e confiante (embora, claro, também possa ser uma mulher), geralmente ocupando alguma posição de poder. Os narcisistas grandiosos são frequentemente empreendedores, empresários, CEOs, políticos e artistas famosos ou detêm cargos de grande influência e prestígio.

Vestindo roupas caras, de grife, elegantes ou excêntricas, fragrâncias poderosas e exibindo um brilho no olhar, eles são o tipo de narcisista que chama atenção numa festa. Eles atraem e procuram se cercar de admiradores desavisados, exibindo muito charme, carisma, confiança e apelo sexual. Os narcisistas grandiosos muitas vezes parecem poderosos, autoconfiantes e seguros de si, arrogantes, no controle, inatingíveis e indestrutíveis na superfície. Costumam ser muito vaidosos, mas ao mesmo tempo galanteadores muito bonitos e atraentes – embora enfrentem inseguranças, obsessões ou paranoias em relação à aparência e à própria imagem. Também podem ser divertidíssimos, animados, donos de um incrível senso de humor, românticos, espontâneos e aparentemente amorosos e adoráveis. Talvez demonstrem até um toque de vulnerabilidade para tentar enfeitiçar os outros. É fácil ver por que tantos sucumbem aos seus encantos. Eles têm o poder de fazer com que as pessoas ao seu redor se sintam maravilhosas instantaneamente e, no entanto, também têm o poder de destruir e maltratar.

Muitas vezes é mais fácil identificar narcisistas grandiosos, pois eles se comportam e tratam os outros de uma forma bem mais óbvia, clara e direta. Quase sempre são descaradamente viciados em ser o centro das atenções, exibem comportamentos de alto risco e são egoístas e manipuladores. Tendem a ser obcecados por riqueza, status, sucesso, reconhecimento, admiração e poder, mas ao mesmo tempo são extremamente sensíveis à rejeição, à crítica ou à culpabilização, reais ou percebidas. São abertamente volúveis, manipuladores e muitas vezes agressivos em suas tentativas de controlar os outros e de conseguir o que desejam. Qualquer um que ouse contrariá-los provavelmente terá que lidar com a fúria narcisista. São pessoas que procuram intimidar e prejudicar, ou subitamente abandonam os indivíduos com quem antes interagiam, cortando-os completamente da vida como se nunca tivessem existido. Também é provável que criem campanhas de difamação ou ódio em resposta a qualquer rejeição ou desentendimento. Vão querer romper relações ou punir qualquer um que não os adore ou não os admire da maneira que eles tão desesperadamente precisam. Em última análise, a manipulação egoísta é alcançada por meio de uma variedade de formas bizarras e incrivelmente sutis.

*Lembro-me muito claramente do dia em que conheci John. Foi durante uma festa numa conferência. Nós dois trabalhamos no setor jurídico, então alguns amigos e colegas meus já o conheciam. Ele chamou minha atenção assim que entrou no salão. Devia haver centenas de pessoas ali, mas eu o vi passando pela porta, do outro lado da sala. Era um homem incrivelmente bonito, alto e uma das primeiras coisas que notei foi seu sorriso luminoso e cativante. Ele era muito atencioso, cumprimentando todo mundo enquanto atravessava o salão. Quando fomos apresentados, fiquei com as pernas bambas. Ele era tão lindo, carismático, bem-vestido, cheiroso... eu nem acreditava que ele estava ali, querendo falar comigo!*

*Tive uma reação física muito forte à sua mera presença. Eu sei que pode parecer loucura, mas era esse o poder que ele tinha sobre mim antes mesmo de nos falarmos! Normalmente sou uma pessoa bem calma, controlada e confiante, mas fiquei nervosa ao falar com ele. Havia química e energia circulando entre nós dois – eu nunca tinha sentido nada semelhante. Eu também sentia que era capaz de ver profundamente em seus olhos, como se pudesse enxergar quem ele era de verdade. Parecia uma conexão profunda.*

*Olhando para trás, percebo que tudo era tão intenso, tão avassalador na época, que logo se tornou viciante – ele era como minha dose de crack. Naquela noite trocamos números de telefone. Lembro que, enquanto ia embora da festa, ele se virou e sorriu só para mim. Naquele momento me senti muito especial. Era como se, entre centenas de pessoas bonitas, inteligentes e interessantes, ele só tivesse olhos para mim. Foi fascinante. Havia um poder ali desde o primeiro dia, sem dúvida. Ele me mandou uma mensagem naquela noite e logo iniciamos uma conversa e marcamos nosso primeiro encontro para o próximo fim de semana... Foi intenso desde o início.*

## NARCISISMO ENCOBERTO

O **narcisista encoberto** se apresenta de um jeito ligeiramente diferente, que é um pouco mais difícil de detectar. Em essência, ele compartilha a mesma patologia do narcisista grandioso, com ego e autoestima frágeis – uma condição decorrente do mesmo tipo de dano sofrido na infância. (Vamos explorar esse assunto em breve.) No entanto, os narcisistas do tipo encoberto parecem mais inocentes e vulneráveis. Podem ter fala mansa, ser sedutores, gentis, despretensiosos, talvez tímidos, discretos, sensíveis, atraentes, doces e prestativos. Mascaram sua vulnerabilidade e seu medo profundamente arraigados por meio de uma série de técnicas de controle e manipulação mais sutis do que aquelas normalmente observadas no narcisista grandioso. Isso inclui passar uma imagem de atenciosos e prestativos, até mesmo altruístas, apenas para satisfazer as próprias necessidades. Eles assumem o papel de salvador. Podem ser muito generosos, comprando presentes, oferecendo recursos, pois usam a situação financeira para ganhar poder e controle.

Conseguem deixar os outros envergonhados de várias maneiras sutis e indiretas. Costumam fingir ou utilizar doenças e questões de saúde (reais ou imaginárias) para suscitar compaixão, cuidado e preocupação, por exemplo, ou induzir a culpa nos outros como forma de obter controle e satisfazer os próprios desejos. Ou então encontram formas sutis e indiretas de receber atenção, compaixão ou admiração. Isso inclui usar o amor e o sexo como forma de controlar ou de manipular. O narcisista encoberto costuma ser um sedutor silencioso e, em última análise, todas as técnicas das quais lança mão servem apenas para satisfazer suas próprias necessidades narcisistas.

O encoberto com frequência é o mártir que sacrifica as próprias necessidades pelos outros (e como seria bom se todos pudessem ver e reconhecer isso!). Acha mais fácil exibir voluntariamente suas "fraquezas" ou "vulnerabilidades" do que o narcisista grandioso. Por isso, fica feliz em relatar como foi vitimizado, maltratado pelos outros, incompreendido e injustiçado, e mostrar como a culpa é sempre dos outros. Tudo isso com o objetivo final de manipular e controlar para receber atenção, afeto e a compaixão de que seu ego frágil necessita desesperadamente. Um narcisista pode exibir uma mistura das características dos dois tipos.

A partir da minha experiência e da minha atuação clínica, identifiquei vários perfis narcisistas principais do tipo encoberto, descritos em mais detalhes a seguir. Eles são mais difíceis de identificar do que o narcisista abertamente assumido e arrogante, com fantasias de grandeza, mais frequentemente retratado na mídia. No entanto, são igualmente – e em alguns aspectos mais – perturbadores, pois muitas vezes estes tipos de personalidade demonstram características atraentes e agradáveis ao mesmo tempo que são controladores e manipuladores, o que só aumenta a confusão do parceiro. Um ponto importante a notar é que os narcisistas podem ter mais de um tipo de perfil encoberto: você pode reconhecer as qualidades de dois ou mais perfis na mesma pessoa.

### *O focado nas realizações*

O narcisista focado nas realizações procura se aproximar de pessoas que têm status, uma boa rede de relacionamentos, um trabalho desejável ou importante. Para ele, só importa o que você faz da vida e o que possui. Nada é suficiente para um narcisista materialista. Ele comunica de várias maneiras que nada que você conquiste é suficiente. Procura parceiros que tendem a ser *workaholics* esgotados, desempenhando seu próprio papel na busca interminável pelo "suficiente" que nunca vem. Aqui, muitas vezes há um claro descaso pelo bem-estar emocional do outro. Esse tipo pode ignorar ou não reconhecer o cansaço/estresse ou as necessidades emocionais do parceiro, sempre reafirmando – por meio de críticas e elogios ou demonstrações e recusas de amor – a ideia de que o amor dele por você depende de conquistas ou ganhos.

> *Meu parceiro raramente ajudava em casa. Eu trabalhava muito, com uma carga horária pesada, num cargo exigente, e chegava exausta e estressada. Ele passava o dia em casa, administrando propriedades que possuíamos. Eu chegava e a casa estava uma bagunça (apesar de termos diarista) – sem comida na geladeira, nada preparado para o jantar. Ele esperava que eu trabalhasse, arrumasse a casa e cozinhasse também. Eu estava exausta. Olhando para trás, eu estava nas últimas. Não sei como conseguia. Mas me sentia obrigada a agradar. Para não decepcioná-lo. Eu não queria deixá-lo desapontado. Quando eu demonstrava que estava cansada ou que algo era difícil para mim, era como se fosse um sinal de fraqueza. Quando encontrávamos amigos, ele falava sem parar sobre como sentia orgulho de mim, de tudo que eu conquistara e de todas as coisas que eu conseguia conciliar. Parecia impossível fazer menos.*

### *A vítima*

O narcisista encoberto do tipo vítima não vê o menor problema em mostrar e compartilhar suas "vulnerabilidades" com os outros. Queixa-se com frequência da forma como foi ou é tratado. Tende a ter um histórico de ex-parceiros, relacionamentos ou empregos "ruins". Todas as suas relações tóxicas anteriores foram por culpa de terceiros – ou pelo menos é o que ele alega. Nunca considera sua própria participação nas circunstâncias. De forma mais abusiva, ele reclamará que é uma vítima também no relacionamento atual. Acusará o parceiro e se queixará de que ele não o entende ou não dá importância às suas necessidades. Pode sugerir que é vitimizado pela raiva, pelas inseguranças e por outros sentimentos de terceiros. Mas observe como ele é sempre a vítima e nunca é capaz de assumir sua parcela de responsabilidade em qualquer questão nem se interessa em fazê-lo. É assim que esse tipo se coloca nessa posição e leva os outros a assumirem o papel de "salvador" ou manipula seus sentimentos de culpa, fazendo chantagem emocional para levá-los a agir de uma forma que atenda às suas próprias necessidades e desejos egoístas.

*Quando conheci meu parceiro, ele tinha um emprego bom e bem remunerado que considerava estressante, mas de que, em geral, gostava. Hoje percebo que esse trabalho lhe conferia um status que era absolutamente necessário para sua autoestima frágil. Depois de um ano de relacionamento, ele pediu demissão e, na mesma época, decidimos nos mudar de cidade. De um modo bizarro, ele passou a se referir constantemente ao "fato" de ter largado "seu trabalho importante por mim" e a dizer que, por isso, de alguma forma, eu deveria ser eternamente grata, pois estava em dívida com ele. Nunca pedi que ele fizesse aquilo. Não foi sequer minha decisão. Fiquei confusa com esses comportamentos, mas, na mesma época, comecei a ler sobre narcisismo e comportamentos abusivos e controladores. E percebi que ele estava tentando me fazer sentir mal e culpada.*

*Nosso relacionamento começou a se deteriorar e, ao chegar ao meu limite, decidi não tolerar mais seu comportamento controlador. De algum modo, encontrei forças para partir. Ouvi dizer que ele ainda me culpa por sua mudança profissional. E não é só isso: ele me pinta como se eu fosse a malvada, sugerindo que nos mudamos por minha causa e que depois eu fui embora e o abandonei! Até onde consigo entender, ele conquista uma série de vantagens ao se retratar como a "vítima". Seus amigos e familiares o apoiam e oferecem compaixão. Todos falam de mim como a perversa, a maluca. Ele é a vítima, coitado. Mas é tudo conversa fiada que não passa de puro narcisismo.*

### *O libertador/salvador*

O narcisista libertador/salvador é na verdade um tipo de que ouço muito falar em meu consultório. Curiosamente, as pessoas parecem conhecê-lo ou começar relacionamentos com ele em momentos de vulnerabilidade, quando passaram por algum rompimento ou divórcio recente, durante o luto ou um período particularmente estressante no trabalho. É quase certo que o salvador apareça quando você está mais frágil. Ele surge como um príncipe num cavalo branco, pronto para cuidar de você, protegê-lo e lhe dar toda a atenção. É uma variação do bombardeio de amor (*love bombing*) e, sinceramente, se ele encontrar você numa fase de carência, será fácil sucumbir e recebê-lo de braços abertos. No entanto, tal como acontece com o bombardeio de amor nas fases iniciais do relacionamento, acaba sendo criada uma dependência pouco saudável e, com o tempo, o narcisista salvador se torna controlador.

*Eu não estava divorciada havia muito tempo quando conheci Michael. Tinha acabado de passar por um relacionamento emocionalmente abusivo e por um divórcio amargo e demorado. Eu estava exausta. E aí apareceu Michael, e eu mal conseguia acreditar na minha sorte! Ele era romântico, atencioso e amoroso, me dava presentes, cozinhava para mim depois do trabalho – na verdade, me levava e me buscava no trabalho. Ele me ajudou na minha recuperação financeira. E logo passou a fazer questão de pagar as contas da casa. Foi morar comigo seis meses depois de nos conhecermos.*

*Olhando para trás, eu estava tão abatida por causa do meu relacionamento anterior que praticamente não tinha energia para dizer "não" a nenhuma de suas sugestões. Eu deixei que ele fizesse o que bem entendesse. Para ser sincera, foi muito bem-vindo ter alguém tão amoroso para cuidar de mim na época, pois era exatamente o oposto do que havia acontecido no final do meu relacionamento anterior. Mas, com o tempo, à medida que passei a me sentir melhor e mais forte, comecei a perceber como ele era controlador. Ele queria – na verdade, acho que ele precisava – fazer quase tudo por mim. Eu mal conseguia respirar. Se eu insistisse em comprar minha própria comida ou viajar a trabalho sozinha, ele ficava desconfiado, chateado, ressentido e arrumava discussões. Era incrivelmente carente e fazia muita chantagem emocional.*

*Comecei a sentir muita ansiedade e ter ataques de pânico quando percebi que tinha entrado em outro relacionamento abusivo. Ele apareceu quando eu estava vulnerável. Foi então que procurei ajuda profissional para acabar de uma vez por todas com esses padrões. Pensei: preciso abandonar esse tipo de relacionamento!*

## O adicto

O problema com vícios é uma característica comum em narcisistas e geralmente é um elemento fácil de detectar em parceiros em potencial. No entanto, incluí essa característica entre os perfis de narcisistas encobertos porque pode ser usada para manipular e fisgar parceiros de uma forma um pouco mais sutil. Com isso, quero dizer que o adicto buscará parceiros para ajudá-lo, resgatá-lo, consertá-lo ou, de alguma forma, assumir a responsabilidade por suas ações. Qualquer forma de vício é, em sua essência, um comportamento narcisista, e adictos ativos são pessoas egoístas e autocentradas cujo único foco é obter e desfrutar da próxima dose – independentemente da droga ou de seu comportamento de escolha. Isso envolve toda uma série de manipulações para manter o vício. O narcisista adicto tentará colocar os parceiros em uma posição de salvador, cuidador ou quebra-galho, e em geral fará chantagem emocional para obter o que quer. Com frequência também assume a posição de vítima para facilitar sua dependência ativa.

*Quando descobri que Lucy havia me traído, fiquei arrasado. Antes disso, eu achava que tivéssemos um ótimo relacionamento. Ela era linda, inteligente, engraçada, fazíamos muitas coisas juntos, viajávamos, etc. Encontrei mensagens de texto no celular dela e a confrontei. No começo ela ficou furiosa, dizendo que era eu quem estava errado por não confiar nela e ter olhado seu telefone. Eu me senti péssimo. Na época, me senti muito mal e culpado por ter espiado. Ela me fez sentir como se o errado fosse eu.*

*Lucy me disse que tinha sido uma vez só, porque eu estava viajando a trabalho e ela se sentiu muito só. Basicamente, ela me culpava e dizia que se eu não a tivesse deixado sozinha uma semana inteira, ela não precisaria ter me traído. Eu lhe disse que estava indo embora. Então ela chorou histericamente e me implorou para ficar, dizendo que estava arrependida e que havia cometido um erro. Insistiu que precisava de ajuda, que iria procurar terapia e nunca mais faria aquilo. Eu senti sua dor. Percebia que ela estava em sofrimento. Acho que queria acreditar nela. Senti pena dela e também me senti parcialmente culpado.*

*Tentamos de novo. Ela foi a um terapeuta para uma sessão, mas voltou dizendo que aquilo não servia para nada e parou de ir. Meses se passaram. A confiança havia acabado e três meses depois encontrei o recibo de um motel. Soube então que ela ainda estava me enganando e continuava mentindo. Tive que terminar a relação naquele momento.*

## *O psicossomático*

O narcisista psicossomático usa dores, doenças e problemas de saúde – reais ou imaginários – para ser o centro das atenções. A doença e as queixas de sintomas são utilizadas para controlar, manipular e até mesmo para impedir que os parceiros o abandonem.

*Quando cheguei à conclusão de que estava em um relacionamento com uma parceira altamente carente e manipuladora, comecei a fazer planos para deixá-la. Porém, sempre que eu fazia isso, ela fingia estar doente ou ficava mesmo muito doente. Foi só depois da quinta ou sexta vez que isso aconteceu, que um amigo me alertou de que esse era um padrão claro. Ela chegou a marcar uma cirurgia! E vivia fazendo chantagem emocional para que eu não partisse. No entanto, quando percebi esse padrão muito manipulador, fui embora imediatamente e nunca olhei para trás!*

Alguns narcisistas vão oscilar entre as variedades grandiosa e encoberta, e é provável que todos eles tenham um histórico de ex-parceiros/amigos/colegas "psicopatas" e, portanto, se coloquem na posição de vítima. Se este padrão de relacionamento-desastroso/vitimização se repetir, eu diria que existe um denominador comum na mistura – e essa é a pessoa que devemos evitar!

*Quando conheci Andrew, minhas primeiras impressões foram de que ele era um homem muito doce, gentil e paciente. Parecia ser querido pelos colegas e tinha um ótimo senso de humor. Era um homem legal, bastante discreto e de fala mansa. Ele me falou abertamente sobre as dificuldades que havia enfrentado na vida, que era divorciado, tinha sido alcoólatra, mas entrara no Programa de 12 Passos e estava sóbrio e abstinente havia mais de 10 anos. No começo, eu o achei atencioso. Parecia franco e sincero, vulnerável até. Nossa conexão foi imediata.*

*Eu tinha acabado de ficar solteira e acho que estava me sentindo muito solitária na época. Andrew apareceu e rapidamente me bombardeou com elogios, presentes, jantares e saídas noturnas, até mesmo viagens românticas. Embora ele não fizesse muito o meu tipo, aceitei. Acho que gostei da atenção e da aura de romantismo. Ele estava apaixonado e eu me senti lisonjeada. Olhando para trás, posso ver que ele rapidamente se apegou, talvez até tenha ficado obcecado por mim. Logo me disse que me amava e que nunca havia sentido nada parecido. Posso ver agora, com a ajuda do meu terapeuta, que essa relação se baseava em fantasias desde o início – para ele com certeza, mas para nós dois até certo ponto.*

*Na época eu não estava bem e não tive forças para interromper o rumo das coisas... Senti que ele meio que me empurrou para um relacionamento para o qual eu não estava pronta ou talvez nem quisesse. Embora eu tivesse dito a ele que queria ir com calma, ele nunca me ouviu – ele nunca me dava ouvidos. Sempre dizia que só queria o meu bem. Era como se ele acreditasse saber o que era melhor para mim, mais do que eu mesma. Eu achava isso muito chato e desrespeitoso na verdade, como se eu não fosse capaz de tomar minhas próprias decisões. Mas eu andava muito passiva e simplesmente fui levando. Ele sabia ser bastante dominador. Naquele momento, porém, foi bom ter alguém que assumisse o comando, e eu me deixei levar. Alguns meses depois, eu já estava começando a me sentir sufocada. Ele queria que fizéssemos tudo juntos. Em pouco tempo, estávamos praticamente morando juntos, mas eu sabia que queria terminar.*

*Ele logo se tornou controlador, querendo saber onde eu estava, com quem estava, ficando mal-humorado e me tratando com indiferença sempre que eu saía sem ele ou quando fazia algo "errado". Às vezes eu nem sabia o que ele esperava que eu fizesse. Ele também não falava nem explicava os motivos de sua irritação. Isso me causava uma ansiedade muito grande. Agora percebo que seu comportamento era abusivo. Ele não me* dava nenhum espaço pessoal. Mesmo que estivéssemos discutindo, ele não me deixava sair do quarto ou dar uma volta para me acalmar. Acho que ele não conseguia tolerar que eu estivesse longe dele. Ele mesmo admitiu que não sabia muito bem como ficar sozinho. Quando eu tentava terminar a relação, ele me ignorava completamente, negando que houvesse algo de errado, ou de alguma forma manipulava os fatos como se eu fosse incapaz de tomar uma decisão. Eu passei a duvidar de mim mesma. Duvidava se realmente queria deixá-lo e não sabia mais o que pensar nem o que sentir. Ele também fazia ameaças vagas, dizendo coisas como: "Tudo bem, você vai embora... e depois vai ver o que acontece." Isso me deixava em pânico e, paralisada pelo medo, eu acabava não indo a lugar nenhum. Era terrível. Eu me sentia encurralada. Ficava preocupada, imaginando o que poderia acontecer. Sei que parece loucura, mas tentei partir muitas vezes antes de conseguir. Em todas as ocasiões, havia algum tipo de desculpa ou dramalhão.

Todas as vezes que eu tentava ir embora, ele de repente ficava muito doente, acamado e usava seus problemas para fazer chantagem emocional e me fazer ficar. Eu ficava presa de novo, sentindo-me obrigada a cuidar dele. Eu andava uma pilha de nervos naquela época. Ele usava a doença e fingia ter preocupações com a saúde para me impedir de partir. No final, comecei a perceber o padrão: sempre que estava prestes a deixá-lo, eu acabava numa consulta médica, numa visita ao hospital ou cuidando dele em casa. Era uma loucura.

Sempre que mencionava isso ou tentava conversar com conhecidos em comum sobre o assunto, eu me sentia muito incompreendida. Foi uma época de muita solidão. Ninguém acreditava em mim, porque ele parecia uma pessoa muito diferente, comparado ao que eu via entre quatro paredes. Não acho que as pessoas realmente acreditassem em mim ou quisessem se envolver. Em muitas ocasiões, testemunhei mudanças súbitas de comportamento nele quando alguém estava por perto. Todos pareciam pensar que ele era adorável e gentil e que eu tinha sorte de estar com ele. Isso me fazia duvidar seriamente do meu próprio julgamento. Achava que tinha entendido tudo errado. As pessoas pensavam que eu era o problema, que eu estava sendo horrível. Ele às vezes até "brincava" com os amigos, dizendo que eu não estava bem mentalmente, que tinha um transtorno *de personalidade, que a louca era eu. Eu me sinto péssima só de pensar nisso, de tão terrivelmente controlador e abusivo que ele era. Hoje vejo isso com muita clareza. Durante aquele tempo, porém, eu sentia as mudanças em mim, não me reconhecia mais. Minha autoestima e minha confiança ficaram realmente abaladas. Perdi o contato com muitos de meus amigos. Estava exausta.*

*Houve um momento que foi a gota d'água. Não sei de onde tirei forças, mas um dia soube que não aguentaria mais. Fiz as malas e fui embora. Eu me senti melhor e voltei a me reconhecer quase imediatamente! Minha recuperação continuou desde então e estou muito feliz por ter escapado. Estou livre.*

## A ESCALA NARCISISTA

Existe uma escala do narcisismo. As características que o definem se estendem ao longo de um espectro. Só porque alguém apresenta alguns comportamentos egoístas às vezes, isso não significa necessariamente que tenha um transtorno. No extremo do espectro está o transtorno da personalidade narcisista (TPN). São indivíduos com uma assustadora falta de empatia, que não têm capacidade de se relacionar, de se conectar com os outros ou de sentir emoções da mesma forma que os demais. Eles conseguem se desligar dos próprios sentimentos para não experimentar empatia, arrependimento, remorso, responsabilidade pessoal ou consideração pelos outros. No extremo oposto do espectro está o restante de nós. A maioria das pessoas pode apresentar alguns traços de narcisismo ocasionalmente.

Todo mundo tem potencial para ser egoísta, interesseiro ou autocentrado às vezes. Por exemplo, considero que é um pouco narcisista alguém acreditar que tem o poder de mudar, agradar ou "consertar" o parceiro ou outras pessoas. Não temos esse controle sobre ninguém. Codependentes, ecoístas, até mesmo terapeutas e profissionais da saúde podem algumas vezes identificar uma tendência narcísica em seus próprios desejos de ajudar, resgatar ou curar as feridas dos outros. Reconhecer isso em nós mesmos é importante porque a autorreflexão é essencial para desenvolvermos a humildade e a sinceridade e conseguirmos crescer como pessoa. Isso não faz de você um narcisista. É possível mudar essas tendências se formos capazes de experimentar empatia, arrependimento e compaixão genuína pelos outros.

Os verdadeiros narcisistas, no entanto, não conseguem fazer reflexões honestas sobre si mesmos e estão menos propensos a experimentar qualquer uma dessas qualidades – embora os melhores entre eles sejam mais do que capazes de fingi-las! A mudança positiva, o crescimento e a cura das características narcisistas exigem uma motivação forte e consistente, além da capacidade de assumir responsabilidade pessoal. Entre quem tem TPN, a maioria é incapaz de assumir a responsabilidade por si ou por seus atos, preferindo, em vez disso, culpar o resto do mundo e fazer com que os outros assumam a responsabilidade em seu nome.

A realidade é que, pelo menos nas sociedades ocidentais, o narcisismo está por todo lado. É bem provável que você já tenha conhecido narcisistas na escola, no trabalho, na família, na universidade e na vida amorosa, independentemente de seu gênero, idade ou orientação sexual. O importante agora para a sua própria recuperação e sanidade é, primeiro, se informar sobre narcisismo: aprender a identificar os sinais de alerta, treinar-se para notá-los e evitar entrar em um relacionamento com um narcisista. Nos casos em que for inevitável lidar com alguém assim, oferecerei ferramentas práticas e dicas para ajudar você a administrar a situação da melhor forma possível, fortalecendo seus limites para se proteger e cuidar de si mesmo.

---

**PONTOS PARA REFLEXÃO**

- Quais são as principais características de um narcisista?
- Que traços ou características você reconhece no(s) narcisista(s) em sua vida?
- Qual é a diferença entre um narcisista grandioso e um encoberto?
- Como você poderia identificar um e outro?
- Qual é a diferença entre transtorno da personalidade narcisista (TPN) e traços narcisistas?

## O QUE FAZ DE ALGUÉM UM NARCISISTA?

Agora que você já sabe como identificar um narcisista, é importante entender por que ele é do jeito que é e saber que o comportamento dele não é uma questão pessoal com você, não vai mudar, nem existe por culpa ou responsabilidade sua. Quando somos submetidos a maus-tratos narcisistas, costumamos ficar confusos, com uma série de perguntas difíceis para as quais não encontramos resposta. Nossa mente naturalmente tenta entender por que e como certas coisas aconteceram e por que ou como aquela pessoa seria capaz de fazer as coisas que fez. Compreender mais sobre a natureza e as origens do narcisismo é um ótimo ponto de partida para o seu próprio processo de cura depois de uma experiência difícil ou abusiva.

Como eu já disse, é provável que você não consiga encontrar respostas para algumas dessas perguntas, mas será capaz de desenvolver uma compreensão das razões por trás do comportamento de um narcisista. Pode ser útil saber que eles se comportam assim porque sofreram algum tipo de trauma. No entanto, não podemos esquecer que não se trata de se compadecer, arrumar desculpas ou justificar os comportamentos abusivos. O que nos interessa é ajudar você em sua própria jornada de cura e recuperação, oferecendo o máximo de informações sobre esse tipo de personalidade para que possa se afastar dele. O narcisista é alguém que foi ferido e que não está num bom estado psicológico.

Uma série de fatores estão na origem de uma personalidade narcisista. Algumas evidências sugerem que o transtorno da personalidade narcisista pode ser herdado geneticamente. Outras pesquisas revelam também diferenças bioquímicas fundamentais no organismo de pessoas com problemas comportamentais e tendências antissociais – e essas diferenças também poderiam ser hereditárias. Em última instância, porém, acredito que o ambiente e as experiências da primeira infância sejam responsáveis pelas influências mais significativas no surgimento e no desenvolvimento do TPN.

De modo geral, dois tipos extremos e contrastantes de experiência parental e infantil estão relacionados ao desenvolvimento de traços ou tipos de personalidade narcisistas. A primeira delas é uma situação de negligência ou de maus-tratos significativos na infância. A segunda é seu exato oposto, e envolve uma infância com excesso de proteção, com familiares ou cuidadores que consistentemente elogiaram, superestimaram e exageraram as habilidades da criança. Nenhum dos extremos é saudável e ambos estão relacionados ao desenvolvimento de personalidade e traços narcisistas.

### *Negligência e maus-tratos na primeira infância*

Quando um bebê nasce, ele é completamente vulnerável e dependente do seu cuidador principal, que na maioria das vezes – mas nem sempre – é seu pai ou sua mãe. Todo bebê precisa que seu cuidador principal reconheça e reaja a todas as suas necessidades de cuidados nas primeiras etapas da vida e, assim, possa amparar seu desenvolvimento físico, emocional e psicológico. Com capacidade ainda limitada para falar, se comunicar ou articular os próprios desejos e necessidades, o bebê instintivamente chora para tentar fazer com que eles sejam atendidos. Ele vai gritar e, num cenário ideal, a mãe, o pai ou o cuidador principal reconhecerá e responderá adequadamente a essa necessidade ou exigência – seja ela causada por dor, desconforto, fome ou necessidade de consolo, de segurança ou de proteção.

Geralmente, à medida que essas necessidades essenciais vão sendo atendidas de forma eficaz e adequada, o bebê experimenta o início de um apego seguro ou "suficientemente bom" com os seus pais ou cuidadores. A "criação perfeita" não é possível nem necessária. Um pai "suficientemente bom" é um cuidador que consegue estar afinado o suficiente com a criança para cuidar dela. Isso, por sua vez, impacta e fundamentalmente molda o desenvolvimento psicológico e emocional dela. Os narcisistas em geral experimentaram algum tipo de falha significativa nos cuidados que receberam durante esses estágios iniciais da vida.

Mas preste atenção: não é que os narcisistas *sejam criados* por pais ou cuidadores que, por qualquer motivo, não respondem imediatamente a cada uma das necessidades da criança! As falhas nesta fase inicial que podem levar ao desenvolvimento do narcisismo incluem negligência significativa e/ou de longo prazo ou figuras de apego instáveis. Isso pode acontecer quando um dos pais é narcisista, emocionalmente indisponível, "avoado" ou talvez enfrente dificuldades com a sua própria saúde mental ou com algum vício. Também pode ser o resultado de um estilo de criação muito rigoroso, punitivo ou pouco acolhedor. Às vezes não é algo intencional. Talvez um dos pais tenha ficado doente nos primeiros anos e não tenha conseguido cuidar do bebê tão bem quanto gostaria.

O narcisista também pode ser o caçula de uma família numerosa cujas necessidades não foram atendidas de maneira adequada. Já vi casos em que um dos pais talvez estivesse no espectro autista e, portanto, apresentasse alguns estilos de interação que se assemelham ao narcisismo em determinados aspectos. No entanto, uma vida familiar consistente e solidária costuma bastar para resolver quaisquer problemas decorrentes da primeira infância.

As crianças pequenas são egocêntricas, o que significa que ainda não desenvolveram uma "teoria da mente". Em outras palavras, elas ainda não têm a perspectiva necessária para reconhecer que os outros têm uma experiência interior, pensamentos, sentimentos ou necessidades diferentes das suas. Em vez disso, veem os outros simplesmente como uma extensão de si. Os pequenos acreditam que todos estão passando pela mesma experiência que eles e conhecem e compreendem suas necessidades. Não reconhecem que a sua experiência pode ser diferente da de outra pessoa.

As origens do narcisismo situam-se muitas vezes nessa fase inicial e crucial do desenvolvimento. Se na primeira infância tivermos as nossas necessidades básicas satisfeitas, reconhecidas e atendidas de uma forma adequada e acolhedora, então alcançaremos este marco de desenvolvimento emocional e psicológico com sucesso. Ao receber amor incondicional, consideração e feedbacks positivos de forma consistente, desenvolvemos uma autoestima saudável e competências relacionais essenciais, além de segurança psicológica interior suficiente para sermos capazes de cuidar de nós mesmos de várias maneiras. Em geral, assim nos tornamos adultos bem ajustados, atenciosos, responsáveis e amorosos.

Os narcisistas muitas vezes não tiveram, na primeira infância, o ambiente ideal para que esse desenvolvimento ocorresse. Então ficaram estacionados no estágio "egocêntrico" (efetivamente egoísta/interesseiro) e são incapazes de levar em consideração os sentimentos ou as experiências de outras pessoas. Na ausência de amor incondicional ou carinho, eles aprendem a sentir vergonha, raiva e um profundo sentimento de inferioridade porque suas primeiras necessidades básicas não foram atendidas de forma adequada. Em essência, eles sofreram uma atrofia emocional nessa etapa do desenvolvimento e têm um profundo sentimento de vergonha, desconfiança e medo. Não aprenderam a levar em consideração as opiniões, as necessidades e os desejos de mais ninguém. Por isso ficam fixados em satisfazer os seus próprios.

Quando alcançam a idade adulta, os indivíduos de personalidade narcisista estão empenhadíssimos em satisfazer essas necessidades a qualquer custo e, a essa altura, já aprenderam muito bem a usar de manipulação para conseguir o que querem. O sentimento de vergonha, desconfiança, raiva e medo que forma a base de uma personalidade narcisista prepara o cenário para uma série de defesas ativas empregadas para que a pessoa evite entrar em contato com qualquer uma de suas dores e vergonhas. Esses sentimentos difíceis e profundos são compensados pela arrogância e por fantasias de grandeza.

Essencialmente, esse dano emocional advém do fato de suas necessidades básicas não terem sido atendidas na primeira infância. Na realidade, isso pode estar relacionado a regularmente não ter sido alimentado na hora em que estava com fome, a ter sido deixado de lado quando estava aborrecido ou chorando ou a suas necessidades terem sido consistente e significativamente negligenciadas. Os pais dos narcisistas, por algum motivo, foram incapazes de espelhar uma conexão saudável e de dar atenção, carinho e respostas adequadas às necessidades do bebê. E os conselhos dados a pais e mães realmente mudaram ao longo dos anos. Há algumas décadas era comum achar que o mais correto era deixar que as crianças chorassem até se acalmar e se calar por conta própria. Hoje em dia, o entendimento é o de que, quando os bebês param de chorar, talvez tenham simplesmente perdido a esperança de serem atendidos. Experiências contínuas e significativas desse tipo nos primeiros anos bastam para começar a moldar uma personalidade narcisista. Ela não decorre necessariamente de negligência ou abusos intencionais.

Históricos de infância bastante comuns entre narcisistas incluem pais ou cuidadores que, durante a primeira infância, foram ausentes, eram alcoólatras/adictos ou, de alguma outra forma, foram inconsistentes na formação de vínculos e em suas habilidades parentais. Às vezes, um dos pais (ou os dois) estava lidando com os próprios problemas de saúde mental, com traumas não resolvidos, necessidades não satisfeitas, feridas psicológicas, vícios ou preocupações que o impediam de manter uma ligação emocional e psicológica saudável e consistente com o filho.

Outras vezes, um dos pais talvez estivesse no espectro autista, o que dificultaria a conexão emocional com a criança. Os narcisistas com frequência vêm de famílias nas quais existem fortes convicções, de origem cultural ou não, sobre estilos de criação – muitas vezes vejo uma ligação entre o narcisismo e uma parentalidade inconstante, rude e "dura". Às vezes, o narcisista é filho de pais que enfrentavam problemas, como por exemplo por serem muito jovens e imaturos, por terem questões de saúde mental ou por serem o caçula de uma família enorme, impossível de administrar.

Pode ser que tenham crescido em lares muito caóticos ou abusivos, em que as figuras parentais discutiam e brigavam, ou em ambientes disfuncionais, em que a criação da criança foi relegada a empregados, vizinhos ou amigos – qualquer contexto que resultasse em inconsistências ou em negligência por períodos significativos durante os anos de formação. Acredito que muitos também tiveram pais narcisistas que deram esse exemplo para as crianças de uma forma que se tornou profundamente arraigada. Assim, elas provavelmente observaram e aprenderam uma variedade de maneiras nocivas e manipuladoras de estratégias para satisfazer suas necessidades. Não tiveram muitas chances de aprender limites saudáveis, responsabilidade ou empatia. Isso também tem um enorme impacto na capacidade de se relacionar com os outros e de formar relacionamentos.

Os adultos narcisistas que encontro e dos quais ouço falar no meu trabalho costumam ter passado por dificuldades de desenvolvimento desse tipo na primeira infância, sejam elas relacionadas a abandono, negligência ou alguma falha significativa nos primeiros relacionamentos. Também é importante enfatizar que as crianças não precisam de uma infância absolutamente "perfeita" para prosperar. Para que tenha um desenvolvimento emocional saudável, a criança precisa apenas que suas necessidades básicas sejam *suficientemente* atendidas. Especificamente, isso também envolve o aprendizado de que as ações têm consequências. Isso ajuda a desenvolver um senso de responsabilidade pessoal – algo que os narcisistas não aprenderam a ter. Com eles, suas primeiras experiências geralmente corresponderam a formas bastante significativas de negligência ou de abuso emocional.

*Rob reconhecia que tinha traços de personalidade narcisista, e isso lhe fora apontado durante a reabilitação do alcoolismo. Homem de negócios bem-sucedido, ele enfrentara a dependência na maior parte da vida: álcool, drogas, jogo e sexo. Embora conseguisse suportar a abstinência de álcool e drogas, os comportamentos compulsivos e narcisistas se mantinham ativos no âmbito do sexo, do vício em amor e do jogo. Ele oscilava entre uma postura defensiva e a negação quando se tratava desses comportamentos, tornando-se rapidamente arrogante ou agressivo. No entanto, havia ocasiões em que parecia reconhecer que tinha problemas. Seu passado havia sido traumático. A mãe era alcoólatra; o pai, desconhecido. Durante seus primeiros anos de vida, a mãe estava lidando com seu próprio alcoolismo, com a depressão e com questões de relacionamentos, apaixonando-se repetidas vezes pelos homens "errados". Ela sofreu violência na mão dos parceiros, que Rob testemunhou na infância. Por causa da bebida, a mãe o largava por longos períodos de tempo e negligenciava suas necessidades físicas e emocionais. Aos 4 anos, Rob foi morar com uma tia que também não cuidou dele de forma adequada. Ele costumava ser deixado com fome e maltratado. Ao completar 8 anos, ele foi colocado num lar provisório. A essa altura, suas defesas narcísicas já tinham se desenvolvido em resposta ao significativo abuso e à negligência que havia sofrido. A falta de qualquer tipo de apoio consistente, de espelhamento saudável, do amor incondicional e de alguém que se preocupasse com ele a essa altura já havia causado danos suficientes e acabara dando origem a uma variedade de mecanismos de defesa para impedi-lo de se conectar à dor psicológica e emocional. Um foco excessivo no trabalho e nas realizações foi adotado num esforço para manter sob controle sentimentos de vergonha e de inferioridade. Essa costuma ser a força motriz por trás do vício no trabalho e da excelência a qualquer custo.*

*Lucy era filha única de pais rígidos e autoritários, focados na carreira e em realizações. Eles lhe deram uma educação rígida, embora ocasionalmente inconsistente, pois alternavam momentos em que eram pais muito amo-*

*rosos e excessivamente permissivos – quando tinham tempo e energia – e outros, em que eram disciplinadores severos, com regras e limites rígidos. Um cenário muito confuso para a criação de qualquer criança. Como resultado, Lucy adotou uma série de estratégias de manipulação que usava com cada um deles para conseguir o que queria. Como os pais estavam basicamente focados na carreira, achavam difícil demais oferecer limites saudáveis e consistentes. Assim, Lucy aprendeu a manipulá-los, pressioná-los e efetivamente intimidá-los para conseguir tudo que queria. A situação persistiu ao longo de sua vida escolar. Embora arrogante e soberba, ela também enfrentava problemas de autoestima e de autoconfiança. Tornou-se cada vez mais controladora e tinha acessos de fúria para conseguir o que queria quando criança e adolescente. Na verdade, ela não conseguia controlar a angústia emocional de não ter tudo que exigia. No final da adolescência, tornou-se cada vez mais rígida e controladora em relação à alimentação e desenvolveu anorexia nervosa. Passou muitos anos negando esse fato, e embora procurasse ajuda de serviços de saúde mental, ela mentia e tentava manipular as equipes de médicos e psicólogos. Era arrogante, indiferente, cruel e grosseira.*

*Mark era o caçula de quatro filhos. Seus pais eram jovens, inexperientes e não podiam contar com o apoio de suas famílias. No entanto, eram determinados. Ficaram juntos e deram duro. Mais tarde ele soube que, depois do seu nascimento, sua mãe enfrentara uma depressão pós-parto. Infelizmente, isso ocorreu numa época em que essa condição debilitante não era tão reconhecida ou compreendida. Sua mãe sofreu muito, tornando-se cada vez menos ativa, passando períodos na cama, chorando, enquanto a família dizia a ela que "aguentasse firme". Isso tudo interferiu bastante na formação do vínculo entre ela e o filho. O marido tentava arduamente sustentar a família, mas enfrentava suas próprias dificuldades, tendo que cuidar de quatro filhos sem qualquer ajuda na maior parte do tempo. Mark se sentia diferente do resto da família e costumava ficar muito irritado quando pequeno, metendo-se em encrencas com frequência por causa de sua agressividade. Com o tempo, e com a ajuda de um professor que lhe ofereceu apoio, Mark aprendeu a concentrar suas energias nos estudos e tornou-se altamente motivado, com ótimo desempenho. Depois de adulto, tornou-se um empreendedor muito determinado e bem-sucedido, ganhando rios de dinheiro e aproveitando tudo que a riqueza tinha a lhe oferecer. No entanto, ele raramente se sentia feliz e sofria de depressão e ansiedade, mas relutava em procurar ajuda porque estava paranoico com a possibilidade de que alguém descobrisse ou pensasse mal dele. Em vez disso, ele alimentou um vício em trabalho, impelido por um impulso egoísta de adquirir bens materiais, numa tentativa de se sentir melhor consigo mesmo. Isso só servia para provocar uma euforia de curta duração antes que ele "precisasse" de mais; nada era suficiente para ele. Teve muitos relacionamentos superficiais fracassados e recorria regularmente a profissionais do sexo. Nada era capaz de satisfazê-lo ou de apaziguar seus anseios.*

Se você já presenciou um narcisista em ação ou um episódio de fúria narcísica, é provável que tenha enxergado a criança pequena que essencialmente se manifesta nessas ocasiões. Assistir a um ataque de raiva de um narcisista é como assistir à birra de um garotinho, com berros, protestos e todo tipo de recurso esquisito e exagerado para manipular e obter o que deseja – como jogar todos os brinquedos para fora do carrinho e espalhá-los por toda parte! Narcisistas basicamente regridem ao comportamento de uma criança (em geral com menos de 4 ou 5 anos), na tentativa de conquistar de qualquer maneira a atenção e aprovação que eles desesperadamente necessitam.

### Parentalidade e o desenvolvimento do transtorno da personalidade narcisista

Os dois principais tipos de experiências na primeira infância que parecem estar associados ao TPN são radicalmente opostos por natureza. O primeiro é a negligência ou abuso emocional; o segundo é a criação excessivamente permissiva. Neste caso, há superproteção e um excesso de elogios a tudo que a criança faz. Tudo é absolutamente incrível e genial – todo desenho ininteligível concluído no jardim de infância é uma obra-prima absoluta. Estimular a criança a acreditar que ela nunca pode errar, que é capaz de andar sobre a água e que é perfeita é, sem dúvida, tão prejudicial para o seu desenvolvimento nos primeiros anos quanto a negligência total. Em geral, os extremos raramente são saudáveis. Na verdade, o terreno saudável se encontra no meio-termo, que inclui rupturas e reparos, assim como todos os erros e aprendizados ao longo do caminho. Pelo que vi na minha experiência clínica até hoje, a maioria dos casos de narcisismo e abuso narcisista está relacionada a abuso e negligência na primeira infância. Contudo, mais recentemente comecei a ver situações em que o TPN parece ter surgido de um tipo de parentalidade mais permissiva. Os estilos parentais mudam ao longo dos anos e refletem as influências sociais e culturais da época. Pode ser que, à medida que os estilos parentais mudem, vejamos mais casos de narcisismo decorrente desse tipo de feedback desequilibrado.

Pesquisas nessa área sugerem que as seguintes influências e experiências parentais durante a infância estão possivelmente ligadas ao desenvolvimento do transtorno da personalidade narcisista:

- Abuso emocional grave ou negligência na primeira infância.
- Cuidados inconstantes/imprevisíveis/não confiáveis por parte dos pais.
- Admiração excessiva e falta de feedback equilibrado e realista.
- Elogios extremos/excessivos por bons comportamentos ou críticas extremas/excessivas por comportamentos considerados ruins.
- Permissividade excessiva por parte dos pais, colegas ou parentes.
- Ser valorizado pelos pais como um meio para regular a autoestima deles.
- Aprender com os pais ou colegas estratégias de manipulação (ou seja, narcisismo imitado ou aprendido com um pai narcisista).

(Groopman e Cooper, 2010)

## O NARCISISMO EM TERAPIA

O transtorno da personalidade narcisista é considerado uma das condições psiquiátricas mais difíceis de tratar. O fato de estar relacionado a danos emocionais e psicológicos ocorridos muito cedo na infância dificulta muito seu tratamento – além disso, um verdadeiro narcisista deve ser a última pessoa interessada em procurar ou iniciar uma terapia. Se o faz, em geral é porque isso serve como instrumento para tirar alguma coisa de alguém. Quando frequenta terapia, é normal que passe o tempo se queixando de como tudo é culpa dos outros e é mais do que provável que se mostre ao terapeuta como uma vítima incompreendida.

São também os tipos de personalidade que provavelmente replicarão o abuso narcisista dentro do relacionamento terapêutico. Isso costuma começar com tentativas de impressionar e seduzir o terapeuta, por exemplo, enchendo-o de elogios ou de presentes, fazendo declarações exageradas como "Você é o melhor terapeuta que já vi", "Você é o único que realmente me entende", ou gabando-se de sua rede de contatos, da sua fortuna, ou tentando parecer o "paciente perfeito" – tudo para obter a aprovação ou admiração do terapeuta. Relutam em aceitar a responsabilidade pessoal e, com pouca ou nenhuma capacidade de autorreflexão sincera, provavelmente terão dificuldade para realmente se envolverem na terapia.

Na melhor das hipóteses, a terapia é difícil. Como em muitos relacionamentos com um narcisista, quando eles se sentem desafiados ou acham que não são suficientemente apreciados, simplesmente cortam os laços num piscar de olhos e encerram a terapia de forma abrupta, partindo com a crença de que ela foi inútil e de que os problemas e os fracassos são responsabilidade apenas do terapeuta. Os narcisistas usarão o fato de "fazer terapia" como um meio de manipular indiretamente ou fazer chantagem emocional com seu parceiro, amigos ou instituições. Frequentar a terapia uma ou mesmo várias vezes por semana é bem diferente de estar ativamente envolvido no processo.

Se você está em um relacionamento com um narcisista e quer deixá-lo ou já o deixou, não se sinta mal por "desistir" dele, nem pense que a relação poderia ter melhorado se você tivesse esperado que a terapia "fizesse efeito". Os narcisistas não conseguem mudar a sua natureza e são reconhecidamente refratários à terapia. Não cabe a você tentar consertar ou melhorar a vida deles. Em última análise, cada um de nós tem responsabilidade por si mesmo, e um narcisista jamais assume responsabilidades. Isso não significa que você deva se encarregar de tudo sozinho e assumi-las. Cuide de si mesmo.

> **PONTOS PARA REFLEXÃO**
>
> - O primeiro passo para se recuperar do abuso narcisista é reconhecer o narcisista na sua vida.
> - O que você sabe sobre a primeira infância do narcisista em questão? Consegue identificar alguma relação com o que falamos?
> - Existem narcisistas do tipo grandioso e encoberto. Os dois são capazes de abuso narcisista.
> - Há uma diferença entre o transtorno da personalidade narcisista e traços narcisistas.

**Observação:** Compreender as origens de uma personalidade narcisista e seus antecedentes pode ajudar você a compreender a sua experiência, mas lembre-se de que isso serve apenas para seu próprio entendimento. Não se trata de sentir pena ou de se sentir responsável pela experiência do narcisista, tampouco de se sentir obrigado a consertá-lo ou salvá-lo. Estamos falando do *seu* processo de recuperação.

# 2
# O que é abuso narcisista?

Em sua essência, o narcisismo é uma defesa contra sentimentos profundos e intensos de vergonha. E a vergonha é algo terrível, que nos diz que somos defeituosos, inúteis, inferiores e indignos de amor. Para um narcisista, do ponto de vista psicológico, é simplesmente insuportável entrar em contato com essa vergonha e com sua profunda dor interior. Portanto, a psique e as atitudes dele procuram defendê-lo desse contato, pois sua mente e seu ego frágil simplesmente não conseguiriam suportar. Na incessante tentativa de se manterem bem afastados dessa dor profunda, os narcisistas lançam mão de uma variedade de mecanismos de defesa mentais e psicológicos e de comportamentos destrutivos. E muitos desses, quando focados nas pessoas ao seu redor, são abusivos. O abuso pode ser emocional, psicológico, físico, sexual, financeiro ou espiritual.

*Qualquer tipo de abuso é abuso.*
*O abuso nunca é aceitável.*

O abuso narcisista costuma ser chamado também de "abuso invisível". Ao contrário do abuso físico, no qual os resultados são evidentes e incontestáveis sob a forma de hematomas ou cortes, o abuso e a intimidação narcisista parecem muitas vezes bem sutis, especialmente no início. É algo que costuma ir piorando, pode ser muito difícil de detectar e é frequentemente executado de uma forma que ninguém mais, além da vítima, vê ou suspeita. Na verdade, costuma ser tão manipulador e sutil que quem sofre fica sem saber se o que está vivenciando é abuso mesmo. Pelo contrário, muitos acabam sentindo que estão simplesmente sendo sensíveis demais, que estão reagindo de forma exagerada, imaginando coisas ou que têm culpa no cartório – pois isso é o que o narcisista lhes diz. Uma característica fundamental do abuso narcisista e do abuso emocional que o acompanha é a pessoa depois dizer que o problema é você, que a culpa é sua. Como resultado, é muito provável que você venha a negar ou duvidar de sua própria percepção. Isso por si só já é um sinal básico do abuso narcisista.

Outras das suas características incluem:

**Acusação:** Narcisistas nunca assumem a responsabilidade pelo que fazem. Eles nunca (ou raramente) pedem desculpas – pois não sentem necessidade de fazê-lo. Em vez disso, tentam desviar quaisquer acusações, culpas ou responsabilidades para longe de si, apontando o que as outras pessoas estão fazendo ou deixando de fazer. Em qualquer discussão ou disputa, um narcisista tem uma enorme habilidade para desviar o foco e fazer com que os outros sintam que são os culpados. Assim conseguem sair da berlinda, recriminando constantemente os atos, palavras e comportamentos de terceiros.

**Agressão verbal:** Isso se manifesta numa variedade de comportamentos, desde a sabotagem sutil (comentários sarcásticos, ambíguos e indiretas) até a agressão direta flagrante (gritos, berros). Outros tipos de agressão verbal incluem xingamentos, menosprezo, vergonha, culpabilização, exigências, manipulação, sarcasmo, críticas, sabotagem, interrupções, não deixar a outra pessoa falar, não ouvir, desprezar e rir. O distanciamento ou tratamento de silêncio também é uma forma de agressão verbal.

**Armadilhas emocionais:** É quando o narcisista lança iscas emocionais para conseguir o que quer. Ele busca usar a isca certa para fisgar e capturar seu alvo. Pode ser muito útil identificar por si mesmo quais tipos de armadilhas deixam você mais vulnerável. Por quais iscas você costuma ser fisgado? Por sentimentos de culpa? Comentários ou comportamentos que induzem medo ou ansiedade? Sua necessidade interior de tentar ajudar? Pode ser útil identificar o que deixa você vulnerável. A consciência é o primeiro passo para a mudança.

**Birras infantis:** Por trás da fachada arrogante está uma criança emocionalmente atrofiada (em geral presa nos primeiros 4 ou 5 anos de vida). Com pouca ou nenhuma capacidade de agir emocionalmente como adulto, o narcisista reagirá de forma muito infantil, como se estivesse jogando seus brinquedos para fora do carrinho: gritando, berrando, saindo intempestivamente, ficando distante e recorrendo a outras formas de manipulação emocional. Num esforço para se sentir melhor, ele julga ou menospreza os outros, é mordaz, cruel ou hostil. Deseja desvalorizar os outros para se sentir melhor ou para aliviar a profunda confusão interior que experimenta, com a qual não consegue lidar por ser desprovido de habilidades emocionais.

**Bombardeio de amor:** Sobrecarregar os outros com carinho, atenção, elogios, louvores e presentes a fim de conquistar seu interesse e seu "amor". O objetivo do bombardeio amoroso é, em última análise, manipular e controlar.

**Calúnia:** Forma extrema de desvalorização que consiste na disseminação de mentiras e boatos para causar danos e prejuízos a terceiros, de forma a despertar no narcisista uma sensação de poder e controle.

**Chantagem emocional:** Inclui qualquer comunicação que seja sentida como ameaça ou intimidação – punição, indiferença, uso de raiva, agressão ou ameaças. A chantagem emocional tem como objetivo provocar sentimentos de medo, culpa e submissão. Narcisistas usam a chantagem emocional simplesmente para conseguir o que desejam e têm pouca ou nenhuma consideração pelo seu bem-estar ou pelo efeito que causam em você.

Com frequência, eles negarão que estão fazendo isso ou usarão outras técnicas para atribuir a você a origem do problema, sugerindo que você talvez esteja exagerando ou sendo "sensível demais".

**Desvalorização:** Em contraste com a idealização (ver a seguir), a estratégia de desvalorização consiste em destacar ou apontar os defeitos ou falhas do outro a fim de deixá-lo arrasado, basicamente para ajudar o narcisista a se sentir melhor sobre si mesmo.

**Dividir e conquistar:** Por meio da idealização, da desvalorização ou de qualquer outra forma de manipulação, um narcisista com frequência tentará dividir as pessoas em grupos na família ou no trabalho. Isso lhes dá uma sensação de poder. "Dividir e conquistar" descreve o sentimento de cisão e alienação que o narcisista cria em determinado indivíduo, que então se sentirá separado dos outros – quer a partir de uma perspectiva positiva, de "escolhido", ou por meio de alienação e intimidação. Isso serve para enfraquecer e isolar membros do grupo e muitas vezes leva a desentendimentos, paranoia, desconfiança, ressentimento e competição, facilitando que o narcisista mantenha controle da dinâmica como um todo.

**Exploração:** Os narcisistas se aproveitam das pessoas para servir a seus próprios objetivos e ambições, e não pensam duas vezes antes de fazer isso. Para eles, é algo extremamente natural.

***Gaslighting*:** Este é um termo usado para se referir à forma como um narcisista diz e faz coisas que deixam você cheio de dúvidas sobre si mesmo, questionando sua própria realidade, seus próprios julgamentos ou percepções. É um tipo de manipulação altamente abusivo do ponto de vista psicológico, além de ser perigoso. Quando enfrenta o *gaslighting*, você começa a duvidar de si mesmo, perde a autoconfiança e, como resultado, às vezes sente que está enlouquecendo. Em casos extremos, pode levar a um colapso nervoso completo.

***Ghosting*:** Os narcisistas não lidam bem com términos, por isso cortam repentinamente os laços e toda a comunicação sem qualquer discussão ou explicação quando desejam pôr fim a um relacionamento. O choque pelo sumiço pode deixar a vítima traumatizada.

**Idealização:** A adoração a um indivíduo ou organização. Os narcisistas, e muitas pessoas com problemas de personalidade, tendem a ver as coisas sem nuances – as coisas são boas ou más, tudo é visto em termos de preto ou branco. Com a idealização, uma pessoa ou coisa é considerada incrível, o último biscoito do pacote. É o mesmo tipo de validação que procuram encontrar nos outros. Os pais dos narcisistas também tendem a idolatrar os filhos dessa forma, como se a criança fosse a imagem da perfeição, ou então assumem um comportamento oposto, desvalorizando tudo o que o filho faz e considerando que nada nunca é bom o suficiente.

**Inconsistências:** Em se tratando de um narcisista, a única coisa com que você pode contar é que eles serão consistentes em suas inconsistências, seja com palavras ou comportamentos – dizendo uma coisa e fazendo o oposto. Por exemplo, ele pode declarar que quer ficar com você, mas não agir de acordo ou não conseguir se comprometer, apesar de todas as promessas.

**Isolamento:** Um abusador de qualquer tipo terá como objetivo final isolar sua vítima de amigos, familiares e colegas. As pessoas são mais vulneráveis e mais fáceis de manipular, controlar e abusar quando estão isoladas. Os narcisistas tentam conseguir isso de várias maneiras, inclusive dando a entender que estão fazendo o que consideram melhor para você – dizendo, por exemplo: "Esses amigos não servem para você. Você é bem melhor do que isso." Ou insistindo para que você pare de trabalhar, deixando que eles cuidem de todas as questões financeiras (controle financeiro). Por meio de julgamentos negativos, *gaslighting* e manipulação, eles querem aos poucos isolar você dos seus entes queridos e criar uma dependência excessiva.

**Julgamento:** Um mecanismo de defesa comumente visto em narcisistas, no qual eles comentam de forma negativa e implacável os atos, as escolhas, a fala, a aparência, as habilidades de outras pessoas, etc. Proferir julgamentos serve para fazê-los se sentir bem e para que consigam se manter numa posição de superioridade.

**Mentiras:** Este é um comportamento padrão para qualquer narcisista e pode se apresentar de inúmeras formas, desde em pequenos exageros até invenções completas e absolutas. A pessoa pode chegar a criar uma identidade falsa e a negar categoricamente a verdade.

**Negação:** Uma completa incapacidade de aceitar ou reconhecer qualquer verdade, responsabilidade ou erro. O nível de negação em um narcisista e a segurança absoluta que muitas vezes o acompanha podem ser alarmantes. (Conheci narcisistas que seriam capazes de negar veementemente que o céu é azul em um dia claro de verão!)

**Projeção:** Sugerir ou acusar *você* de ter os problemas que ele tem. O narcisista vai acusar você dos próprios comportamentos ou das emoções que está exibindo ou experimentando. "Você está sendo paranoico/sensível demais"; "Você é muito egoísta!"; "Você está agindo como se tivesse algo a esconder..."; "Você é muito controlador", ou mesmo "Você é narcisista!".

**Responsabilidade:** Narcisistas não assumem nenhuma! Uma característica típica deles é não ter a menor capacidade de assumir responsabilidades. Invariavelmente, a culpa, o problema ou a responsabilidade sempre será dos outros. Eles vão querer convencer a si mesmos e aos outros de que são vítimas. "Eu traí porque você me deixou sozinho... Se estivesse ao meu lado, eu não teria que dormir com mais ninguém!" As pessoas traem porque querem – por escolha e responsabilidade delas.

**Retenção:** Narcisistas precisam sentir poder e controle. A retenção lhes oferece essa sensação. Assim, ganham controle e poder, retendo e controlando o dinheiro, a comunicação, o afeto, e assim por diante.

**Sobrepujamento:** A maioria dos narcisistas tem o hábito de "sobrepujar" ou "superar" qualquer coisa que outra pessoa possua ou tenha alcançado. Isso serve para levar o foco de atenção e admiração rapidamente de volta para eles. Narcisistas têm dificuldade em tolerar o sucesso ou as conquistas dos outros. A estratégia também pode incluir gabar-se negativamente sobre coisas como doenças. Por exemplo, se você tiver um problema de saúde, como dor de cabeça, eles alegarão ter um tumor cerebral. O desejo de superar os outros alimenta a competitividade e a trapaça.

**Violação de limites:** Os narcisistas não têm limites. Além disso, têm pouquíssimo ou nenhum respeito pelo espaço ou pelos pertences dos outros. Os limites podem ser físicos, sexuais, mentais ou emocionais e são vitais para relacionamentos saudáveis. Para um narcisista, seus próprios desejos ou necessidades são sempre a prioridade. Mesmo que finjam o contrário, geralmente fazem de tudo para conseguir o que desejam.

**Violência:** Agressão física, como bater, empurrar, puxar os cabelos, esbofetear, jogar objetos em você ou danificar seus pertences de qualquer outra forma. Narcisistas podem ser violentos. No entanto, o abuso narcisista costuma ser praticado de maneira mais sofisticada, discreta e oculta. É mais provável que o abusador não queira deixar quaisquer provas físicas ou marcas que identifiquem claramente seus atos, preferindo formas mais sutis que possam ser negadas com mais facilidade.

## Como identificar os sinais do abuso narcisista

Pode ser complicado identificar o abuso narcisista a princípio, especialmente quando você ainda está vivendo a situação. Encontrar-se num relacionamento com um narcisista e experimentar qualquer uma dessas formas específicas de abuso é algo que desorienta e desestabiliza a pessoa. É altamente abusivo do ponto de vista psicológico e emocional. E, sob a perspectiva de um narcisista, a meta é essa mesmo. Quando somos pegos de surpresa, quando ficamos chocados ou confusos, nos tornamos mais vulneráveis à manipulação. É muito difícil pensar com clareza ou ver a situação com nitidez. Outra razão pela qual pode ser tão difícil identificar o abuso narcisista é a forma como as coisas são boas no início do relacionamento. Os estágios iniciais da relação costumam ser um sonho... antes de se transformar em pesadelo. Às vezes até parece bom demais para ser verdade. E quando tudo parece bom demais para ser verdade, geralmente é porque não é verdade mesmo. Esse já é um sinal de alerta que muitas vezes não reconhecemos ou não queremos aceitar.

Um narcisista vai buscar um parceiro que possa suprir suas necessidades: em outras palavras, alguém que tenha um status atraente e/ou seja capaz de lhe oferecer admiração, adoração e atenção consistentes, ganhos financeiros ou uma condição social mais elevada. Isto muitas vezes é obtido por meio do "bombardeio de amor" nos estágios iniciais do relacionamento. O bombardeio de amor cria uma intensidade que pode ser absolutamente ofuscante, hipnotizante e paralisante. Quando o início do abuso se anuncia, em geral nos primeiros meses, muitos se encontram nessa fase e estão *tão tomados* pela intensidade do "amor" que não conseguem reconhecer os sinais de alerta – ou talvez, em parte, não sejam capazes de ver a realidade por causa de suas próprias fantasias. Muitos não querem aceitar ou considerar a realidade e negam os sinais do abuso na esperança e na fantasia de que as coisas fiquem bem. De qualquer forma, é fácil ignorar os indícios num primeiro momento, devido ao forte contraste do "antes e depois" desses comportamentos. É importante lembrar, porém, que **intensidade não é o mesmo que intimidade**. Tente não confundir as duas.

Quando o abuso se torna perceptível, não conseguimos compreender como alguém pode ser tão maravilhoso e gentil em um momento, e tão horrível e mordaz no momento seguinte. O choque dessa transição chega a nos fazer duvidar de que isso esteja mesmo acontecendo: "Talvez eu esteja imaginando coisas ou entendendo errado…" Em algum nível, também podemos ficar presos naquela fase inicial do bombardeio de amor. Como ela é muito avassaladora e intensa, somos incapazes de registrar qualquer desvio e, quando nos damos conta, semanas, meses e anos passaram. Em certo sentido, podemos desenvolver um vício obsessivo, desesperados por manter ou recriar aquela euforia inicial ou ocasional.

Vejo pacientes que ainda acalentam a esperança de que o parceiro narcisista mude, após décadas de abuso. As pessoas ficam viciadas na fantasia de como as coisas poderiam ser ou como gostariam que fossem. Tudo isso obscurece a visão da realidade, e uma visão distorcida da situação já indica que o relacionamento é pouco saudável e potencialmente prejudicial. O caminho para sair de uma relação assim e seguir rumo à recuperação envolve uma série de passos importantíssimos. O primeiro é tornar-se mais centrado e realista, afastando-se da fantasia e da idealização em favor de uma perspectiva mais ancorada na realidade: objetiva, presente e útil. Outros fatores-chave para a recuperação incluem trabalhar nas "suas próprias coisas" – sua autoestima, seu amor-próprio, seu autocuidado, sua autocompaixão e a capacidade de se perdoar –, assim como nas questões de comunicação e limites. Tudo isso e muito mais será abordado nos capítulos seguintes.

---

**PONTOS PARA REFLEXÃO**

- Que formas específicas de abuso narcisista você reconhece nas pessoas que desconfia serem narcisistas?
- Alguma lembrança ou exemplo específico lhe vem à mente?
- Como você se sentiu naquele momento? Como reagiu? O que aconteceu?
- O que você acha e como se sente agora?
- O que você precisa para cuidar bem de si mesmo neste exato momento? O que você gostaria? O que você pode fazer para atender às suas próprias necessidades de autocuidado hoje?

## PARTE DOIS
# Os narcisistas e você

# 3
# Sua arma secreta: informação

Algo que acredito ser uma parte importante e necessária do processo de recuperação é munir-se do máximo de informações sobre o narcisismo e o abuso narcisista.

*Conhecimento é poder.*

Felizmente, nos últimos anos, houve um enorme aumento na conscientização do público em geral sobre narcisismo e abuso narcisista. Este é um passo realmente importante para a sociedade aprender a reconhecê-los nos relacionamentos, no trabalho, na família e em todos os outros lugares. Com a conscientização vem a mudança e se torna mais fácil detectar os sinais – um passo fundamental na recuperação. Aprender a identificar os sinais irá munir você com essa percepção e, acima de tudo, ajudá-lo a evitar voltar a se envolver com narcisistas no futuro.

Nos últimos anos, venho testemunhando uma verdadeira mudança nesse sentido em meu consultório. Há poucos anos eu encontrava com frequência pacientes que chegavam à terapia queixando-se de se sentirem como se estivessem "enlouquecendo". Eles chegavam na esperança de que pudessem mudar de alguma forma para serem pessoas "melhores" – um parceiro melhor, um filho ou uma filha melhor, um funcionário melhor. Tudo isso para obter aprovação, reconhecimento, consideração ou amor da parte de seu parceiro, pai, mãe ou chefe narcisista.

Muitas pessoas procuram terapia para tentar descobrir o que há de errado com elas. Reclamam da sensação de nunca se sentirem boas o suficiente e de que nada do que fazem parece ser bom o bastante. Muitas vezes, esse é um indício fundamental de como é estar em um relacionamento com um narcisista. Os problemas em uma relação nunca dependem de apenas uma das partes. Afinal, se existem problemas, isso significa que há pelo menos duas pessoas envolvidas! Se a outra pessoa for um narcisista, é provável que faça com que você sinta que tudo é "culpa" *sua*, que toda responsabilidade é *sua*. Isso faz parte da essência do abuso narcisista. Parceiros de narcisistas acabam se sentindo inferiorizados, como se nada do que fizessem bastasse.

Há poucos anos, era frequente que meus pacientes nunca tivessem ouvido falar em "narcisista" ou "abuso narcisista". Chegavam convencidos de que eram eles o problema. Em geral porque o narcisista na vida deles sugeria e encorajava essa ideia de forma explícita. Por isso quero esclarecer que qualquer questão de relacionamento necessariamente envolve mais de uma pessoa e, portanto, as duas desempenham um papel e são responsáveis pela forma como essa dinâmica funciona. Uma das dificuldades de se relacionar com um narcisista é que ele não tem disposição nem capacidade de assumir a responsabilidade por seus atos. É por isso que seus lemas favoritos são "O problema é você", "A culpa é toda sua" e "A responsabilidade é sua". Essa noção não faz o menor sentido, além de ser infantil e simplesmente narcisista. Algumas pessoas têm dificuldade de aceitar inclusive que as questões dizem respeito à dinâmica da relação, e não a uma única pessoa. Porém, considero um bom sinal ver que cada vez mais pacientes chegam à terapia já se perguntando: "Isso é abuso narcisista?", "Acho que meu parceiro é narcisista", "Acho que meu chefe é narcisista" ou "Será que a mamãe era narcisista?"

É também um bom sinal perceber que tais termos vêm sendo discutidos mais abertamente pelo público, em geral acompanhados de uma compreensão mais ampla do que é o abuso invisível/indetectável. Tudo isso graças à grande quantidade de informações disponíveis na internet, em livros e revistas. Assim podemos ficar mais atentos e vigilantes – até mesmo para ajudar nossos amigos, familiares e entes queridos.

Em particular nos estágios iniciais, quando você tiver acabado de reconhecer sua situação ou estiver começando a elaborar sua própria vivência do abuso narcisista, leia livros, blogs, fóruns, assista a vídeos e converse com outras pessoas que possam entender ou que já passaram por experiências semelhantes. Elas podem ser muito úteis para ajudar a compreender melhor o narcisismo e dar algum sentido à sua experiência. Aprender sobre o abuso narcisista com frequência ajuda o indivíduo a entrever que o problema não é com ele – é com o narcisista. Esta é uma constatação essencial para os estágios iniciais da recuperação.

Neste capítulo, apresento uma visão mais ampla das experiências relatadas pelos pacientes, quer já tenham ou não consciência de estarem passando por uma situação de abuso narcisista. De modo geral, muitos deles enfrentam variados graus de baixa autoestima, falta de amor-próprio, questões de autoconfiança – apesar de, paradoxalmente, serem muito motivados, competentes e bem-sucedidos. Eles costumam estar muito estressados, à beira do esgotamento, ansiosos ou em pânico, confusos sem entender as razões por trás de suas dificuldades – e isso pode ser assustador.

As experiências comuns entre esses pacientes incluem:

- Confusão em relação ao relacionamento, aos próprios julgamentos e à sua visão das coisas.
- Baixa autoestima.
- Uma forte sensação de "não ser bom o suficiente".
- Dúvidas sobre si mesmo.
- Uma angustiante perda de identidade: "Não sei mais quem sou."
- Ataques de pânico e/ou ansiedade.
- Depressão e/ou desesperança.
- Sintomas de trauma e/ou transtorno de estresse pós-traumático.
- Diferentes graus de transtorno alimentar – alimentação excessiva ou insuficiente.
- Distúrbios do sono: acordar repentinamente durante a noite; incapacidade de dormir; sono excessivo.
- Nervosismo.
- Paranoia.
- Sintomas ou comportamentos/rituais obsessivo-compulsivos.
- Isolamento; falta de apoio social; sentimento de ser incompreendido ou ignorado por amigos ou colegas.
- Sentimentos de culpa e vergonha.
- Fadiga.

- Negação.
- Pouca ou nenhuma noção de limites pessoais; incapacidade de dizer não.
- Frequentes problemas de saúde física relacionados ao estresse (por exemplo, síndrome do intestino irritável, dores, problemas de pele, doenças autoimunes).
- Estresse e esgotamento (síndrome de Burnout).
- Ideação e sentimentos suicidas.
- Em casos extremos, a sensação de estar à beira de um colapso nervoso.

Nos casos em que os pacientes tenham sofrido ou estejam sofrendo abuso narcisista, costumo ouvir as seguintes queixas no início dos atendimentos:

"Sinto que estou enlouquecendo."
"Sou eu, a culpa é minha."
"Nada do que eu faço é suficiente."
"Eu sou o problema."
"Não consigo lidar com isso."
"Não sei o que está acontecendo."
"Eu não sou bom o suficiente."
"Sou eu que estou errado ou é o outro?"
"Eu me sinto perdido."
"Não sei mais quem sou..."
"Estou uma pilha de nervos."
"Não posso confiar no meu próprio julgamento."
"Eu me sinto culpado."
"É algo que posso/devo consertar" (ou seja, "*É responsabilidade* minha").
"Se eu pudesse fazer tal coisa..." (ou seja, ele, ela ou o relacionamento ficaria bem).
"Depende de mim."

*Jane vivia me dizendo que eu deveria conversar com alguém. Eu acreditava que estava fazendo tudo certo. Trabalhava muito, cuidava das coisas, pagava todas as contas, dava até uma mesada para ela viver. Eu reservava a viagem de férias, comprava coisas, mas nada era suficiente. Ela me* colocava sob pressão e falava sem parar sobre o que amigos ou vizinhos tinham. Se alguém tivesse uma TV nova, precisávamos de uma ainda maior e melhor. Eu concordava com quase tudo apenas para manter a paz. Eu queria fazê-la feliz – era importante para mim. Quando ela não estava feliz, eu me sentia mal, culpado, como se tudo fosse culpa minha ou minha responsabilidade.

Discutíamos muito, sobre as mínimas coisas. Tudo ganhava uma proporção absurda! Havia momentos em que me sentia tão aturdido com sua histeria e raiva que, sinceramente, nem sabia mais por que estávamos discutindo. Eu me sentia inútil. Achava que não era um homem de verdade porque não conseguia mantê-la feliz nem satisfeita. Havia momentos, especialmente no começo, em que ela era incrível, amorosa, atenciosa, gentil – quase exagerada, na verdade, me dizendo que eu era o melhor parceiro do mundo e que nunca tinha se sentido assim com mais ninguém. Com o tempo, isso foi diminuindo e suas reclamações foram aumentando. Eu comecei a desmoronar. Meu trabalho estava piorando, eu estava estressado, esgotado, ansioso e deprimido.

Meus pais se separaram quando eu tinha 8 anos e cresci vendo minha mãe sofrer. Papai era viciado em apostas e nos abandonou. Sempre foi importante para mim manter minha palavra e cuidar da minha parceira. Minha mãe nunca teve isso e lembro como foi difícil para ela. Ela teve momentos de depressão e de pensamentos suicidas enquanto estávamos crescendo. Meu pai foi embora e desistiu de todos nós. Jurei nunca fazer o mesmo. Então era muito doloroso para mim ver Jane infeliz ou zangada. Eu queria que tudo ficasse bem, mas ela reforçava a ideia de que sua infelicidade e insatisfação eram culpa minha e responsabilidade minha. Se eu dizia qualquer coisa, ela respondia que eu tinha problemas e que precisava consultar um terapeuta. Parece loucura, eu sei, olhando em retrospecto. No final, marquei uma consulta e fui ver um psicólogo, em total desespero, sem saber como poderia estar me equivocando tanto. Eu não sabia mais o que estava acontecendo. Fiquei muito feliz por ter ido naquela época.

Felizmente, o terapeuta entendia sobre narcisismo. Expliquei minha situação e contei como estava me sentindo péssimo. Eu me sentia preso e sem esperança, sentia que a culpa era toda minha. O terapeuta rapidamente identificou que as questões não eram só minhas, mas do rela-

*cionamento. Aprendi muito na terapia sobre o que é um relacionamento saudável – e isso depende das duas pessoas. Eu levei muita bagagem para a relação, especialmente com minhas visões fortes e bastante rígidas sobre o que significa ser um homem de verdade. Mas agora já sei que não sou totalmente responsável pela felicidade dela nem a de ninguém. Também não sou totalmente responsável pelo humor ou pelo comportamento de ninguém. Mesmo sabendo disso na época, eu me sentia responsável. Minha autoestima estava no ponto mais baixo quando Jane me intimou a fazer terapia – de uma forma que buscava apaziguar as necessidades dela. No final das contas foi a melhor coisa que eu poderia ter feito.*

*Às vezes era doloroso, mas com a ajuda do terapeuta compreendi como minha noção do que é um relacionamento saudável foi distorcida por algumas das minhas experiências anteriores, por tudo que minha mãe viveu. Eu também tinha assumido responsabilidades que não eram minhas. Eu estava tentando controlar tudo. Agora aprendi a cuidar das minhas próprias necessidades, a me colocar em primeiro lugar. E que não é apenas injusto ser constantemente culpado por tudo, como Jane fazia, mas também é abusivo. Nunca pensei que entraria em um relacionamento abusivo, porém foi o que aconteceu. Com o tempo, isso desgastou minha confiança e autoestima. Trabalhando minha autoestima e aprendendo a estabelecer limites saudáveis, consegui encerrar o relacionamento destrutivo com Jane. Fazia cinco anos que estávamos juntos e tínhamos ficado noivos. Eu comprei para ela um anel de noivado grande e caro, que ela depois vendeu. Meses após nos separarmos, ela já estava com outro. Isso apenas reforçou minha convicção e o alívio por ter feito a coisa certa. Agora estou com uma mulher maravilhosa que é amorosa e solidária e me ama pelo que sou. Desfruto de um relacionamento saudável e respeitoso.*

Munindo-se de informações sobre narcisismo e abuso narcisista, você é capaz de mudar sua perspectiva de um jeito fundamental. Esse é o momento de abandonar crenças do tipo "o problema sou eu" e "é culpa minha" e passar a entender que, na verdade, isso é fruto da dinâmica de um relacionamento com um narcisista. Esses sentimentos são sintomas de uma relação tóxica e nada saudável. Em muitos casos, aqueles que sofreram abuso narcisista chegam à terapia com a sensação de que estão se perdendo, enlouquecendo. Se você se identifica com esse quadro, garanto que provavelmente não é esse o caso, embora possa parecer. É o tipo de dinâmica que deixa você com a impressão de estar perdendo o controle. Trata-se de um sintoma de disfunção. Assim que você consegue eliminar os relacionamentos tóxicos ou abusivos, sua sensação de sanidade rapidamente volta.

Um primeiro passo essencial para a sua recuperação é ler, estudar e aprender tudo o que puder sobre esse tipo de abuso e as questões que vêm daí. No mínimo, isso vai ajudar a entender por que alguém pode ser assim: não é culpa sua nem responsabilidade sua, e você tem condições de trabalhar em si mesmo, *por si mesmo*, para se curar e seguir em frente. Você tem condições de desfrutar de relacionamentos mais saudáveis, gratificantes e felizes. Educar-se e se informar sobre este tema também é importante para o processamento cognitivo da sua experiência. Pode ajudar você a encontrar alguma explicação, quem sabe a responder a algumas perguntas – embora talvez não todas. O que muitas vezes parecia uma situação enlouquecedora e sem sentido pode começar a fazer algum sentido. E assim você tem a chance de abandonar qualquer necessidade de controle, de fazer o narcisista compreender qualquer coisa ou de tentar mudá-lo. Para muitas pessoas, é um grande choque descobrir que está ou esteve envolvido com um narcisista. Munir-se de informações sobre todo esse tema é importante e útil. No entanto, é igualmente crucial ser gentil consigo mesmo.

---

### PONTOS PARA REFLEXÃO

- Como você começou a suspeitar ou a perceber que poderia estar ou ter estado num relacionamento com um narcisista?
- Quais comportamentos ou atitudes o levaram a considerar isso?
- Que efeitos negativos essa relação teve sobre você?
- O que você entendeu sobre narcisistas e narcisismo até aqui?
- O que poderia ser útil para você nesta etapa?
- Você tem mais algum comentário ou reflexão a fazer?

# 4
# O triângulo do drama

Os narcisistas muitas vezes envolvem você numa dinâmica conhecida como "triângulo do drama", algo que se desenrola sem cessar em relacionamentos abusivos. Trata-se de um modelo social de interações destrutivas e de conflito proposto pelo psiquiatra Stephen B. Karpman no fim dos anos 1960. É usado principalmente na análise transacional para ilustrar e mapear dramas e conflitos em interações intensas de relacionamento.

As três posições dentro do triângulo de Karpman são a Vítima, o Perseguidor e o Salvador.

**A Vítima:** A posição de "vítima" é a postura de quem diz "Ai, pobre de mim!". A pessoa se considera vitimizada, intimidada, prejudicada, desamparada, desesperada, perseguida ou oprimida. A alegação de ser uma "vítima" é usada para manter uma posição de desamparo, o que desestimula ou torna improvável que ela assuma qualquer responsabilidade pelas próprias ações ou pela situação. Manter essa postura lhe garante benefícios, pois sempre há alguém a culpar e, em geral, alguma outra pessoa disposta a vir em seu socorro.

**O Perseguidor:** O "perseguidor" é o valentão em ação: nesse contexto, o narcisista clássico. Nesse caso, esta é a posição de quem culpabiliza, envergonha, controla, é agressivo, opressivo, crítico ou autoritário, ameaçador e/ou arrogante. Um narcisista geralmente escolhe um indivíduo ou uma instituição para culpar ou criticar.

**O Salvador:** O "salvador" é muitas vezes o codependente clássico, ecoísta, facilitador, o que quer agradar todo mundo, o reparador e/ou ajudante.

O salvador reage ao "desamparo" real ou suposto da vítima, em geral assumindo a responsabilidade em nome dela. Essa é uma responsabilidade excessiva. O salvador assumirá a responsabilidade por situações ou questões que não são suas. Muitas vezes, o "salvador" do narcisista é levado a esse papel por suas próprias ansiedades, seus medos ou sentimentos de culpa. Com essa atitude, ele evita que a vítima assuma a responsabilidade por si mesma. "Resgatar" desempenha um papel fundamental na manutenção de dinâmicas de relacionamento prejudiciais e tóxicas.

O narcisista tem habilidade para se colocar em qualquer uma dessas três posições, embora seja mais comum encontrá-lo assumindo o papel de perseguidor ou de vítima. No entanto, ele também pode usar a posição de salvador para controlar e manipular. Ao assumir uma das três, o narcisista inicia a dinâmica do "triângulo do drama". Assim, procura "puxar" outras pessoas para as posições restantes, para completarem o triângulo, introduzindo drama, conflitos, dinâmicas e padrões tóxicos e de dependência na relação. Depois de se envolverem no triângulo do drama, os integrantes desempenham papéis diferentes em variadas situações, mas esse movimento contínuo mantém o drama, o conflito e a própria relação tóxica.

Por exemplo: o narcisista pode começar no papel de "vítima", contando aos outros como foi prejudicado por determinada pessoa ou organização. Ele dá detalhes e relata histórias sobre o tratamento injusto que recebeu, apontando como foi inapropriado, controlador, agressivo ou antiprofissional e retratando o "outro" como perseguidor ou agressor terrível e injusto. Na realidade, isso pode conter algum fundo de verdade ou não. Ao se colocar na posição de vítima e afirmar como foi maltratado (geralmente sem reconhecer qualquer participação ou responsabilidade sua), ele procura então atrair um "salvador" solidário para entrar na dança e iniciar o triângulo do drama. O desamparo ou aborrecimento da "vítima" pode tocar o coração ou sensibilizar o parceiro e amigo, que então intervém, numa tentativa de resgatar, reparar, apaziguar ou cuidar.

*Minha namorada sempre falava sobre desentendimentos com pessoas no trabalho, especificamente sobre conflitos com seus chefes. Nos primeiros cinco anos do nosso relacionamento, ela teve quatro empregos diferentes, todos terminando pelos mesmos motivos – desentendimentos graves e discordâncias com chefe e colegas. Um deles até terminou em uma amarga disputa judicial. Em todas as ocasiões, ela tinha sido prejudicada e injustiçada pelos colegas. Era sempre culpa de alguém. Foi somente quando eu estava conversando com meu terapeuta sobre o conflito profissional mais recente dela que ele apontou esse padrão. Percebi que sempre que a ouvia reclamar do tratamento terrível que recebia dos colegas, ela estava bancando a vítima.*

*Ela nunca examinava seu papel nos problemas (e fazia o mesmo em nosso relacionamento). Limitava-se a culpar todo mundo e dizer: "Ai, pobre de mim!" Em todas as ocasiões, eu sentia empatia por ela e percebia como ficava aborrecida. Eu me sentia péssimo por ela e tentava confortá-la ou encontrar soluções práticas para ajudar na situação. Porém, sempre que eu fazia isso, ela se voltava contra mim e começava a me atacar por não ajudar da maneira certa. Nada que eu pudesse fazer ou sugerir era bom o bastante. Era terrível. Eu era constantemente levado a sentir pena dela, chegando a sentir, estranhamente, que era responsável por ela, como se a culpa fosse minha ou como se aquele fosse um problema meu. Acho que ninguém gosta de ver um ente querido sofrendo, mas a repetição desse padrão me fez perceber que havia um denominador comum na equação: ela!*

*Mesmo assim, sempre que tentava ajudar, ela me fazia sentir como se eu fosse inútil. Era como se eu desse as piores sugestões, não entendesse nada ou fosse estúpido. No final eu não sabia mais o que fazer – nada estava "certo". Foi só quando comecei a falar com meu terapeuta sobre isso que passei a entender o triângulo do drama e como ela passava de vítima a perseguidora em questão de segundos, enquanto eu ficava ansiosamente tentando melhorar tudo. Quanto mais eu reconhecia a situação, mais me tornava capaz de resistir a essa dinâmica.*

*Comecei a perceber que era um problema dela e que ela era parte dele, e por isso era responsabilidade dela fazer algo a respeito. Não que ela quisesse. Ela simplesmente seguia em frente e, no final, nem falava mais comigo sobre o assunto. Encontrava outras pessoas para participar do drama. Eu era punido e acusado de não ser compreensivo ou bom o suficiente para me envolver. No final, fiquei satisfeito. Fui capaz de reconhecer o que ela fazia em seu ambiente de trabalho. Foi como se uma luz se acendesse na minha cabeça e eu pudesse ver que era exatamente a mesma coisa que ela fazia em nosso relacionamento: sempre dando a entender que as coisas eram minha culpa ou minha responsabilidade. Recentemente nos separamos e, embora seja difícil sob muitos aspectos, na verdade me sinto muito melhor. Com certeza, eu me sinto melhor comigo mesmo e mais confiante. Tenho maior clareza sobre o que é minha responsabilidade e o que não é. Percebi que sou um homem que aprecia uma vida simples, sem complicações. Todo aquele drama era exaustivo. Estou muito feliz por estar longe disso. Consigo relaxar. Estou até dormindo melhor.*

O drama, conflito ou abuso contínuo com um narcisista termina quando alguém – *você* – decide sair do triângulo e opta por não entrar novamente na trama. Reconhecer esse triângulo em ação pode ajudar você a perceber quando isso acontecer. Quanto mais reconhecer os sinais e as características de cada posição, assim como qualquer impulso da sua parte para assumir um papel, mais fácil será resistir a ser automaticamente engolido. A atenção plena e o autocuidado são ferramentas fundamentais. Também vale a pena assumir um compromisso consigo mesmo, de que vai trabalhar para reconhecer o triângulo do drama em ação e as várias posições. Estar consciente pode criar um espaço no qual você será capaz de resistir à situação.

### PONTOS PARA REFLEXÃO

- Você reconhece algum elemento do modelo do "triângulo do drama" na sua própria dinâmica?
- Que posições você reconhece?
- Para qual posição você sente que costuma ser conduzido com mais frequência?
- Como poderá reconhecer isso no futuro?
- O que está acontecendo com você antes ou quando você assume essa posição? Será que isso pode ser em parte algum gatilho seu que o leva a assumir um papel? Ansiedade? Culpa? Um senso de responsabilidade? Algo mais?
- O que pode ajudá-lo a não se envolver no triângulo do drama?

5

# Fantasia *versus* realidade: caindo na real

Muitas pessoas envolvidas romanticamente com narcisistas permanecem enredadas em relacionamentos destrutivos e tóxicos por um longo tempo. Isso acontece porque elas passam mais tempo vivendo na terra da fantasia do que com os pés na realidade. Uma das armadilhas mais perigosas em que podemos facilmente cair com um narcisista é a da "fantasia inalcançável".

A terra da fantasia é o território no qual é muito fácil acreditar nas mentiras contadas por um narcisista. É onde justificamos e minimizamos suas ações, fingimos para os outros e para nós mesmos que "as coisas não estão tão ruins assim". Na fantasia, nos agarramos desesperadamente ao sonho e esperamos que um dia o narcisista mude, que as coisas sejam diferentes. É compreensível ver por que pode ser difícil abandonar a esperança de mudança quando se trata de um narcisista. Em geral, houve um bombardeio de amor irresistível no início do romance e as primeiras impressões são as que mais duram.

A primeira fase de um relacionamento abusivo pode ser absolutamente maravilhosa, empolgante, excitante – é como um barato. E com frequência o narcisista se aproximou de nós num momento de vulnerabilidade. Ele veio nos salvar. Por isso nos tornamos dependentes – ou pelo menos é nisso que acreditamos. De um jeito ou de outro, ele faz todo tipo de promessa maravilhosa e cria todo tipo de expectativa. Aí começa a mudança. E o abuso se dá lenta e progressivamente, de uma forma sutil e às vezes nem tão sutil assim. Os comportamentos tóxicos costumam ser seguidos por mais uma rodada de bombardeio de amor e romance, e então nos damos conta de que voltamos a ser atraídos para a armadilha da fantasia. Podem passar meses, anos ou mesmo décadas de abuso narcisista cada vez mais intenso, de traições, mentiras, promessas rompidas e trauma, e os parceiros ainda se manterem presos ao fio da esperança do dia em que o outro voltará a ser bom, maravilhoso, doce, romântico e atencioso, "como no início". É como se nosso cérebro não conseguisse se atualizar para o momento presente e a realidade atual.

Parceiros ecoístas, codependentes ou viciados em amor ficam desesperados para alimentar a esperança e o sonho inalcançável de que as coisas podem mudar, de que o narcisista cumprirá o que prometeu. Embora possam aceitar que os comportamentos do narcisista são abusivos ou inadequados, a fantasia perigosa e a crença sem dúvida narcísica é a de que *eles* são capazes de transformá-lo. Talvez por acharem coisas como: "Sou a única que realmente consegue compreendê-lo"; "Consigo ver como ela é 'de verdade'"; "Ela só mostra esse lado para mim"; "Ninguém consegue amá-lo ou conhecê-lo como eu (ou vice-versa)"; "Ele dizia que as coisas seriam diferentes". Mas deixemos as ilusões de lado. Isso não passa de fantasia e é um ingrediente central de um relacionamento tóxico e destrutivo. Há também um elemento narcísico nesse tipo de crença. Há algo parecido com a sensação de ser um mártir quando acreditamos ter poderes especiais que nos permitem transformar os problemas arraigados e a maneira de ser de alguém. Nem é responsabilidade sua consertá-lo ou ajudá-lo. Por que você ia querer passar por isso?

Em minha atuação como psicóloga, considero o transtorno da personalidade narcisista um dos problemas clínicos mais complicados de tratar. É um desafio e tanto para o mais preparado e estudioso dos clínicos. Mesmo assim, só é possível encará-lo quando o paciente está muito motivado, comprometido, disposto e é capaz de aceitar a mudança positiva. É tão difícil que os não especialistas entre nós com certeza têm uma possibilidade menor ainda de serem milagrosamente capazes de curar as feridas narcísicas dos outros. Vou ser mais específica e repetir: por que você ia querer passar por isso? É uma questão importante a examinar, pois pode revelar mais sobre você do que sobre o outro.

Em relacionamentos saudáveis e emocionalmente maduros, pessoas adultas assumem a responsabilidade por si mesmas, por seus atos e escolhas. Os narcisistas e parceiros codependentes sacam argumentos como

"Ele/ela me obrigou a fazer isso", "Você fez com que eu me sentisse assim" e "Se você não se comportasse assim, eu não teria que ficar com raiva/mentir/trair", e assim por diante. Não é saudável nem funcional culpabilizar os outros e acreditar que outras pessoas são completamente responsáveis pelo seu bem-estar e por suas escolhas, muito menos crer que se é responsável pelo comportamento ou estado de espírito de alguém. É uma fantasia absurda. Não me leve a mal: sim, é claro que o que fazemos e dizemos terá algum impacto sobre os outros. Sim, é claro que seremos afetados por terceiros, por suas palavras e ações. Não somos robôs. No entanto, somos responsáveis pelo que fazemos e pela forma como estabelecemos e mantemos os nossos limites. Em última análise, você é responsável pela sua felicidade, seu bem-estar e suas escolhas pessoais.

Tolerar comportamentos cada vez mais abusivos e nocivos é prejudicial e, em casos extremos, pode até colocar sua vida em risco. Muitas vezes, em relacionamentos abusivos, especialmente nos deste tipo, a sabotagem e a crueldade são sutis e se desenvolvem bem devagar, de uma forma difícil de detectar. Isso, juntamente com táticas de *gaslighting*, pode fazer com que os parceiros duvidem das próprias experiências e decidam que talvez certos abusos nem tenham acontecido. Nós nos perguntamos se não estaríamos interpretando tudo de forma deturpada, se não estamos imaginando coisas ou reagindo de forma exagerada. Um narcisista ficará feliz em ser o primeiro a sugerir que você está sendo "sensível demais". É uma deixa para você adotar outro tipo de afirmação: "O problema sou eu e a culpa é minha." Normalmente, no abuso narcisista, os parceiros já se sentem culpados *a priori*, uma vez que sua autoestima e sua confiança já foram minadas pela relação.

Nem todos os narcisistas são do tipo assumido, carismático e gregário. Os egocêntricos sedentos de poder/fama/sucesso e seus comportamentos claros, egoístas e interesseiros são mais fáceis de detectar do que os encantos mais sutis e sofisticados do narcisista encoberto. É importante se familiarizar com as características fundamentais de um narcisista, tais como: a incapacidade de assumir responsabilidades por seus atos; a maneira habitual como invertem a situação e colocam a culpa em você; a ideia de que tudo gira em torno deles; o uso de diversas formas de manipulação para obter o que desejam; a necessidade de parecer ou se sentir melhor, especial ou diferente dos outros; ser crítico – e assim por diante.

De qualquer forma, embora seja difícil, ao dar passos importantes para reconhecer o abuso narcisista, é vital que você seja capaz de fazer um balanço e avaliar suas experiências de maneira sincera e objetiva. Nem sempre é algo confortável ou agradável de fazer, mas é vital para recuperar uma perspectiva mais equilibrada. Começar a passar cada vez mais tempo ancorado na realidade é essencial para a sua recuperação. Você precisa se conectar com a realidade atual e gastar menos tempo com fantasias e esperanças – por mais doloroso que seja.

## Ponha no papel

Pessoalmente, acredito no poder da escrita e do ato de colocar a caneta no papel. Ver sua experiência pessoal relatada em preto e branco vai ajudar você a desenvolver uma perspectiva mais objetiva, realista e equilibrada sobre o que está acontecendo. Eu recomendo escrever um diário ou um caderno de reflexões. Colocar seus pensamentos, sentimentos e experiências no papel é útil sob muitos aspectos. Pode ajudar você a processar e entender o que aconteceu de um jeito catártico e purificador. Também pode ser um auxílio na hora de descobrir e expressar a sua experiência emocional, seja raiva, tristeza, frustração, confusão ou medo. Além disso, a escrita lhe dá a oportunidade de fazer um balanço mais objetivo de seu relacionamento. Talvez você prefira escrever de forma sistemática, como num inventário. As perguntas a seguir foram elaboradas para ajudar você a fazer uma avaliação honesta de incidentes e experiências específicas. No entanto, se preferir apenas escrever livremente, faça isso. O importante é que o método escolhido funcione para você.

A seguir estão as perguntas que você deve fazer a si mesmo sobre sua experiência:

1. O que aconteceu?
2. Qual foi a pior parte?
3. O que ele/ela fez?
4. O que eu fiz?
5. Como eu me senti?

6. Quais foram minhas crenças ou pensamentos automáticos sobre mim mesmo ou sobre a situação?
7. O que eu diria a um ente querido se ele me contasse que isso aconteceu com ele? O que familiares e amigos íntimos diriam sobre isso?
8. Há algo que eu preciso fazer? Há algo que eu necessite e que possa oferecer a mim mesmo agora?

---

**PONTOS PARA REFLEXÃO**

- Tive pensamentos fantasiosos sobre este relacionamento/situação?
- Quais são/foram a fantasia e as esperanças específicas?
- O que aconteceu?
- O que me leva a ter crenças, esperanças ou pensamentos fantasiosos? É algo que acontece, que é dito ou feito, ou são sentimentos meus?
- Por quê? O que acontece?
- Reconheço algum padrão?
- Adote uma perspectiva equilibrada. Um narcisista não vai mudar.
- Como posso cuidar melhor de mim mesmo se/quando me sentir assim de novo?

# 6
# Identificando os sinais: Parte 1

*A consciência é a chave para a mudança.*

Um dos passos para se recuperar do abuso narcisista e romper com o padrão de atrair ou se sentir atraído por quem tem traços narcisistas é aprender a identificá-los. O ideal é que você seja capaz de reconhecer os sinais e as características de um narcisista a distância.

Na sociedade moderna, vemos esses indícios por toda parte. A cultura individualista, sem dúvida, gera certo tipo de egoísmo e comportamentos interesseiros. Basta olhar qualquer rede social. Elas são playgrounds perfeitos para os mais egocêntricos, para os obcecados por si mesmos e os exibicionistas loucos por atenção, desesperados em busca de admiração. Esse é o lugar ideal para os narcisistas garantirem um suprimento contínuo de atenção, admiração e elogios. Além do mais, tudo isso é absolutamente normalizado na internet.

Vivemos também numa sociedade interdependente cada vez menos positiva, na qual o individualismo, a competição, as conquistas e o "sucesso" financeiro e consumista são exaltados em detrimento de valores mais elevados. Isso ficou claro com a ascensão da chamada "cultura das celebridades" ao longo das últimas décadas, na qual pessoas ávidas pela fama aspiram a alcançar reconhecimento, atenção e dinheiro, muitas vezes com uma motivação tão forte para "chegar lá" que têm pouca consideração pelo impacto que as suas ambições podem ter sobre os outros, sobre os seus valores ou sua integridade.

Hoje em dia, muitos jovens afirmam querer conquistar a "fama" por nenhum motivo em particular. Mudanças culturais desse tipo servem como um terreno fértil para o narcisismo. Não estou dizendo que toda celebridade ou indivíduo com motivação ou ambição seja narcisista. Nem que ter traços narcisistas seja o mesmo que sofrer de um completo transtorno de personalidade. Afinal, todos nós temos algum elemento dessas características. Um verdadeiro narcisista, no entanto, terá muito pouca ou nenhuma capacidade de autorreflexão ou de reconhecer e se preocupar com seu jeito. Eles não se importam com o impacto que suas ações egoístas têm sobre os outros e, quando se importam, geralmente é porque têm segundas intenções ou o único propósito de usar isso como tática de manipulação.

Como são encontrados praticamente em qualquer lugar, sob qualquer forma – podendo ser homens ou mulheres, jovens ou velhos –, os narcisistas são difíceis de detectar à primeira vista. É por essa razão que tanta gente se envolve com eles, seja no trabalho, em amizades ou relacionamentos amorosos, pagando um preço por isso. Qualquer um que tenha passado por um relacionamento de qualquer tipo com um narcisista saberá, em primeira mão, como essa situação pode ser completamente abusiva, tóxica e traumatizante. Se você já teve essa experiência, é muito importante aprender a identificar um narcisista e, sempre que possível, ficar longe dele ou, se for impossível (por exemplo, se ele estiver no ambiente de trabalho ou na família), encontrar maneiras de administrar as situações e a si mesmo para manter o mínimo de envolvimento possível. Uma parte crucial desse processo é estabelecer limites firmes, e vamos abordar essas questões mais adiante.

## OS SINAIS

Apresentei uma visão geral dos diferentes tipos de narcisistas no início do livro. Aprendemos que, em geral, eles só revelam suas características mais desagradáveis quando você já está muito envolvido em um relacionamento. Mas existem maneiras de identificá-las sem que você precise se aproximar tanto deles.

Tradicionalmente, os narcisistas grandiosos costumam ser muito carismáticos, encantadores, manipuladores e sedutores. No entanto, traços mais sinistros ou dissimulados são mais difíceis de detectar, especialmente porque é muito fácil se deixar ofuscar por toda a sobrecarga inicial de bombardeios de amor, sedução, elogios, presentes e provocações. Esses comportamentos por si sós costumam ser os primeiros sinais de alerta a serem observados. Ao conhecer um narcisista, ele vai querer saber se você pode alimentar adequadamente as necessidades dele. Ou seja, será que você pode oferecer a constância e o nível de admiração e de atenção de que eles tão desesperadamente precisam para amparar seu ego frágil e para que consigam manter o amor-próprio e a autoestima de que necessitam para sobreviver? Para o narcisista, a atenção e a admiração são tão imprescindíveis que ele é capaz de fazer qualquer coisa para encantar, manipular ou intimidar os outros de forma a obter o que precisa. E eles costumam ir longe nessa busca.

Suas tentativas muitas vezes envolvem bombardeios de amor nos primeiros dias, que consistem em elogios, inúmeros presentes e demonstrações de profundo carinho e atenção (por exemplo, descobrindo do que você gosta, como uma banda ou peça de teatro, e depois presentear você com ingressos). O tipo de narcisista mais explícito se gaba ou exagera seus sucessos, sua situação financeira ou seu status para impressionar. Em situações românticas, isso se traduz em declarações de amor precoces, conversas ou considerações sobre planos para o futuro, como casamento, morar juntos ou ter filhos. Fazer planos de longo prazo para o relacionamento, declarar que "desta vez é para valer" ou que este será um vínculo duradouro poucos dias após o primeiro encontro – muitas vezes são sinais de alerta para dificuldades em estabelecer compromissos, uma questão comum à maioria dos narcisistas.

É um pouco mais complicado detectar o narcisista encoberto, que se vale de suas "vulnerabilidades" ou que "banca a vítima" para seduzir ou fazer com que você o resgate, cuide dele ou assuma alguma responsabilidade por ele. Esta é simplesmente outra forma de tentar conseguir o que necessita. Qualquer atenção é válida para um narcisista. Nesse caso, ele costuma enfatizar como foi incompreendido ou maltratado. Esses tipos tendem a ter uma série de ex-namorados "psicopatas" ou "abusivos", e é possível identificá-los determinando se assumem alguma responsabilidade por essas histórias. Costumo considerar bastante suspeito que alguém tenha uma longa série de ex-namorados "psicopatas" ou "malvados" – porque em geral existe aí um denominador comum.

Qualquer narcisista que se preze terá como objetivo fazer você se sentir especial e singular da maneira que puder. Isso se manifesta em comentários como "Temos uma ligação muito forte"; "Estamos predestinados a ficar juntos"; "Ninguém nunca me amou como você (e vice-versa)"; "Ninguém nunca me fez rir como você"; "Nunca me senti assim... isso é tão diferente"; "Você é um colega incrível, tão inteligente, posso aprender muito com você"; "Ninguém nunca me entendeu ou me conheceu como você"; "Nunca fiquei tão excitado"; "Nunca senti nada assim... deve ser amor verdadeiro".

Sem dúvida, são palavras e gestos adoráveis e lisonjeiros. Mas são essencialmente projetados para avaliar o nível de atenção que você é capaz de lhe fornecer. Será que você pode facilmente ser levado a ter fantasias sobre o relacionamento? Ou mantém os pés no chão e se apoia na realidade? Isso, para mim, faz uma enorme diferença em sua capacidade de resistir ao feitiço narcisista. Ele sonda você por meio de uma onda irresistível de romance e declarações impressionantes ou retratando-se como a vítima incompreendida para tocar seu coração. Tenha em mente que o narcisista estará apenas tentando descobrir o que você ou qualquer outra pessoa pode lhe oferecer. Geralmente, ele só considera se associar a quem possa lhe dar algo, seja uma oferta consistente e ampla de atenção, ganho financeiro, apoio emocional, alguém para culpar e envergonhar, contatos sociais, status, trabalho, e assim por diante. Desculpe se estou destruindo alguma fantasia romântica, mas, como eu já disse, se algo parecer bom demais para ser verdade, o mais provável é que não seja mesmo verdade. Um excesso de demonstrações logo de início também é um sinal de alerta. Fique atento. Mantenha os pés no chão. Permaneça em contato com a realidade.

---

*Relacionamentos saudáveis levam tempo. Leva tempo para construir a confiança e realmente conhecer alguém. Demonstrações excessivas logo no início são sinal de que talvez haja um narcisista por perto.*

---

É muito fácil se deixar levar pela força do romance e da sedução dos primeiros tempos. Conhecer os sinais e aprender a identificá-los com segurança é um passo fundamental e, felizmente, uma daquelas coisas que assim que você enxerga fica muito difícil "deixar de ver" e ser pego novamente – desde que continue a prestar atenção e a estar atento aos sinais de alerta!

## *Como posso aprender a identificar essas características?*

É preciso ser capaz de realizar uma avaliação *fundamentada*, *honesta* e *objetiva* do que as pessoas em sua vida dizem e o que fazem. Atitudes valem mais que palavras. Se as palavras e as atitudes não combinam, isso é um sinal de alerta. Certifique-se de observar as atitudes e não acreditar apenas no que é dito. Um pedido de desculpas deve ser uma atitude, não apenas uma palavra.

A seguir, você encontra uma lista de características e comportamentos que são sinônimos de narcisismo:

- Egocentrismo extremo. Os narcisistas facilmente são capazes de falar sobre si mesmos e seus interesses um dia inteiro. Raramente fazem perguntas significativas sobre você e a sua vida. Um bom indicador de que você encontrou um narcisista é perceber que muitas vezes ele nem pergunta como você está.
- Graças às redes sociais, é mais fácil identificar narcisistas hoje em dia, com suas intermináveis selfies e postagens em busca de atenção. Ainda mais quando são a única pessoa na foto. Fotografias ou postagens abertamente provocantes e sensuais, imagens propositalmente intrigantes ou mensagens que destacam riqueza ou poder também costumam ser um indicador confiável.
- Citar pessoas famosas ou "sobrepujar". Se você conheceu ou conhece alguém famoso e se foi a um restaurante incrível, tenha certeza de que seu amigo ou parceiro narcisista terá conhecido alguém ainda mais famoso e frequentado estabelecimentos ainda melhores do que você poderia imaginar.
- Eles vão se vangloriar dos seus próprios talentos e realizações e menosprezar, criticar e julgar os outros. Eles apontarão as falhas ou fraquezas dos outros em uma tentativa de exagerar suas próprias realizações e de se sentirem melhor.
- Quando você conhece um narcisista, ele costuma ser muito elogioso, encantador e simpático. Pode até comprar presentes e o levar a lugares impressionantes e interessantes. O objetivo é fazer você se sentir "especial". No entanto, sua verdadeira motivação é manipular e obter uma resposta que atenda às necessidades dele.

- Eles farão todo tipo de promessas românticas e maravilhosas para prender você por meio da esperança, mas suas atitudes não corresponderão às suas palavras.
- Se e quando alguém não lhes oferecer ou mantiver o nível de adoração, admiração ou atenção constante que demandam, eles rapidamente se tornam hostis, punitivos ou abusivos, isolando a vítima do grupo social, encontrando formas de mandá-la embora ou abandoná-la, espalhando boatos, sendo grosseiros, tratando-a com indiferença, e assim por diante.
- Lembre-se: atitudes valem mais que palavras.

*Quando conheci Mike, ele era incrivelmente atencioso e romântico. Ele me enchia de elogios e presentes, e chegou a me levar para uma viagem romântica a Paris pouco depois de nosso primeiro encontro. Preenchia todos os requisitos: eu acreditei ter encontrado minha cara-metade – meu Príncipe Encantado. Ele tinha um ar de mistério, o que achei bastante intrigante. Isso me atraiu. Eu queria ser a mulher que realmente o conhecia e compreendia – que o amava. E queria que ele me amasse. Hoje percebo que foi apenas uma questão de meses, talvez de semanas, até ele começar a agir de forma egoísta, soltar indiretas e fazer comentários negativos. Ele era egoísta e, olhando em retrospecto, bastante inseguro. Fazia comentários sobre meu corpo ou minha renda e, ao mesmo tempo, se gabava de sua forma física ou de quanto ganhava. Foi difícil reconhecer na época, pois os aspectos negativos mal eram detectáveis em meio aos bons momentos. Às vezes ele dizia algo maldoso, e era algo tão absurdo que eu nem tinha certeza se tinha ouvido direito. Eu não conseguia entender. Eu também sentia que estava presa à imagem do homem que havia conhecido no início. Minhas primeiras impressões dele foram tão intensas que simplesmente me dominaram. Eu me sentia cada vez mais confusa à medida que ele se tornava mais cruel comigo, pois quando nos conhecemos ele era perfeito. Eu simplesmente não conseguia entender como podia ser a mesma pessoa... perdi a confiança em meu próprio julgamento... e levei algum tempo até conseguir voltar a enxergar as coisas com algum distanciamento.*

> **PONTOS PARA REFLEXÃO**
>
> - Ao olhar para trás, quais sinais você percebeu ou talvez tenha ignorado ao conhecer um parceiro narcisista?
> - Como você se sentiu naquele momento?
> - De que forma as atitudes dele não corresponderam às suas palavras ou promessas?
> - O que impediu você de atentar para algum sinal de alerta? (Entender isso pode ser útil para etapas posteriores da sua recuperação e para o futuro.)
> - Como poderia reconhecer um narcisista no futuro? Quais seriam os sinais que você procuraria e detectaria?

## *"Atitudes valem mais que palavras"*

Essa frase não poderia ser mais verdadeira e ajuda a reconhecer o comportamento e as intermináveis promessas vazias de um narcisista. Muitos de nós são enganados ou capturados pelo fascínio, as tentações, as desculpas e as promessas de um narcisista. Curiosamente, a dinâmica é tal que eles tendem a ser mais abertos, elaborados, manipuladores e convincentes quando sentem que você está se afastando deles.

> *Ian e eu conversamos sobre começar uma família. Eu sempre quis ter filhos, mas passei muitos anos concentrada em minha vida profissional. Quando cheguei aos 30 e poucos anos, percebi quanto queria ter um bebê. A essa altura, eu vinha saindo com Ian, entre términos e voltas, havia cinco ou seis anos. Desde o início ele falava em ter filhos, fazíamos piadas sobre com quem eles se pareceriam e como seríamos pais maravilhosos. Hoje percebo com mais clareza que ele não falava a sério e que sempre ficava pouco à vontade quando os planos se tornavam mais concretos. Com certeza, ter um compromisso com uma família não seria adequado a seu estilo de vida espontâneo e sua necessidade de liberdade. Houve muitas e muitas ocasiões em nosso relacionamento em que ele ia embora de repente, declarando que precisava de "espaço". A gente rompia e se reconciliava com regularidade – quase uma vez por semana.*

*Ele desaparecia por dias ou semanas e então reaparecia. E o relacionamento se transformou nisso. O que acho cruel, porém, é que ele agia de uma forma muito inconstante em relação ao meu desejo de ter filhos – ele sabia quanto isso significava para mim. Acho que dizia todas as coisas certas, tudo que eu desejava ouvir, mas suas atitudes não eram condizentes com suas palavras.*

*Houve ocasiões em que ele se recusou a fazer sexo, dizendo que eu estava sendo desagradável e parecia desesperada por tomar a iniciativa. Outras vezes ele reclamava que eu nunca tomava a iniciativa! Eu me sentia confusa e péssima. Depois de mais ou menos um ano tentando sem sucesso engravidar, marquei consultas de fertilização in vitro. Ele alternava momentos de grande entusiasmo e depois sumia por dias, faltando às consultas, deixando-me sozinha com os médicos. Era muito constrangedor e difícil de entender na época, mas acho que eu estava tão determinada a engravidar que inventava desculpas para seu comportamento inconstante. Ele não aparecia nas consultas, dava desculpas para não estar presente ou simplesmente sumia no último minuto. Eu sei que parece loucura, mas ele bancava a vítima todas as vezes e eu acabava sendo solidária com ele e com as dificuldades que ele enfrentava. Ou então me sentia culpada. Certa ocasião, ele explicou que não pôde comparecer à nossa consulta de fertilização in vitro porque estava ajudando uma senhora idosa que tivera a bolsa roubada no caminho. Nem tenho certeza se isso aconteceu mesmo, mas se eu desse qualquer sinal de descrença, ele reagia com violência e me fazia sentir como se eu fosse uma pessoa terrível por duvidar dele. Ou, pior, criava um enorme conflito e discussão – e, como sempre, eu acabava me sentindo culpada e achando que o problema era meu. O que eu fazia ou deixava de fazer o enraivecia. Eu andava uma pilha de nervos na época. Na verdade, acho que estava tão abalada e com tantos problemas de saúde física decorrentes disso que não conseguia engravidar! Parece ridículo agora, mas isso durou anos e, embora tivéssemos chegado a conversar com a equipe da clínica, nunca começamos o tratamento.*

*Às vezes eu realmente ficava farta e tentava terminar o relacionamento. Mais uma vez, olhando para trás, percebo que era nesses momentos que ele intensificava as conversas sobre termos um filho e começarmos uma família juntos e eu voltava a cair em sua rede. Eu voltava a ter esperança, a sonhar que desta vez as coisas seriam diferentes... que engravidaríamos e seríamos uma família. Começar a ver as coisas de forma mais objetiva me ajudou a ver o que existia de fato – uma fantasia. Ele usou meu desejo de ser mãe para me enredar seguidas vezes e não me deixar partir, e depois ele terminava e desaparecia novamente, com regularidade. Isso continuou por anos. Era incrivelmente cruel.*

*Com ajuda, finalmente encontrei forças para deixar Ian. Mas agora que estou na casa dos 40, preciso aceitar o fato de que provavelmente nunca terei meus próprios filhos. Lamento amargamente os anos que desperdicei acreditando que ele estava falando sério. De certa forma, uma parte de mim ainda acredita, ou quer acreditar, que ele queria ter filhos comigo. Talvez uma parte dele quisesse e ele estivesse com muito medo – com muito medo do compromisso –, não sei. Percebo agora, porém, que se ele realmente quisesse, ele o teria feito, e isso teria acontecido. Ironicamente, por mais que eu fosse adorar ser mãe, sinto-me realmente grata por não ter tido filhos com ele. Ele teria sido muito inconsistente para o tipo de criação que eu gostaria de dar ao meu filho. Eu não gostaria que isso continuasse a acontecer comigo ou com meu filho por muitos anos.*

*Lamento ter me deixado enganar por todas as mentiras e histórias. Vejo agora, no final das contas, que se Ian realmente quisesse algo, ele se esforçaria para que acontecesse, e mesmo que tenha dito todas as coisas certas nos momentos certos, as atitudes e os esforços não estavam lá. Eu só queria ter percebido isso antes. Durante esse tempo, vi muitas de minhas amigas se tornarem mães. Eu precisei assumir a responsabilidade por mim mesma e pelos anos perdidos nesse relacionamento.*

Quando suspeitamos que estamos em qualquer tipo de relacionamento com um narcisista, é fundamental avaliar as atitudes e os comportamentos dele, e não apenas o que ele diz. Qualquer narcisista abusivo será altamente habilidoso em manipular os outros para satisfazer suas próprias necessidades. Isso significa dizer todas as coisas certas nos momentos certos. Infelizmente, é algo que ele deve ter aprendido muito cedo. É natural para ele entender instintivamente de quais pontos fracos deve se aproveitar para que suas necessidades sejam atendidas. Ele logo percebe qualquer vulnerabilidade nos outros, para dizer exatamente o que vai emocionar, desencadear sentimentos de culpa ou vergonha, medo ou ansiedade, tudo com o objetivo de manipular e controlar.

Muitas vezes ouço reclamações de que o narcisista fez isso ou aquilo, que ele fez com que meus pacientes desperdiçassem tempo, anos, que os obrigou a se mudar ou a fazer coisas que não queriam. Continuar a culpar o narcisista por tudo que aconteceu é manter a mentalidade de vítima. Não vai ajudar você a superar e seguir em frente. Na recuperação, é muito importante aprender a assumir toda a responsabilidade por si mesmo e pelos seus atos.

Mas atenção: assumir a responsabilidade por si mesmo não é o mesmo que se culpar! Não seja duro consigo mesmo – você já passou por dificuldades suficientes! Não continue se punindo! Assumir a responsabilidade por si mesmo significa considerar a sua parcela de responsabilidade na história. Veja o que você escolhe e o que faz. Ninguém tem poder total para obrigá-lo a fazer coisas ou a se sentir de determinada maneira. Você tem uma participação nisso, tem uma escolha. É você quem decide se vai acreditar nas mentiras e na manipulação do narcisista ou se vai olhar as atitudes dele e tomar suas próprias decisões a partir daí. Você tem que observar o que o narcisista diz e faz, e identificar quaisquer discrepâncias, tudo isso sem perder o contato com sua própria experiência interior: se manter atento a seus próprios pensamentos, sentimentos, reações, sensações ou gatilhos. Pode ser útil trabalhar com um terapeuta para aprender a identificá-los e talvez reconhecer sua origem. Ter consciência é fundamental.

### PONTOS PARA REFLEXÃO

- Quais foram os momentos em que o narcisista em questão prometeu ou disse alguma coisa enquanto atitudes dele o contradiziam?
- Com que frequência isso aconteceu/acontece?
- Como se sentiu/se sente em relação a isso?
- No passado, o que você teria feito nessas ocasiões?
- Como poderia fazer as coisas de maneira diferente? O que é mais útil para você no momento?
- Como você pode assumir a responsabilidade por si mesmo?
- Qual é a coisa mais amorosa que você pode fazer por si mesmo agora?

# 7
# Um par perfeito

Tirando nosso relacionamento íntimo com nós mesmos, todos os outros obviamente envolvem pelo menos outra pessoa. Portanto, seria injusto, inútil e nada saudável manter o foco apenas no narcisista. Assim como na história de Narciso e Eco, o narcisista não é a única parte dessa equação.

Parece haver um certo "perfil" de parceiro que é ao mesmo tempo atraído pelo narcisista e atraente para ele. Há um magnetismo invisível e aparentemente profundo entre o narcisista e as pessoas que são, sob muitos aspectos, perfeitas para facilitar os comportamentos egoístas, interesseiros e egocêntricos de um parceiro narcisista. De modo geral, elas tendem a ser do tipo que coloca as necessidades dos outros em primeiro lugar ou que não atende adequadamente aos seus próprios desejos e necessidades. Elas talvez sintam que, ao cuidar dos próprios interesses, estão sendo egoístas, sentindo até culpa quando se colocam em primeiro lugar. Pode haver nelas uma satisfação por se enxergarem como pessoas abnegadas, desprovidas de necessidades e altruístas. Muitos de nós perigosamente confundem essa postura com ser alguém "forte" ou talvez até "fácil de lidar".

Isso costuma ser algo que aprendemos com nossa família durante a infância e a adolescência, formas disfuncionais de relacionamento que internalizamos ao ver o exemplo dos nossos pais ou de outras figuras importantes em nossa vida. Talvez tenha havido, ou ainda haja, uma crença familiar de que autocuidado significa ser "egoísta". Aprendemos muito sobre relacionamentos com nossos pais, familiares e as experiências de infância. E embora essas vivências realmente possam moldar nossas tendências, isso não significa de forma alguma que não possamos mudar. Com certeza podemos aprender e trabalhar para desfrutar de relacionamentos mais saudáveis e gratificantes na vida adulta, não importa o que possamos ter herdado da nossa família.

Pessoas em relacionamentos potencialmente abusivos muitas vezes afirmam sentir que "se perderam" à medida que foram se concentrando cada vez mais no "outro". De forma similar ao ecoísta (veja adiante), começam a encolher, desaparecer nas sombras e perder a própria voz. A perda de si e o foco no outro refletem questões de limites pessoais, autoestima e amor-próprio – refletindo, em última análise, o relacionamento que você tem consigo mesmo. Parceiros de narcisistas tendem a ser as pessoas mais gentis, atenciosas, solidárias, tolerantes, crédulas e compreensivas que você poderia encontrar. Costumam ser também inteligentes, bem-sucedidos e competentes. De certo modo, isso aumenta a frustração e a confusão que inúmeras vezes testemunhei em pacientes durante os estágios iniciais da terapia, quando eles têm dificuldade de entender como terminaram em um relacionamento tão destrutivo.

No entanto, quem é muito motivado, ambicioso e focado em resultados costuma pagar um preço, negligenciando as próprias necessidades de autocompaixão e autocuidado. Muitos de meus pacientes vítimas de abuso narcisista são extremamente competentes. São ótimos gerentes de projetos, solucionadores de problemas, organizadores de eventos. Eles sabem como fazer as coisas. Com frequência, são práticos, lógicos e focados, às vezes beirando o vício no trabalho – eles são "gente que faz". Manter-se tão ocupado assim, no entanto, pode tornar difícil identificar, entender e atender às suas necessidades reais e seus desejos profundos de autocuidado. Também não é incomum que parceiros de narcisistas sejam muito duros ao se julgar e tenham a tendência a se punir. Falaremos disso com mais detalhes mais adiante, no capítulo "Suavizando nosso diálogo interno".

Diversos traços e características de personalidade dos que se sentem atraídos pelos narcisistas coincidem com os da codependência – às vezes também chamada de ecoísmo. A codependência essencialmente tem a ver com relacionamentos disfuncionais e tóxicos. Grande parte dos livros sobre esse tema trata de parceiros de alcoólatras ou viciados em drogas, não de narcisistas, mas na minha opinião é tudo a mesma coisa. A codependência também engloba o vício em relacionamentos – caracterizado por aspectos de obsessão ou dependência da outra pessoa, sejam psicológicos, emocionais, sociais, financeiros e/ou físicos. Uma característica fundamental da codependência é o foco excessivo no cuidado dos outros, levando ao esquecimento ou descaso com o cuidado de si. Isso pode causar uma série de problemas interpessoais e de identidade.

Muitos consideram que codependência se resume a ser completamente dependente de um parceiro alcoólatra ou viciado em drogas, com uma "necessidade de ser necessário". É um entendimento bastante simplista. Acredito que codependência é mais do que isso e se apresenta de forma diferente em cada indivíduo. O termo em geral se aplica ao cuidador, àquele que gosta de agradar todo mundo e quer consertar tudo na dinâmica do relacionamento. Há aí uma clara falta de limites. Uma crença comum do codependente é que os outros têm que estar bem para que ele também esteja bem. Sua incapacidade de administrar as próprias ansiedades e emoções costuma ser o combustível dessa tentativa de garantir que todo mundo – ou o narcisista – esteja bem. Daí as tentativas de resgate e controle. O ecoísmo é um termo mais específico para o abuso narcisista, apesar de haver paralelos. Embora eu pessoalmente não esteja tão preocupada com rótulos, ler e aprender sobre a recuperação da codependência também pode ajudar na recuperação e na cura do abuso narcisista. Certamente há muito na literatura e no Programa de 12 Passos dos Codependentes Anônimos. Tudo isso ajuda a amparar o desenvolvimento de uma maior consciência de si, a elaboração da experiência, a aprendizagem, o estabelecimento de limites saudáveis e outros aspectos interpessoais que estão na base de relacionamentos saudáveis. (Para obter informações ou encontrar as reuniões mais próximas, visite o site de Codependentes Anônimos da sua região.) O apoio de um ambiente de grupo também pode ser uma ajuda adicional neste momento.

Em termos gerais, acredito que vale a pena considerar a codependência uma questão que diz respeito a relacionamentos tóxicos e disfuncionais. Relacionamentos saudáveis começam com você. Se você entender bem essa parte, todos os outros relacionamentos se tornarão bem mais fáceis. Pessoas codependentes tendem a se preocupar mais com o bem-estar dos outros do que com seu próprio. Elas costumam achar mais fácil reconhecer e atender às necessidades e aos desejos de quem está a seu redor – negligenciando seus próprios – e têm dificuldade de cuidar bem de si mesmas. Por isso, conseguem identificar como os outros se sentem, mas acham difícil identificar e conviver com as próprias emoções. Muitas vezes se sacrificam para dar apoio aos seus parceiros e têm um senso exacerbado de responsabilidade.

Questões assim podem realmente interferir em nossa capacidade de desfrutar de relacionamentos saudáveis e gratificantes. Obviamente, o ecoísmo e os traços de codependência são uma combinação perfeita para os narcisistas, pois o que eles mais querem é que tudo gire em torno deles. Por essa razão, procurarão parceiros que fiquem felizes que as coisas sejam assim e que se voluntariem de várias maneiras para cuidar, justificar e assumir a responsabilidade por seus desejos, necessidades e comportamentos.

Lembre-se: para o narcisista, tudo gira em torno dele, e ele precisa que o foco permaneça assim em seus relacionamentos preferenciais. Não é nenhuma surpresa, portanto, que ele procure atrair parceiros que se encaixem nessa dinâmica. Em outras palavras, os narcisistas procuram e encontram parceiros que se sentem confortáveis e felizes quando a atenção e o foco estão no outro. O tipo de parceiro atraente para eles abandona suas próprias necessidades e desejos de forma consistente para apoiar ou apaziguar o outro. Às vezes, isso ocorre porque colocar os outros em primeiro lugar é visto como algo admirável. E há quem inclusive julgue que se colocar em primeiro lugar é egoísta ou errado.

Você pode confundir a falta de limites e a tendência a negligenciar e sacrificar suas próprias necessidades com ser alguém "fácil de lidar". O tipo de cuidado excessivo e de responsabilidade exagerada encontrado em relacionamentos tóxicos pode ser facilmente confundido com carinho ou altruísmo, conferindo a quem os pratica até uma qualidade de abnegação. Como já vimos, isso pode ter sido aprendido desde cedo, na infância, pelo exemplo familiar, como uma forma ideal de ser. Pessoalmente, considero uma postura perigosíssima e nociva, associada à perda do senso de individualidade, a uma falta de identidade pessoal, a problemas relacionados com limites, codependência, ecoísmo e trauma e, em última análise, atua como um poderoso ímã para narcisistas.

Se você deseja se recuperar do abuso narcisista – e, mais importante, evitar repetir esse padrão – é imprescindível que comece a trazer seu foco de volta para si mesmo. A recuperação exige que você procure desenvolver um relacionamento amoroso, solidário, compassivo e gentil consigo mesmo em primeiro lugar.

*Quando você tem um relacionamento saudável consigo mesmo, todos os outros se tornam muito mais fáceis.*

Características, comportamentos e traços comumente reconhecidos em pessoas que se envolvem em relacionamentos abusivos e tóxicos incluem:

- Ser excessivamente atencioso e preocupado com o bem-estar dos outros. Muitas vezes é mais fácil fazer isso do que cuidar de si mesmo. É claro que o cuidado e a preocupação com os outros são qualidades adoráveis. No entanto, essa característica se torna preocupante se, para isso, a pessoa precisa negligenciar o cuidado de si mesma.
- Ser "gente que faz": a pessoa que resolve as coisas.
- Ser o cuidador ou o salvador.
- Ser altamente sensível do ponto de vista emocional. Embora tenham facilidade para entrar em sintonia, ter empatia, reconhecer ou mesmo prever o humor ou a dor emocional dos outros, essas pessoas podem ter dificuldade para fazer o mesmo em relação a si mesmas.
- Uma tendência ou preferência a adotar um ponto de vista lógico e prático, achando mais fácil confiar na lógica e na mente racional do que no aspecto emocional, nas sensações ou na intuição.
- Às vezes, sentir-se "desconectado", anestesiado ou "aéreo".
- Dificuldade para identificar seus próprios sentimentos ou necessidades.
- Sentir-se responsável ou acreditar de alguma forma que é responsável por ajudar, mudar ou consertar os outros.
- Ter objetivos elevados e ser focado em objetivos.
- Sentir-se mal, culpado, ansioso ou responsável se outros estiverem aborrecidos.
- Ser gentil e compassivo com os outros, mas não tanto consigo mesmo.
- Ter problemas de autoestima; sentir que não é "bom o suficiente" ou que "não faz o suficiente".

- Não reconhecer nem aceitar a indisponibilidade das pessoas por quem se sente atraído.
- Negar ou minimizar os próprios sentimentos.
- Ser duro consigo mesmo. Ter um diálogo interno punitivo e negativo.
- Confundir não ter ou ter poucas necessidades pessoais com ser "forte" ou "fácil de lidar".
- Ser muito esforçado e focado.
- Gostar de agradar as pessoas. Negar as próprias necessidades em prol dos outros.
- Ter um senso de individualidade ou uma autoestima excessivamente dependentes de terceiros ou de fatores externos (por exemplo, trabalho, estudos, parceiros, filhos).
- Estar ou se sentir isolado.
- Desejar "consertar" ou curar as feridas dos outros.
- Ter uma alta tolerância ao estresse e ao abuso.
- Ter dificuldade em identificar os próprios desejos, gostos, necessidades, pensamentos ou sentimentos.
- Acreditar que colocar seus interesses em primeiro lugar é uma forma de egoísmo ou deslealdade.
- Sentir desconforto ou culpa quando cuida de si ou faz algo para si.
- Suportar ou perseverar em situações/relacionamentos difíceis ou abusivos ("mentalidade de sobrevivência").
- Ter carreira/trabalho/vida pessoal muito exigente.
- Ter dificuldade em dizer "não".
- Suportar e permanecer em relacionamentos nocivos: confundindo tolerância ao abuso com lealdade, dedicação, atenção ou altruísmo.
- Ter dificuldade para identificar, estabelecer ou manter limites pessoais.
- Pensar com seus botões, depois de ler a frase anterior: "Não sei ao certo quais são meus limites."
- Considerar que estar excessivamente envolvido/preocupado/focado em cuidar dos outros é altruísmo e generosidade.
- Estar disposto a atender as necessidades de outras pessoas, mas negligenciar as suas próprias ou nem sequer reconhecê-las.

- Achar difícil pedir ajuda aos outros ou mostrar vulnerabilidade.
- Encontrar desculpas ou justificativas para o comportamento abusivo e inapropriado dos outros.
- Assumir responsabilidade ou se sentir responsável por atitudes ou sentimentos de outras pessoas.
- Ter baixa autoestima.
- Exibir "padrões de negação" – negando seus próprios sentimentos e os comentários e atitudes abusivas de seu parceiro.
- Ter dificuldade em aceitar elogios, reconhecimento ou presentes.
- Comprometer seus próprios valores, desejos, necessidades e integridade em prol de seu parceiro/outros.
- Ter um senso de responsabilidade inflado.
- Acreditar que de alguma forma pode controlar ou mudar outras pessoas – parceiros, familiares, colegas ou amigos.
- Experimentar uma "desconexão": ignorar ou questionar qualquer sensação ou intuição sobre o que é certo ou errado.
- Ter (ou ter tido) um dos pais ou algum outro familiar narcisista ou com algum tipo de vício.
- Temer o humor, a raiva, a fúria ou a reação do parceiro. (Isso costuma estar relacionado a experiências anteriores.)
- Ter dificuldade para comunicar seus próprios desejos e necessidades, gostos e aversões.
- Sentir que "perdeu a voz".
- Experimentar sentimentos de confusão.
- Duvidar de si – especialmente em relação a comentários ou *gaslighting* do parceiro.
- Ter sentimentos de culpa e vergonha.
- Estar acostumado a ser "forte".
- Sentir que "o problema sou eu", "a culpa é minha", "o responsável sou eu".
- Sentir-se como se estivesse "ficando louco".

> **PONTOS PARA REFLEXÃO**
>
> - Que características ou traços dessa lista você identifica ou reconhece em si mesmo?
> - Como isso tudo pode desempenhar um papel nos seus relacionamentos?

## REFLEXÕES SOBRE SEU PRÓPRIO NARCISISMO

Um ponto a considerar, e que muitas vezes passa despercebido, é seu próprio narcisismo. Pode parecer um pouco estranho, mas é importante. Sejamos realistas: todo mundo pode ser um pouco egoísta ou narcisista às vezes. Além disso, como já vimos, existe uma escala. Em uma extremidade do espectro está a experiência mais comum, as pessoas que às vezes podem ter alguns traços narcisistas. Na outra extremidade da escala está o transtorno da personalidade narcisista, um distúrbio patológico. Falar em "defesas narcísicas" refere-se a comportamentos, atitudes ou interações similares aos de um narcisista que muitos de nós podem manifestar ou demonstrar sem que isso signifique que sejamos narcisistas completos e absolutos.

Em geral, essas defesas são acionadas em resposta aos sentimentos de ameaça, medo ou de algum tipo de insegurança. Trata-se daqueles momentos em que, sentindo variados graus de insegurança, a pessoa pode se tornar crítica e julgar os outros, ou mesmo ser arrogante, indiferente ou soberba. Talvez não sejam nosso comportamento habitual, mas são atitudes que podem vir à tona quando nos sentimos particularmente na defensiva. Nem sempre estamos conscientes do que fazemos, porque, como tantas características narcísicas, essas são defesas que servem para proteger uma individualidade frágil. No caso das defesas narcísicas, elas tendem a entrar em ação em momentos de vulnerabilidade.

Enquanto lia até aqui, você em algum momento se perguntou ou se preocupou com a possibilidade de ser narcisista? Se isso aconteceu, você realmente se sentiu preocupado com o impacto que isso pode ter sobre outras pessoas? Se pensou, então é provável que você não seja narcisista! Os verdadeiros narcisistas não são capazes de fazer autorreflexões tão honestas. Muito menos ficariam preocupados com o impacto de seus atos sobre os outros. Para eles, não é fácil considerar (ou mesmo se importar) com a forma como poderiam afetar as pessoas.

Já no seu caso, questionar seu próprio narcisismo é uma parte normal e saudável do processo. Acredito que fazer essas ponderações também seja parte do processo de cura e de recuperação e que vale a pena dedicar algum tempo a essa tarefa. Para muitos de nós, fazer mais autorreflexões objetivas e honestas é ótimo: elas vão servir de base para nosso crescimento pessoal. Quase todos nós somos capazes de demonstrar algum grau de narcisismo, em pequenas doses. Mas isso não deve ser uma preocupação. No entanto, quero lançar luz sobre traços de narcisismo que podem interferir em seu processo de recuperação.

O narcisista não tem empatia. Seus parceiros, entretanto, tendem a exagerar para compensar essa falta dentro do relacionamento. Em geral, são empáticos demais, muitas vezes achando que agir assim é o mesmo que demonstrar atenção, sensibilidade ou sintonia. Essa é uma área que tem o potencial de atrapalhar a sua recuperação, caso seja muito extrema. Acho que é um pouco narcisista da sua parte acreditar que você dispõe de superpoderes, sabedoria ou de habilidades especiais para compreender, ajudar, controlar ou mudar o narcisista – ou qualquer pessoa, aliás. Empatia saudável significa ser capaz de reconhecer como os outros estão se sentindo e transmitir isso, mostrando que você se importa. Não é o mesmo que assumir nenhum sentimento por eles nem tentar mudar ou consertar nada para eles – isso é chamado de "codependência". E a codependência não é nada saudável.

A arrogância e o sentimento de merecer privilégios também são traços narcisistas que têm o potencial de interferir no seu processo de recuperação. Acreditar que você de alguma forma já sabe tudo provavelmente não o ajudará a seguir em frente nem a curar o trauma ou se recuperar do abuso narcisista. A recuperação exige humildade, honestidade e o contato com sua vulnerabilidade. Pode levar algum tempo para você se sentir suficientemente seguro para fazer isso, mas aprender a desacelerar e a ser gentil e compassivo consigo mesmo ajuda.

Os narcisistas não assumem responsabilidade por suas ações. Em vez disso, procuram parceiros que façam isso no lugar deles. Porém acreditar que você é responsável pelos comportamentos, escolhas ou sentimentos de outra pessoa não é saudável. Mais uma vez, eu diria que isso também é um pouco narcisista. Alguém tem esse tipo de poder? Você não tem o menor controle sobre o que outras pessoas fazem ou deixam de fazer. Acreditar que tem não serve para nada. Na recuperação, é importante concentrar-se no que é da sua responsabilidade, no que está sob o seu controle – porém, mais importante ainda, reconhecer o que não está em suas mãos, para que isso não se torne simplesmente mais uma variação do narcisismo. Os narcisistas querem fazer o papel de vítima e continuar a não assumir responsabilidades por seus atos. Esteja atento para não assumir a mesma posição. Ninguém pode obrigá-lo a ter sentimentos ou a se comportar de determinada forma. Você é responsável por si mesmo.

Aqui estão algumas perguntas que ajudam você a fazer reflexões honestas sobre seu próprio narcisismo:

- Acredito que sou especial e diferente?
- Sinto-me incompreendido porque a maioria das pessoas não é habilidosa ou inteligente o suficiente para me entender?
- Eu domino as conversas?
- Sinto-me mais interessante, inteligente, experiente ou perspicaz do que todos os presentes?
- Sou crítico em relação a outras pessoas, lugares ou coisas?
- Acredito ter o poder de controlar ou mudar o narcisista na minha vida? Ou de mudar mais alguém?
- Às vezes posso parecer arrogante, desdenhoso ou rude?
- Uso dinheiro, beleza, demonstrações de afeto, inteligência ou status para me sentir poderoso ou controlar os outros?
- Tenho a sensação de que mereço privilégios e espero ser tratado de forma diferente?
- Busco ganhos ou tratamento especial fazendo o papel de vítima?
- Às vezes posso ser arrogante a ponto de pensar que sei o que é melhor ou que sei mais do que os outros?
- Supervalorizo minhas conquistas, meu status, meu progresso ou meus contatos na hora de falar deles?

- Invento coisas?
- Minto para conseguir o que quero?
- Sou muito competitivo?
- Posso sentir inveja ou ressentimento em relação aos outros?

Como eu disse, todo mundo apresenta elementos de narcisismo. As defesas narcísicas também podem aparecer às vezes – em geral quando nos sentimos inseguros ou ameaçados. Mas isso não é motivo para se assustar. Dedicar algum tempo a refletir de forma honesta e objetiva sobre crenças, comportamentos e motivações pode ajudar você a desenvolver as mesmas características que fazem falta aos narcisistas. Portanto, a sua própria recuperação deve ser amparada pela busca de equilíbrio nas seguintes áreas: empatia, níveis apropriados de responsabilidade, consideração apropriada, honestidade, humildade, compaixão e autenticidade.

# 8
# Origens da atração: filhos de narcisistas

Muitas pessoas que se sentem atraídas por narcisistas percebem que têm ou tiveram pais narcisistas. E isso não é nenhuma coincidência. Deixe-me explicar.

Muitos pais, especialmente os narcisistas, transmitem aos filhos uma mensagem firme e clara de que a consideração, a aceitação e o amor se baseiam em condições. Com esse tipo de educação, os filhos aprendem que só são aceitáveis ou têm valor com base no que *fazem* ou *realizam*, e não se sentem aceitos *pelo que são*.

Não é nenhuma surpresa, então, que filhos de pais narcisistas muitas vezes tenham baixa autoestima. Por causa do amor e da consideração condicionais, as crianças assimilam a mensagem de que "não são boas o suficiente" pelo que são e que precisam fazer mais ou "ser melhores" para receberem a aceitação ou o amor que desejam e merecem. Elas podem se sentir "sem valor" ou "indignas de amor" em algum nível.

Atenção e carinho são, portanto, oferecidos dependendo do que você faz, e não por quem você é. A consideração é condicional e passa a depender de suas realizações, não de suas qualidades pessoais. Os filhos de narcisistas tendem a responder a essa mensagem de expectativas impossíveis que receberam muito cedo na vida. E, em relacionamentos com narcisistas na idade adulta, essas crenças fundamentais de "não sou bom o suficiente", "não sou digno" ou "a culpa é minha" são tocadas e desencadeadas novamente. Aqueles que se pegam repetindo padrões destrutivos em novas relações podem descobrir que, no fundo, há uma repetição inconsciente de dinâmicas anteriores. Em outras palavras: uma replicação do papel que assumiram com um progenitor ou com outro membro da família, num contexto em que essa pessoa talvez fosse dominante ou abusiva. Quando criança, nos submetemos, obedecemos, apaziguamos ou assumimos responsabilidades para sobreviver ou administrar a situação.

No meu trabalho clínico, de modo geral, tenho visto que filhos de narcisistas às vezes enfrentam de forma corajosa e até bastante obsessiva uma luta fútil para fazer, ser ou se sentir "bons o suficiente". Eles se tornam verdadeiros prodígios, altamente motivados. Paradoxalmente, outros reagem de maneira oposta. Há aqueles que se entregam e desistem de qualquer ambição ou expectativa de ser "bons o suficiente" ou de algum dia "realizar ou fazer o suficiente" aos olhos dos pais. Aqueles que se rebelam e optam por esse comportamento tendem a enfrentar questões de autoestima de uma forma um pouco diferente. Costumam sofrer com problemas baseados na vergonha e têm a tendência a desenvolver vícios ou transtornos alimentares. Os filhos de narcisistas também podem demonstrar tendências narcisistas – pois assim aprenderam por meio do exemplo de um ou de ambos os pais. Aspectos da defesa narcísica são comumente vistos nesses que apresentam comportamentos compulsivos e transtornos alimentares restritivos, como anorexia nervosa.

Gostaria de fazer um aparte. Acredito que há pessoas erroneamente diagnosticadas com transtornos de personalidade, vícios, transtornos alimentares, depressão clínica, transtorno obsessivo-compulsivo (TOC) e outras condições psiquiátricas quando, na verdade, estão simplesmente enfrentando as dificuldades de ter algum relacionamento com um narcisista, especialmente um progenitor. Na minha opinião, essas condições podem ser o sintoma, não a causa. Não acredito que alguém desenvolva qualquer um desses problemas aleatoriamente, sem motivo. Em geral esses quadros são sintomáticos de tudo que acompanha um pai ou uma mãe narcisista. Esses comportamentos servem então como estratégias de enfrentamento mal-adaptativas. As questões são mais profundas. Infelizmente, o diagnóstico equivocado dá continuidade, de forma trágica, à crença nociva e imprecisa que já foi assimilada. E essa crença é: "O problema sou eu", "É minha culpa", "Há algo errado comigo", "Não sou bom o suficiente", e assim por diante.

Ter pai ou mãe narcisista é muito semelhante a ter um parceiro narcisista. Faz com que duvidemos de nós mesmos e tenhamos sentimentos de culpa, como se o problema estivesse na gente e a responsabilidade fosse nossa. Sentimos que não somos merecedores de amor e compaixão incondicionais. É compreensível que isso tenha um enorme impacto na autoestima e no amor-próprio. Quando sofremos com esse tipo de abuso ou negligência na infância, pode ser muito difícil detectá-lo, porque isso costuma fazer parte do sistema familiar. O que nos cerca durante a nossa criação é, durante muito tempo, o nosso mundo inteiro, o que consideramos "normal". Frequentemente, é apenas na adolescência ou na idade adulta que começamos a ter uma visão do quadro geral e a adquirir uma perspectiva mais ampla sobre a vida e os relacionamentos familiares. Crescer com um pai ou uma mãe narcisista tem um impacto no desenvolvimento da nossa identidade, em nossa capacidade de estabelecer limites e nas nossas ideias sobre relacionamentos e os papéis que desempenhamos neles. Tal como acontece com muitas das nossas experiências da primeira infância, isso tem um poder enorme de moldar a forma como vemos a nós mesmos, o nosso mundo e todos que vivem nele.

## Instinto de sobrevivência na infância

Muitas vezes, quem está em um relacionamento narcisista, seja com os próprios pais ou com parceiros, tende a ter um sistema de alerta aguçado e a adotar um modo de ser que se baseia na resposta de luta ou fuga, ou na oscilação entre as duas. A resposta de luta ou fuga é um instinto de sobrevivência inato que todos nós temos. No passado, funcionava como uma ferramenta essencial para a sobrevivência e a evolução. Hoje em dia, porém, ela pode ser ativada em qualquer tipo de situação, porque os nossos níveis basais de estresse já são elevadíssimos. Estamos muito mais estressados e alertas do que o necessário, e não é preciso muito para ativar essa resposta de sobrevivência. Um trajeto estressante para o trabalho pode ser suficiente para desencadear essa resposta primitiva! Historicamente, ela deveria durar pouco: um instinto de sobrevivência cujo objetivo é nos ajudar a superar ameaças ou perigos imediatos e seguir com vida em segurança. Mais frequentemente, no entanto, sobretudo se já experimentamos tipos anteriores de abuso narcisista, trauma ou problemas de codependência no seio familiar, adotamos estratégias de sobrevivência como uma resposta de longo prazo, e isso se transforma em nosso jeito de ser.

No modo de "fuga", tendemos a nos recolher ou procurar formas de escapar, evitar, anestesiar ou alterar nossa experiência e nossa realidade. Quando temos alguma proximidade com um narcisista ou com um dos pais que é/era narcisista, essa resposta significa um desejo ou impulso de fugir da ameaça ou, em muitos casos, de escapar do conflito ou do abuso. Isso pode se traduzir num desejo de fugir fisicamente, se recolher e se esconder, evitar, se submeter ou obedecer. Também pode incluir a "fuga" da nossa experiência emocional interior por meio da dissociação, do entorpecimento ou pela alteração da percepção com o uso de drogas, álcool, sexo, ocupação excessiva e distração incessantes, por meio do vício em trabalho ou outras ações obsessivas, compulsivas ou viciantes.

No modo "luta", tendemos a ter mais energia e a ter vontade de lutar e nos defender: podemos querer ir atrás de objetivos maiores. Tendemos a nos sentir impelidos à ação e nos tornamos altamente motivados e focados na realização do nosso objetivo. Uma resposta de "luta" está carregada de energia e motivação para alcançar ou conquistar, para batalhar e "vencer". Pessoas que vivem constantemente assim tendem a se tornar extremamente focadas. De muitas maneiras, isso tem uma função útil. Pode render benefícios suficientes para garantir boas notas, qualificações, uma carreira bem-sucedida e ganhos financeiros, que, por sua vez, oferecem um elemento de liberdade do passado ou de situações mais difíceis. A resposta de "luta" e a motivação extrema também nos impedem de sentir nossa dor emocional e nos dão uma sensação de empoderamento e de estar no controle. Podemos nos afastar dos sentidos e da conexão com sensações emocionais e físicas difíceis e dolorosas, e nos voltar para o mundo mental, passando a confiar em nosso intelecto e no pensamento lógico e racional. Isso é poderoso e muito útil se, em algum momento do passado, vivenciamos emoções que eram maiores do que podíamos aguentar. Operar no modo de "ação", confiando mais na lógica e no pensamento analítico, nos mantém afastados do mundo emocional tão confuso e obscuro.

Embora representem alguma vantagem de sobrevivência a curto prazo, recorrer às respostas de luta ou fuga a longo prazo é prejudicial para o bem-estar físico, a saúde mental e a qualidade de vida. Esses dois modos de sobrevivência nos mantêm afastados da nossa experiência emocional interior. Embora seja útil em momentos de dor intensa, choque ou trauma, essa não é uma estratégia viável para a vida "normal". Viver em modo de sobrevivência pode levar a problemas com vícios, estresse, esgotamento, ansiedade e depressão. E, além de ser algo que resulta do abuso narcisista, pode nos deixar mais vulneráveis a ele.

Não é incomum que filhos de narcisistas inconscientemente procurem uma dinâmica semelhante no amor e nas amizades na idade adulta. Inúmeros adultos em relacionamentos com narcisistas – grandiosos ou encobertos – tiveram um progenitor ou algum familiar próximo que era de alguma forma narcisista ou que ao menos tivesse alguns traços narcisistas, por mais leves que fossem. Talvez um dos pais tenha sido punitivo, autoritário, rígido, disciplinador, ocasionalmente mordaz, difícil de agradar, raramente satisfeito, inconsistente, ausente, indisponível ou desatento. Talvez fosse desinteressado ou não confortasse, acolhesse ou cuidasse do filho como deveria. Pode ser que a própria dinâmica entre os pais fosse codependente. Outra possibilidade é que um dos pais fosse dependente químico ou alcoólatra em algum grau. Qualquer forma de vício é indiscutivelmente egoísta e interesseira por natureza – e muitos narcisistas são adictos ativos.

---

**PONTOS PARA REFLEXÃO**

Se você reconhece algum traço narcisista óbvio em seus pais ou mesmo que não tenha certeza disso, pode ser útil passar algum tempo refletindo sobre as seguintes questões:

- Quem você identifica como possivelmente narcisista na sua família?
- O que você sabe sobre o histórico dessa pessoa que pode ajudar você a entender esse ponto?
- Que traços ou comportamentos narcisistas específicos você reconhece neles?
- Liste exemplos ou lembranças que se destacam e que se relacionem com isso.

- Como era para você?
- Que tipo de mensagem essa pessoa transmitiu direta ou indiretamente, por meio de suas palavras e ações? Para identificar essas mensagens, pense em como diziam que você ou outras pessoas deveriam se comportar, como deveria ser tratado, tratar os outros, interagir e se relacionar, dizer, fazer, não fazer. Que tipo de mensagens eles transmitiam sobre o mundo? Sobre você? Sobre os outros?
- Como isso fez você se sentir em relação a si mesmo? Em relação a outras pessoas? Ao sexo oposto? Ao mundo?
- Isso se relaciona com algum dos seus relacionamentos depois de adulto?
- Quantos anos você tinha na época da sua primeira lembrança de seu pai ou sua mãe sendo abusivo, negligente ou pouco acolhedor?
- Como foi para você naquela época? O que você lembra?
- O que você necessitava naquela época e deixou de receber?
- O que sua versão mais jovem, a criança daquela época, necessitava ou queria que tivesse acontecido naquele momento? O que você idealmente gostaria que alguém tivesse dito ou feito naquele momento? De que garantia ou conforto a criança teria gostado ou precisaria?
- O que você faria agora, depois de adulto, se testemunhasse aquela criança vivenciando essa negligência ou esse abuso narcisista? Se você pudesse voltar no tempo, o que faria ou diria àquela criança para ajudá-la a se sentir segura, tranquila ou protegida?
- O que você gostaria que ela soubesse (sobre si mesma, os pais, a situação)?
- Como seria oferecer isso a si mesmo agora?

Toda criança merece se sentir segura e experimentar o amor incondicional por quem ela é, não apenas pelo que faz. Infelizmente, porém, isso nem sempre acontece. Se essa foi a sua experiência, então a única coisa que eu gostaria que você soubesse é que, não importam as razões pelas quais você não recebeu o cuidado, a proteção ou o acolhimento que queria (e que de fato merecia) quando criança, não foi por culpa sua. A culpa nunca é da criança, porque ela é apenas uma criança. Se isso aconteceu, foi por causa de questões dos adultos, questões que pertenciam aos adultos ao seu redor. E não à criança. Não a você. Agora, depois de adulto, você pode começar a oferecer a si mesmo o cuidado, a proteção, a tranquilidade, a segurança e o amor incondicional que merece – tanto quando era criança quanto agora. Você pode aprender a ser pai ou mãe de si mesmo, acolhendo e amando a si mesmo e a sua criança interior.

# 9
# Sobreviver, avançar, crescer

Muitas pessoas que vivenciaram o narcisismo de uma forma ou de outra ou que tiveram uma vida familiar disfuncional ou pouco acolhedora nos primeiros anos vão compreender a resposta de "sobreviver e/ou avançar" e se identificar com ela. Os adultos que vivem em modo de "sobrevivência" fazem tudo que julgam necessário para seguir em frente. Isso envolve sufocar seus próprios desejos e necessidades, tornar-se camaleões para oferecer aos outros o que eles supostamente querem, não estabelecer limites, suportar em vez de opinar e não alcançar seu pleno potencial. Às vezes, esses instintos de sobrevivência foram determinados pelo que aprendemos na infância. Por exemplo, aprendemos a ficar calados para evitar conflitos em casa ou sempre obedecemos para garantir que somos "bons" meninos. Entre essas técnicas de "sobrevivência", também podemos incluir o uso de substâncias que alteram o humor ou o comportamento.

No modo "sobreviver e avançar", a vida se torna mais uma questão de luta e superação do que de desfrutar e prosperar. "Avançar" reflete extrema determinação e grandes expectativas: é um modo de ser que se concentra em feitos e realizações. Mas a mentalidade de "avançar" interfere em nossa clareza: podemos ficar hiperfocados em um objetivo, nos ocupar e dar conta de tudo, mas ignorar ou negligenciar perigosamente nossa experiência emocional ou nossas necessidades de autocuidado. Não parece tão prejudicial, porque ao longo do caminho vamos acumulando conquistas e sucessos que compensam nosso trabalho árduo e nossa determinação. Contudo, há aí um elemento de dureza consigo mesmo, de ser punitivo e se esforçar para atingir a perfeição. Como acontece na maioria dos casos, tudo que é extremo raramente é saudável. No entanto, essas são formas de nos adaptarmos e aprendermos a sobreviver e nos orientar na infância. Essas duas opções costumam ser encorajadas pela sociedade e pelos nossos sistemas educacionais. Embora esses comportamentos tenham sido úteis numa fase anterior, muitas vezes já não nos servem na vida adulta. Mais especificamente, eles podem estar ligados a um relacionamento com um narcisista e alguns de seus aspectos podem atrapalhar na hora em que precisamos nos defender ou deixar essa relação para trás.

Muitos que sofrem abuso narcisista ficam confusos, sem entender como chegaram a essa dinâmica tão destrutiva. Como já vimos, essas pessoas tendem a ser muito atenciosas, crédulas, carinhosas e compreensivas. Também costumam ter alta tolerância ao estresse. Um narcisista será especialmente atraído por aqueles que de alguma forma ignoram ou negligenciam suas próprias necessidades de autocuidado ou que habitualmente colocam os outros em primeiro lugar. E por esse motivo costumam se sentir atraídos por indivíduos altamente lógicos e analíticos. Muitos de meus pacientes que sofreram abuso narcisista são pessoas, pais ou profissionais talentosos, produtivos e inteligentes, e têm ou tiveram carreiras de sucesso e de muitas realizações. Empresários, CEOs, diretores, advogados, terapeutas, enfermeiros (ou trabalhadores em outras carreiras na área da saúde), investidores, escritores e gerentes... Todos homens e mulheres muito capazes e competentes. O foco durante a maior parte da vida deles tem sido sobreviver, fazer e realizar.

Muitas pessoas que se relacionam com um narcisista na verdade são excelentes gerentes de projetos e solucionadores de problemas. São aquelas a quem costumamos recorrer quando precisamos de alguém que faça as coisas acontecerem. No entanto, elas são alvo dos narcisistas porque vivem ocupadas. Quem é muito ocupado está demasiado distraído para atentar aos primeiros sinais de abuso. Em geral essas pessoas estão tão preocupadas em tentar fazer o que é certo para os outros que não manifestam como realmente se sentem. Aliado a isso, devido a essas características, elas muitas vezes nem sabem ao certo como se sentem, o que querem ou quais são os seus valores. Assim, na recuperação, mudamos o foco e passamos a reservar um tempo para saber como nos sentimos, para saber o que queremos, para compreender que não há problema em declarar as nossas necessidades e nos manifestar quando preciso.

Embora possa haver muitos benefícios em ter essas qualidades que acabei de descrever, ser tão motivado tem um custo. Quando estamos extremamente focados em objetivos e realizações ou desconectados de nossas próprias necessidades de autocuidado, fazemos um grande esforço e tendemos a ter um diálogo interior duro e punitivo. E assim negligenciamos ou ignoramos nossas necessidades emocionais. É o "faz tudo" que, apesar de estar triste, magoado ou aborrecido, dirá, de maneira insistente e desafiadora, "Estou bem", "Está bem", "Está tudo bem" e seguirá em frente. Então, para sobreviver e seguir em frente, eles afastam os sentimentos, mantêm-se ocupados ou se distraem sem parar. Isso pode não ser consciente. Muitas vezes estão ocupados demais para perceber. As distrações comuns incluem o vício em estar "ocupado"; uso de álcool ou drogas; sexo; compras; vício em trabalho; TOC ou outros comportamentos obsessivos, compulsivos e viciantes; manter-se ocupado ou distraído; dedicar-se ao trabalho, ao cuidado dos filhos ou da família; ter uma lista interminável de afazeres; estar excessivamente preocupado enquanto cuidador ou solucionador de problemas, ou de alguma forma se preocupar mais com todo mundo e atender às necessidades dos outros em vez das suas.

Há muitas coisas nessas formas de ser que são extremamente atraentes para um narcisista: o sucesso, o dinheiro, o prestígio e o status. Mas, além dessas qualidades exteriores, encontrar alguém tão desconectado dos próprios desejos e necessidades emocionais é, em última análise, uma combinação perfeita para o narcisista. É alguém que tenderá a obedecer e ficar calado; alguém que é rápido em ser duro consigo mesmo, em se sentir culpado, em assumir a responsabilidade ou a culpa – e isso já facilita a vida do narcisista! Eles não assumem a responsabilidade pelos seus atos, e se você se apressa em se sentir culpado ou é duro consigo mesmo, você se torna um alvo muito atraente. Ao manter qualquer tipo de relacionamento punitivo internamente, você facilita que o narcisista entre em cena e reforce essa dinâmica. E se você for alguém que tende a negligenciar ou a ignorar seus próprios sentimentos, desejos e necessidades para se concentrar no outro – isto é ainda melhor. Por isso é absolutamente fundamental lidar com esse tipo de desequilíbrio dentro de si, *por conta própria*, para se proteger e não ser um atrativo para narcisistas. É uma etapa importante no processo de superação de relacionamentos tóxicos.

Quando somos duros demais com nós mesmos, vivemos ocupados, adotamos maus hábitos ou estilos de vida pouco saudáveis, trabalhamos em excesso, nos concentramos em outras pessoas ou outras coisas ou temos quaisquer outros desses comportamentos e modos de ser tão conhecidos para as pessoas que se encontram em relacionamentos com narcisistas, provavelmente estamos ignorando ou negligenciando nossas próprias necessidades de autocuidado. Também estamos potencialmente deixando de praticar, até certo ponto, a verdadeira e profunda autocompaixão.

*A verdadeira autocompaixão é necessária para nos proteger de situações e relacionamentos abusivos. É preciso trabalhar para desenvolvê-la durante a recuperação.*

Qualquer um que esteja cuidando ativamente de si mesmo tem uma probabilidade muito menor de tolerar comportamentos abusivos.

*A recuperação consiste, em primeiro lugar, em desenvolver um relacionamento saudável consigo mesmo. Trata-se de estabelecer limites saudáveis e adotar práticas de autocuidado.*

O crescimento vem quando conseguimos manter um relacionamento fundamentalmente amoroso e saudável com nós mesmos. Um relacionamento em que somos bondosos e solidários conosco, no qual nos permitamos fazer as coisas de que gostamos e que nos fazem bem. Faça escolhas positivas para você. Permita-se cometer erros. Não leve as coisas tão a sério. Permita-se ver o lado bom das coisas. Conheça o seu valor e viva uma vida autêntica, conectada e gratificante. Você pode sair do modo "sobreviver e avançar" para o modo de crescimento tornando-se mais consciente da sua própria forma de ser. Isso inclui considerar por que você adotou esses comportamentos para começo de conversa. Em seguida, é preciso desenvolver o autocuidado e a autocompaixão – trabalhar o seu relacionamento consigo mesmo: aprender a se amar e se respeitar. É o que vamos explorar mais a fundo nos capítulos a seguir.

## PONTOS PARA REFLEXÃO

- Considero mais fácil me concentrar nos desejos e necessidades de outras pessoas?
- Consigo reconhecer os meus próprios desejos e necessidades?
- Eu respondo a eles adequadamente?
- Em caso negativo, por que isso não acontece?
- Costumo me manter ocupado demais?
- Costumo ser distraído demais?
- Levo a vida em modo de "sobrevivência"? Em caso positivo, como isso se manifesta?
- Qual o meu nível de motivação? De onde vem esse impulso ou necessidade de me manter ocupado?
- Como esse jeito de ser me serviu no passado? Ele me serve agora?
- Quais são as desvantagens dele?
- Como esse jeito de ser impacta a minha saúde? O meu bem-estar? Meu regime de autocuidado? Meus relacionamentos?
- Que tipo de mensagem isso transmite às outras pessoas? Aos meus filhos? Parceiros? Colegas? Amigos?
- Com que frequência eu paro para verificar como estou me sentindo?
- Como estou agora?
- Do que eu devo estar precisando?
- Quais são minhas opiniões sobre o autocuidado?
- Quais são minhas opiniões sobre...
    - Me presentear com algo novo ou caro?
    - Cuidar de mim mesmo?
    - Tirar uma folga?
    - Relaxar e descansar?
- Por quê?
- Isto é prejudicial ou benéfico para mim e para a minha recuperação?
- Alguma reflexão adicional?

# 10
# Identificando os sinais: Parte 2 (Dentro de mim)

Na primeira parte sobre como "identificar os sinais", nos concentramos nas características e atitudes do outro. No entanto, igualmente importante é perceber como nós nos sentimos. O que está acontecendo dentro de você agora? Como essa pessoa faz você se sentir – emocional, mental e fisicamente? Como pensar sobre essa pessoa ou situação faz você se sentir? O que sua intuição está lhe dizendo? Que pensamentos, sentimentos ou sensações físicas você percebe? Como são? Apenas observe – tudo isso são sinais.

Com muita frequência, quem vive um relacionamento abusivo há muito tempo já se desligou e deixou de estar em sintonia com o que se passa dentro de si – e, mais importante, deixou de dar ouvidos à própria intuição. Parou de confiar na sabedoria interior e, em vez disso, fica paralisado e passivo, à espera da opinião do parceiro narcisista. Assim como a ninfa Eco, essas pessoas correm o risco de perder a voz e, com o tempo, perder sua individualidade.

Gostaria de explicar mais sobre essa desconexão e desconfiança interior, pois é algo que está muito relacionado a padrões destrutivos de relacionamento. Compreender e aprender a observar sua bússola interna pode servir como um importantíssimo detector e repelente de narcisistas no futuro.

## A DESCONEXÃO INTERIOR BLOQUEIA OS SINAIS

Algo que me impressionou em meu trabalho clínico é como as pessoas analíticas, lógicas e "cerebrais" tendem a se envolver em relacionamentos abusivos com narcisistas. É uma forma perigosa de agir nas relações porque, quando somos analíticos demais, durante tempo demais, corremos o sério risco de perder a sensibilidade interior: aquela parte de nós que intuitivamente percebe que algo está errado. Em vez disso, confiamos na lógica – mas ela não funciona com o narcisismo. É impossível compreender as ações e comportamentos de um narcisista à luz da lógica. Essa é a ferramenta errada para o trabalho. Se nos basearmos apenas em nosso mundo mental, usando excessivamente o intelecto e a análise, sem manter contato suficiente com a nossa paisagem emocional, corremos o sério risco de perder importantes sinais de alerta que a intuição nos aponta.

Devemos aprender a confiar e nos basear no corpo, nas emoções, na intuição e na sensibilidade. Muitas vezes, porém, aqueles que são atraídos e – o que é mais importante – atraentes para os narcisistas são indivíduos um tanto desconectados de sua sabedoria interior. Faz sentido, não é? Quando está em profunda sintonia com sua experiência emocional, sua intuição e seus sentimentos, você fica mais em contato com seus valores, gostos, aversões, desejos e necessidades. E automaticamente não perde de vista seus limites – tudo é aceitável ou não é aceitável para você. Qualquer coisa que contrarie a sua bússola interior não vai lhe cair bem. Você se sentiria mais confiante para se manifestar e dizer: "Isso não está certo para mim", "Não gosto disso", "Eu mereço coisa melhor". Ao integrar mente, corpo, pensamentos, emoções e intuição, você naturalmente evita se tornar uma presa para narcisistas abusivos. Esta tem sido a base da minha própria recuperação.

Narcisistas procuram estar perto de pessoas que estejam desconectadas dos próprios sentimentos, crenças, desejos e necessidades em variados graus. É bem mais fácil manipular e controlar alguém assim. No abuso narcisista, em essência o que vemos é o narcisista fazendo de tudo para criar uma dinâmica de relacionamento em que o outro desista de seus próprios desejos, necessidades e sentimentos para servi-lo. É muito mais fácil se colocar no centro de tudo quando o outro não se concentra nem presta atenção nos próprios sentimentos e na própria intuição. É um ponto de partida ideal. Não lhe ofereça isso de bandeja! Não facilite a vida dele. Acredito fortemente que um dos fundamentos da recuperação é de fato aprender a se conectar e integrar totalmente todas as suas partes. É um trabalho interior – e forma um forte escudo de proteção contra os narcisistas, além de ser algo fundamental para estabelecer limites sólidos, ter uma autoestima saudável e desenvolver o amor-próprio. Todos esses elementos estão inter-relacionados.

Depois de muitos anos estudando essa questão, tornou-se claro para mim que, embora os problemas existam dentro da mente, nem sempre é lá que encontramos as soluções. Acredito que isso seja especialmente verdadeiro quando se trata da recuperação de relacionamento com narcisistas. Na maioria das vezes, as vítimas ou racionalizaram as razões pelas quais toleraram comportamentos inaceitáveis, ou criaram ainda mais angústia para si próprias tentando compreender em termos lógicos a ampla gama de atitudes terríveis e cruéis de um narcisista.

*Os narcisistas não são lógicos. Seu comportamento contraditório não é lógico. Não é possível aplicar lógica a pessoas e comportamentos ilógicos.*

Pessoalmente, acredito que a nossa mente nos dirá todo tipo de disparates – porque, francamente, é isso que ela faz! Porém, é essencial lembrar que *pensamentos não são fatos*.

Nosso corpo, por outro lado, não mente nem poderia mentir. Ele guarda um conhecimento mais profundo. É o caso de aprender a ouvir e compreender essa linguagem, desenvolvendo a comunicação entre mente e corpo. Temos uma sabedoria interior intrínseca em que podemos confiar. Temos emoções e uma intuição por um bom motivo. Elas transmitem sinais importantes e nos dão feedback constante. Essa é uma parte fundamental do nosso instinto primitivo de sobrevivência, que vem fazendo seu trabalho ao longo dos séculos. Estamos todos aqui por causa dele. Você pode confiar nessa sabedoria interior e contar com ela para discernir o que é melhor para você, para ter um senso mais apurado do que realmente precisa. Porém, para ouvir essa comunicação, é preciso se conectar, entrar em sintonia com ela e lhe dar ouvidos. Se necessário, dedique-se a partir de agora a construir sua total confiança nela, pois isso vem com o tempo.

Entrar em sintonia com esse conhecimento interior – separado da nossa mente pensante e analítica – é uma parte fundamental das abordagens baseadas no complexo mente-corpo. É sentir o corpo com o corpo. No entanto, pode dar um pouco de trabalho no início, especialmente se você não estiver tão acostumado. O desenvolvimento dessa reconexão e dessa comunicação pode ser alcançado por meio de abordagens como a prática da atenção plena, por exemplo. Outras práticas mente-corpo também podem ajudar, como o yoga, a meditação, o tai chi, as artes marciais e alguns aspectos da prática espiritual, incluindo a oração ou a conexão com um poder superior. O principal é dar a si mesmo espaço e tempo para saber como você está: desligar as distrações, aquietar a mente, desacelerar e ficar quieto o suficiente para ouvir e perceber o que está acontecendo dentro de você.

---

### PONTOS PARA REFLEXÃO

- O que aconteceria agora se você parasse de ler por alguns minutos e reparasse apenas no que está sentindo por dentro?
- Você percebe alguma sensação física? Está consciente de sua respiração?
- Você percebe algum pensamento passando pela sua mente? Alguma resistência? Alguma área de tensão ou descontração? Alguma emoção ou sentimento?
- Tente não analisar nem explicar. Também não há necessidade de mudar ou modificar nada. Apenas observe. Mesmo que pareça não haver muito que notar – isso, por si só, já é uma observação.

---

## EXPLORANDO AINDA MAIS A DESCONEXÃO

Não é nenhuma surpresa, em nosso mundo moderno e acelerado, que muitos de nós tenhamos perdido essa sintonia e deixado de dar ouvidos à nossa sensibilidade interior e de confiar nela. Em nossa cultura, não somos incentivados a desenvolver esse tipo de comunicação. Não é algo que aprendemos na escola ou no trabalho. Na verdade, acho que, na maioria das vezes, a ênfase geral está em ignorar nosso mundo interior. Somos incentivados a nos concentrar no mundo exterior e em distrações sem fim. Nós nos forçamos a fazer alguma coisa, nos distraímos ou mudamos a forma como nos sentimos. Essa é uma das razões por trás dessa epidemia de estresse, depressão e esgotamento que vivemos. A aversão aos nossos sentimentos ou o desejo de mudar o que sentimos é a base de qualquer vício. Qualquer um, independentemente da "droga" de escolha – seja álcool, apostas, sexo, amor, trabalho, cuidados compulsivos –, serve para nos manter afastados dos nossos sentimentos ou para alterar nosso estado de espírito. O problema, então, não é tanto o vício, mas a nossa relutância e resistência em sentir o que quer que estejamos sentindo. Isso é uma loucura moderna. Os sentimentos existem por um bom motivo. As emoções são nossa bússola interna. Não precisamos ter medo delas. Pelo contrário, podemos confiar nelas.

Estar ocupado demais, resistente ou distraído demais para saber o que está sentindo é um problema quando se trata de abuso narcisista. Enquanto você se mantiver desconectado e desatento às camadas de sua paisagem emocional interior, você permanecerá atraente para narcisistas. Eles tendem a não se aproximar muito de quem mantém contato com os próprios valores e os seguem, nem de quem afirma como se sente. Aqueles que honram sua sabedoria interior e têm coragem e força para permanecer firmes e leais a ela repelem os narcisistas. Isso acontece porque, ao estar realmente em contato com o que sente, você é capaz de confiar em sua intuição e responder adequadamente aos seus sentimentos. Assim, é mais provável que perceba e se comunique quando as coisas não forem aceitáveis para você e que saiba dizer "não".

O estabelecimento de limites está ligado a esse contato. Eles nascem da sintonia com seus valores e com o que lhe serve ou não, de saber o que é aceitável e o que não é, o que você quer e o que não quer. Limites estão intrinsecamente ligados ao amor-próprio e à autoestima. Os narcisistas têm dificuldade em lidar com eles, por isso não gostam de limites saudáveis e tendem a ficar longe das pessoas fiéis a eles.

### *Por que nos desconectamos?*

De modo geral, a sociedade não nos estimula a ter um espaço para a autorreflexão e o autoconhecimento. Mas nem sempre fomos assim. Quando nascemos, estávamos em contato muito direto com nossos sentimentos, com a dor e a fome, com nossas vontades e necessidades. Comunicávamos tudo isso de uma forma direta – gritávamos e chorávamos para conseguir o que queríamos. Estamos em contato com nossa sensibilidade interior antes mesmo de aprendermos a usar a linguagem e, com certeza, antes de aprendermos a usar o pensamento cognitivo, analítico e lógico.

Mas, à medida que o tempo passa, é bastante normal aprender a prestar mais atenção nos pensamentos ou em acontecimentos externos do que em nossos sentimentos e sensações. Estar em sintonia com os sentimentos e humores de outras pessoas em detrimento dos nossos pode até ter sido benéfico. Talvez isso tenha nos ajudado a sobreviver em casa, ao lado da família, ou na escola. Outra coisa que pode ter acontecido para facilitar essa desconexão entre mente e corpo é, em algum momento, você haver aprendido que não era seguro estar em contato com seus sentimentos ou simplesmente vivenciá-los. Talvez eles fossem intensos demais em determinados momentos de sua infância. Em geral isso acontece quando passamos por algo muito assustador, amedrontador, desagradável ou confuso. Essa desconexão é o que resulta de experimentarmos um trauma. Quando nossa experiência em determinado momento é tão intensa, chocante, repentina ou esmagadora que o cérebro não é capaz de processá-la, podemos acabar com um sentimento bem intenso de "desconexão".

Alguns de nós nunca foram encorajados a confiar na própria percepção do que sentiam ou queriam. Isso pode acontecer durante a infância se os adultos que nos rodeiam por algum motivo não reconheceram, não nos permitiram ter ou não nos incentivaram a acolher a nossa experiência interior. Em vez disso, nossa experiência emocional foi negada pelos adultos próximos. Aprendemos então a ignorá-la ou a não confiar nela – por exemplo, numa situação em que estávamos com medo, algum adulto ou outras pessoas podem ter rejeitado essa experiência ou dito algo como: "Ah, não seja bobo, é claro que você não está com medo!" Pode não parecer algo tão significativo assim, mas se passarmos com muita frequência por esse tipo de feedback, tudo se torna incrivelmente confuso para qualquer criança, gerando insegurança e atordoamento em relação a suas emoções e sentimentos ("Eu achei que estivesse com medo... mas mamãe está dizendo que não estou... Então eu não devo estar mesmo... Para falar a verdade, não sei direito o que estou sentindo..."). Assim as crianças aprendem a não confiar na própria experiência e em seus sinais internos. Numa situação ideal, os pais captam, reconhecem e demonstram compreender os sentimentos da criança. Quando isso não ocorre, pode haver uma desconexão – é difícil demais acontecer algo diferente disso. Esse é um jeito de ser que aprendemos para sobreviver. Feedbacks conflitantes na infância nos deixam com sentimentos de confusão, desconfiança e desespero.

Outro exemplo que pode nos ensinar a contrariar o nosso conhecimento interior é uma experiência típica da infância, em que somos pressionados a fazer algo que realmente não queremos. "Eu não quero beijar a vovó... Ela tem bigode e um cheiro um pouco estranho", pensa Simon, de 6 anos. Sua intuição sinaliza que isso é algo que ele preferiria não fazer. Infelizmente, porém, quando somos crianças, a nossa experiência interior é muitas vezes suplantada pelas regras e instruções dos adultos que nos cercam. Essa é a natureza da infância. "Não seja mal-educado, vamos lá, você sabe que tem que dar um beijo de despedida na vovó na hora de ir embora..." E o menino obedece. Mais uma vez, a repetição desse tipo de experiência pode nos ensinar que nossos sentimentos não importam, que devemos fazer o contrário do que queremos ou que não devemos prestar atenção em nossa sensibilidade interior que talvez esteja dizendo que algo não é aceitável. É fácil aprender na infância a fazer exatamente o contrário do que diz nossa sensibilidade. Aprendemos a ignorar o que queremos e a descobrir o que fazer para agradar aos outros, embora não nos sintamos bem com isso. Negligenciamos as nossas necessidades ou desejos em favor de fazer o que é "certo". Só que isso não está nada certo.

Como já mencionamos, às vezes aprendemos a deixar de confiar na nossa experiência interior e a não lhe dar ouvidos porque, em algum momento, ela foi desagradável demais ou intensa demais. É quando a desconexão exerce uma função útil. Se os sentimentos são assustadores ou horríveis demais, vale a pena se desconectar deles. Esse é um instinto de sobrevivência primitivo. Talvez as discussões em casa fossem perturbadoras demais. Papai, quando bebia, ficava violento e imprevisível demais. Ou a ansiedade da mamãe era excessiva e as mudanças de humor do irmão, muito confusas. Talvez o bullying na escola fosse terrível demais. Talvez não tenhamos sido incentivados nem ensinados a desenvolver a confiança na nossa sabedoria interior – não é algo que faz parte do currículo escolar! Lembre-se: essa desconexão pode servir a uma função útil em determinado momento. Pode ter ajudado você a sobreviver na escola ou a superar uma situação familiar difícil. No entanto, não é saudável a longo prazo. E o que é extremamente importante, isso também pode ser um ímã para os narcisistas e um fator determinante para outros relacionamentos tóxicos. Ao ignorar e desconsiderar nossos sentimentos e desejos, nós nos transformamos nos alvos preferenciais dos valentões que aparecem e querem tirar vantagem da gente.

Quaisquer que sejam suas experiências passadas, seja com a sua criação, com algum trauma ou apenas com o seu jeito, é provável que você tenha perdido alguma conexão interior e sua confiança nela. Muitas vezes ouço pacientes descreverem uma batalha entre a intuição e a mente. Esse pode ser um elemento fundamental da sua incapacidade de fazer o que é certo para você – seja manter limites, cuidar de si mesmo, dizer "não" ou terminar o relacionamento e ir embora.

*Eu sabia que ele mentia para mim, sabia que me traía, eu sentia. Tinha visto as evidências, as mensagens de texto e os e-mails. Ele negou. Ele me disse que eu estava imaginando coisas, que era ciumenta, possessiva e estava enlouquecendo. Minha intuição e meu corpo me diziam para sair correndo, para dar o fora, porque eu merecia coisa melhor, mas ao mesmo tempo eu me sentia paralisada pelo medo. Ficava pensando: "Mas ele está dizendo que o problema sou eu... e se for? Será que eu entendi errado? Talvez ele mude, ele diz que quer fazer com que tudo fique bem entre nós." Eu queria acreditar.*

*Na minha cabeça, eu era capaz de inventar todo tipo de desculpas e justificativas para ficar, para achar que as coisas iriam melhorar, mas, olhando para trás, posso ver que estava doente. Minha intuição gritava para eu ir embora, mas eu suplantei minha sensibilidade com a voz lógica e racional em minha cabeça que me dizia que eu deveria ser uma boa garota e ficar e fazer com que tudo ficasse bem. Eu estava em completa negação.*

*As decisões que eu tomava na minha cabeça estavam erradas, mas quando finalmente ouvi minha intuição, tudo ficou bem claro. Eu sabia que tinha que ir embora, sabia que já estava farta. A sensação no meu corpo, ignorada por tanto tempo, estava certa. Depois de anos de abuso emocional e de me sentir inútil, insuficiente, ansiosa e com medo, cheguei ao ponto em que senti, no fundo, que algo precisava mudar. Depois de uma discussão particularmente difícil, em que ele tentou me fazer sentir culpada, de repente pude ver tudo com mais nitidez. Eu havia chegado ao meu limite. Arrumei minhas coisas e fui embora. Para ser sincera, os primeiros meses foram insuportáveis. Eu estava obcecada por ele. Repassava todo o relacionamento na mente repetidas vezes, tentando com desespero encontrar sentido. Foi uma tortura mental. Eu me sentia ansiosa e chorosa em um minuto, depois completamente culpada e achando que tinha entendido tudo errado. Em seguida, era dominada pela raiva e pela ira, mas eu simplesmente vivi os sentimentos. Com o tempo, foi ficando mais fácil.*

*Consegui me concentrar mais em mim e menos nele, e foi aí que as coisas começaram a mudar. Fiquei chocada ao perceber como eu costumava ser tão focada nele, no que ele sentia, em seus desejos e gostos, e nunca pensar em mim mesma. Com prática e muito esforço consciente eu realmente me reencontrei. Dedico um tempo todos os dias a conferir como estou me sentindo física e emocionalmente, tentando descobrir o que preciso. Foi muito estranho no início e um grande choque perceber que eu nunca tinha feito isso antes. Sempre soube como todo mundo estava – mas não tinha nenhuma prática em avaliar como eu estava. Tive que me esforçar. Foi preciso trabalho e prática, mas com o tempo descobri como cuidar melhor de mim, como reconhecer o que sentia, o que precisava e como me dar isso. Aprendi a confiar em mim mesma e na minha intuição. Ela é muito mais confiável do que as ideias malucas que passam pela minha cabeça! Como todas as vezes que disse: "Volte para ele, vai ficar tudo bem." Era uma loucura. No fundo eu sabia que isso nunca aconteceria. Agora sei que posso confiar nisso. É o meu sistema de alarme interior, e reparo nele cada vez mais. Nunca mais tornarei a contrariá-lo.*

Em suma, quando temos experiências anteriores de sobrecarga emocional, independentemente de serem grandes, pequenas ou aparentemente insignificantes, podemos experimentar alguma desconexão entre mente e corpo. Os tipos de experiência a que me refiro aqui são traumas ou acidentes na infância, bullying, rivalidade entre irmãos, luto e perda, ou situações assustadoras como discussões, brigas, ataques, assaltos ou, com mais frequência, momentos de medo ou de insegurança. E não importa quão insignificantes ou enormes esses incidentes possam parecer. É possível incluir também momentos em que os adultos próximos por algum motivo tenham sido incapazes de proporcionar o conforto, a segurança ou o incentivo de que precisávamos na infância. Às vezes aprendemos a nos desconectar como um instinto de sobrevivência, porque é o mais seguro a fazer. Essa desconexão também pode ser aprendida pelo exemplo e incentivada em famílias cujos membros já são emocionalmente desconectados. Em geral, eles tendem a se concentrar mais no intelecto, nas realizações e na motivação, no sucesso material ou no status, em vez de valorizar a compaixão e honrar e incentivar o desenvolvimento emocional. Do ponto de vista cultural, tendemos a ser mais facilmente recompensados por sermos "cerebrais", analíticos, cognitivos, mental e intelectualmente motivados. Estar mais em contato com o mundo mental e menos com o nosso corpo tem um preço e nos distancia de nossa experiência emocional. Estar desconectado da experiência emocional pode às vezes ser interpretado, de forma errada e perigosa, como sinal de "força". Trabalhei com muitas pessoas que terminaram em relacionamentos narcisistas abusivos na vida adulta depois de terem sido criadas com mensagens familiares de "Seja forte", "Aguente firme e siga em frente", "A vida é assim", "Se vire", "Está tudo bem, você está bem, estamos todos bem" (mesmo quando não estamos). Esse tipo de mensagem comunica e incentiva que a experiência emocional interior seja menosprezada.

Há algumas vantagens em adotar um jeito de ser mais desconectado. Parte disso pode ter a ver com sobrevivência emocional em determinado período. É assim que as muitas pessoas conseguem alcançar sucesso e realizações. Às vezes, isso é necessário para chegarmos aonde queremos na vida ou passar por momentos difíceis. No entanto, permanecer nesse tipo de desconexão em tempo integral, a longo prazo, ou ficar preso ao intelecto ou à lógica é um traço comum naqueles que se encontram em relacionamentos abusivos. Portanto, na recuperação, isso deve ser considerado e abordado por meio da prática da atenção plena, do desenvolvimento do insight e de técnicas de ancoragem para amparar o contato com as partes emocionais do nosso ser.

## Desenvolvendo a (re)conexão

Muitos pacientes com quem trabalhei relatam que, quando olham para trás, reconhecem que na verdade tinham uma sensação incômoda, de que determinado indivíduo não era a pessoa certa, não estava sendo honesto, não era bom para elas, não era confiável, e assim por diante. No entanto, com uma confiança excessiva na mente analítica, eles escolheram dar ouvidos às justificativas e desculpas que a cabeça deles arranjava – em vez de atentar para a própria intuição ou a gama de sinais somáticos vitais do corpo. Acho que muitos de nós fazemos isso. Sei que eu fiz isso no passado. É basicamente o que aprendemos em nossa cultura, na família e no sistema educacional. Raramente nos ensinam a prestar atenção plena no que está acontecendo no corpo, em nosso coração. E se ninguém ensina, simplesmente não aprendemos. Isso nos torna vulneráveis e atraentes para os narcisistas. Vivemos numa época em que essa percepção integrada não é incentivada. Somos recompensados por confiar na cabeça, no intelecto, no raciocínio cognitivo, mais do que em qualquer outra coisa. Se crescer foi emocionalmente doloroso, então se concentrar em nosso mundo mental e focar no desempenho acadêmico, na lógica ou no intelecto tem uma função importante e útil de nos manter distanciados de nossos sentimentos. É útil quando os sentimentos são muito desagradáveis. No entanto, não é uma solução que possamos manter para sempre.

Quando se trata de elaborar padrões de relacionamentos abusivos e se recuperar do abuso narcisista:

---

*Aprender a entrar em sintonia, a ouvir e dar atenção ao que o corpo, o coração e a intuição lhe comunicam é uma parte essencial da recuperação.*

---

Pode ser útil adotar e começar a cultivar qualquer tipo de prática consciente ou reflexiva, como meditação, yoga ou tai chi, para ajudar a estabelecer ou restabelecer um diálogo entre mente e corpo. A percepção e a reflexão silenciosas podem ajudar. Talvez tenhamos que aprender a diferença entre mente, pensamentos e sentimentos. Isso pode levar algum tempo. Trabalhar com um terapeuta também pode ajudar.

Detectar os sinais internos nos protege contra qualquer abuso posterior. Já vi muitas pessoas que, ao conhecerem um narcisista, foram instantaneamente arrebatadas pelo romance e pela fantasia dos primeiros dias. Elas permitiram que o bombardeio de amor obscurecesse qualquer julgamento próprio e perderam totalmente a perspectiva. Perdoe-me se trago más notícias, mas, na realidade, os relacionamentos não são como os do cinema. Com a mesma velocidade que um narcisista declara estar perdidamente apaixonado, ele vai deixar de amá-lo ou passar para o próximo relacionamento. O romance narcisista é intenso e pode fazer você pensar que conheceu "sua cara-metade" ou que vocês compartilham uma "conexão especial divina". Um narcisista irá obviamente encorajar esse pensamento e provavelmente dirá coisas de várias maneiras, tais como: "Ninguém mais consegue fazer com que eu me sinta desse jeito!"; "Ninguém me entende tanto nem me faz rir como você!"; "Nunca senti uma conexão como essa!".

Esses são possíveis indícios de narcisismo e do início de um relacionamento tóxico. São também sinais de bombardeio de amor – uma técnica que qualquer narcisista utilizará para dominar e atrair potenciais parceiros durante as fases iniciais de uma relação. Claro, podemos até querer acreditar que é tudo real. Contudo, relacionamentos saudáveis levam tempo para se estabelecer. É preciso muitos anos para realmente conhecer alguém. Eles envolvem negociação, compromisso, limites saudáveis, interdependência, compreensão e respeito mútuo. É importante desacelerar, manter os pés no chão e reservar um tempo para sentir a experiência. E, como já disse, se parece bom demais para ser verdade... em geral, não é mesmo verdade.

## Percebendo os sinais internos

Se você já experimentou o fim de um relacionamento com um narcisista, talvez tenha ficado com a sensação de que nunca o conheceu de verdade. Inúmeras pessoas ficam em estado de choque e descrença depois de sofrerem com o abuso de alguém assim. Fica uma estranha sensação de confusão sobre o que vocês tinham em comum ou sobre quem ele realmente era. A cura do abuso narcisista exige a renúncia à necessidade de saber. Várias perguntas ficarão em aberto. Em vez de confiar na lógica para tentar descobrir as respostas (o que já seria enlouquecedor por si só), com o tempo vai parecer mais útil aceitar seus sentimentos e atender às suas próprias necessidades – deixando de lado a necessidade de saber, controlar ou fazer algo acontecer.

Um narcisista é bem camaleônico. Você pode evitar repetir os mesmos padrões e ser arrastado para um relacionamento com um narcisista, ou mesmo ser levado a um novo relacionamento cedo demais, encontrando maneiras de permanecer ancorado e centrado em si mesmo. Os narcisistas tendem a aparecer quando estamos mais vulneráveis. Já vi muita gente que saiu de um relacionamento com um apenas para emendar com outro. Dê a si mesmo o tempo adequado para sarar. Os narcisistas chegarão para o resgate como um príncipe encantado quando estivermos mais desavisados. Fique atento. Lembre-se: qualquer agressor desejará desestabilizar uma vítima em potencial de várias maneiras. É assim que ele ganha controle e poder. No início, de uma forma geral, isso é feito por meio do charme, bombardeio de elogios, presentes, resgate, controle, carinho e atenção. A desestabilização também é obtida de formas mais abusivas, que tendem a ser reveladas um pouco mais tarde no relacionamento.

---

*Fique atento para detectar os sinais, tanto os externos quanto os que você está sentindo por dentro.*

---

É importante fazer algumas reflexões sinceras: *Essa pessoa é encantadora demais? Qual é a sensação? Parece ser muita coisa, depressa demais? Parece um sonho? Sinto ansiedade quando me comunico com ela? Parece um sentimento um pouco maníaco? Fico ansioso quando não tenho notícias dela? É algo assustadoramente forte ou opressor? Parece ser intenso demais?* Lembre-se: intensidade não é o mesmo que intimidade. Se a resposta a qualquer uma dessas perguntas for sim, esse possivelmente é um sinal de alerta. Confie no seu sentimento e no seu conhecimento interior. Eles tendem a ser muito mais confiáveis do que o nosso pensamento mutável, inútil e às vezes impreciso!

Outras questões a serem consideradas incluem:

- Como me sinto quando penso ou estou com essa pessoa?
- O que minha intuição está me dizendo sobre essa pessoa ou situação?
- Essa pessoa fala muito sobre si? Ela me faz perguntas? Como ela se comporta quando estou falando?
- Percebo que me recolho, silencio ou obedeço?
- Isto é emocionante ou assustador? Talvez um pouco dos dois?
- O que pensariam ou diriam meus melhores amigos e familiares?
- Essa pessoa parece genuinamente interessada em mim? É atenciosa comigo?
- Qual é o histórico familiar ou de relacionamentos dela? Como são seus amigos?
- Como me sinto quando estou com eles?
- O que eu sentiria se isso estivesse acontecendo com um bom amigo ou se eu estivesse assistindo isso a distância?
- Sinto-me livre para ser eu mesmo com essa pessoa?
- Estou relaxado?
- Sinto-me tenso?
- É emocionante ou intenso? Isso poderia ser um sinal de alerta?
- Sinto-me oprimido? Sufocado?
- Sinto que perco a voz quando essa pessoa está por perto?
- Sou idolatrado por ela? Parece algo exagerado?
- Há uma sensação de congelamento, ansiedade ou tensão no meu corpo quando estou com essa pessoa?
- O que percebo que acontece internamente quando estou com ela?
- Como me sinto depois de passar algum tempo com ela?
- Como é para mim quando essa pessoa entra em contato ou quando não dá sinal de vida?
- O que poderiam estar me dizendo esses sentimentos e sensações físicas ou emocionais?
- Do que preciso agora que seja algo amoroso e atencioso e que eu possa dar a mim mesmo?

Não há respostas certas ou erradas. É mais importante entrar em sintonia e perceber quais são as respostas para você mesmo.

## O CAMINHO PARA A AUTOCONEXÃO E O AUTOCUIDADO

É importante encontrar maneiras de dar espaço e tempo a si mesmo, para ajudá-lo a permanecer ancorado e centrado e a avaliar melhor o que diz sua intuição. Algumas técnicas de atenção plena e ancoragem serão abordadas mais adiante. Conversar com amigos, familiares, colegas ou com um profissional também pode ajudar você a manter uma perspectiva saudável e útil. Quando interagir com outras pessoas, tente ficar em sintonia com a sua própria experiência e não tenha pressa. Tente manter o foco em si e no que se passa dentro de você. Se conhecer alguém novo, se as coisas estiverem bem e tudo parecer ótimo, essa é mais uma razão para ir devagar e realmente saborear a exploração, aproveitar essa etapa de descobertas. Pode ser difícil no início perceber a diferença entre o que a mente está lhe dizendo e as nuances das mensagens no corpo. Seja paciente. Leva tempo. Isso vem com a prática. Desenvolver essa reconexão já aprofunda o seu autocuidado.

### *Uma prática diária: espaço para autorreflexão e autoconexão*

Para desenvolver esta prática, reserve um tempo diário para sentar-se em silêncio, longe de quaisquer distrações, um espaço para simplesmente refletir e se perguntar:

- *Como estou hoje?*
- *Como estou neste momento?*
- *Qual é o cuidado amoroso de que preciso e que eu mesmo posso me dar?*

Com que frequência você se pergunta como está? Fazer isso é especialmente importante para qualquer um que se identifique com traços ou características de codependência ou ecoísmo. Se for o seu caso, é provável que esteja tão acostumado a saber mais sobre o estado de todo mundo e se preocupar mais com as necessidades de todo mundo que já tenha perdido esse contato consigo mesmo. Reconheço isso no meu trabalho clínico, quando pergunto a um paciente como ele está e ele responde dizendo-me como outra pessoa está – talvez como o narcisista em sua vida pode estar. Essa não é a pergunta. O foco está em você. Se ainda não fez isso, essa é a hora de realmente aprender como entrar em sintonia consigo mesmo. Trata-se de autocuidado, de atentar para si: "Como estou?" Reserve algum tempo de silêncio todos os dias para se fazer essas perguntas, seja mentalmente ou escrevendo um diário. Abrir espaço para esses exames regulares e contínuos, para a contemplação tranquila e a autorreflexão não ajuda apenas na recuperação do abuso narcisista. É algo fundamental para o autocuidado e para a construção de um relacionamento saudável consigo mesmo. É igualmente importante procurar outras pessoas e contar como se sente. Fale com amigos ou integrantes da sua rede de apoio, e assim crie a oportunidade para todos partilharem seus sentimentos e desenvolverem vínculos saudáveis.

---

*Relacionamentos saudáveis começam com aquele que temos com nós mesmos. Conheça-se e cuide de si mesmo.*

---

### EXERCÍCIO DE PERCEPÇÃO CORPORAL

Encontre um espaço tranquilo e confortável, num momento em que não será perturbado nem terá que lidar com distrações, reserve alguns minutos para sentir a superfície onde está sentado ou deitado e se acomodar nela. Reserve um tempo para observar, por meio de todos os seus sentidos, o que você sente fisicamente na parte exterior do corpo: a frieza do chão ou o apoio da cadeira nas pernas, nas nádegas, nas costas. Apenas observe se está quente ou frio neste momento. Observe quaisquer sons ao seu redor ou vindos de fora – não para permitir que sejam distrações, mas apenas para percebê-los. Sente algum cheiro? O que você percebe?

Em seguida, traga sua atenção delicadamente para a sua respiração por um tempo: apenas observe como está respirando no momento. Não há necessidade de julgar nem de tentar controlar ou alterar a respiração – apenas observe as inspirações e expirações naturais. Você pode até querer adotar uma prática de "atenção plena na respiração": conte cada expiração, continuando até chegar a 10. Então simplesmente recomece a contagem, contando até 10 quantas vezes quiser – o tempo todo acalmando suavemente e focando a mente.

Depois de passar alguns minutos se ancorando um pouco mais no momento presente e entrando em sintonia com o que está ao seu redor, suas sensações e sua respiração, dedique algum tempo a observar com delicadeza o que está acontecendo dentro de você. Como está se sentindo? Como está se sentindo neste momento? Vale a pena fazer uma varredura mental pelo corpo, começando pela cabeça, descendo lentamente por cada parte para apenas verificar e se perguntar: "O que estou sentindo aí agora?"

Assim, começando pela cabeça e pela mente, pergunte a si mesmo: "O que estou sentindo aqui agora?" Encontre rótulos adequados para sua experiência direta. A cabeça e a mente ainda estão cheias com os acontecimentos do dia? Há um zumbido? Estão efervescentes? Calmas? Ansiosas? Resistentes?

Continue devagar e delicadamente levando sua atenção por todo o corpo, passando algum tempo com cada parte do seu ser físico, conferindo como ela está no momento. Tensa? Relaxada? Dolorida? Desconfortável? Existe uma sensação de tranquilidade? Paz? Apreensão? Neutralidade? Seja o que for, preste muita atenção e observe como essa exploração se desenrola.

A partir da cabeça, guie lentamente sua atenção até o rosto, a mandíbula, o pescoço, os ombros, os braços, o tórax, as costas, o abdômen, os quadris, as nádegas, as coxas, os joelhos, as panturrilhas, os tornozelos e os pés. Não existe maneira errada de fazer isso. Não estamos tentando fazer nada acontecer – apenas observar. Basta reparar no que está acontecendo agora, neste momento.

Depois da varredura corporal, está na hora de voltar suavemente a atenção para sua experiência emocional. Talvez você não perceba muita coisa. Pode ser sutil. Pode ser que não esteja acontecendo muita coisa no momento. Pode haver uma onda de sentimentos. Pode ser medo, ansiedade, tristeza, uma sensação de perda, raiva vindo à tona. Seja o que for, apenas observe. Apenas observe o que está presente e como é a sensação.

Por exemplo, você pode observar um sentimento. Ou uma mistura de sentimentos. Repare apenas no que está acontecendo no corpo, tentando resistir ao impulso de se deixar levar pela mente, que pode querer resolver, analisar ou mudar algo. Não há necessidade de mudar nada: apenas observe. Se você notar uma tendência de se perder em pensamentos, observe isso também. Qual foi o impulso? O que você percebeu? O que sentiu? Tente ficar atento ao que está acontecendo no agora, no momento presente. Se você identificar emoções, tente perceber *como* é capaz de reconhecê-las. Como você sabe que está sentindo o que está sentindo? Há alguma sensação corporal que acompanha a emoção? O que está acontecendo com a respiração? Como estão o pescoço e os ombros? Como está a barriga? Apenas perceba...

Tente adotar essa prática com regularidade, dedicando de 10 a 15 minutos e percebendo o desenrolar natural dessa experiência, pode ser que você entre em sintonia e se dê conta do que está precisando neste exato momento. Depois de se acalmar e aquietar o suficiente para estar um pouco mais em contato com o que está acontecendo com você, pergunte-se com delicadeza: "Como estou hoje?" Espere pela resposta. Sua sabedoria interior acabará respondendo. E, para encerrar, pergunte a si mesmo: "Do que estou precisando? O que posso fazer por mim agora mesmo que seja bondoso e amoroso?" Apenas observe. Ouça. E responda cuidando de si da maneira que lhe parecer mais apropriada no momento.

### *Exame diário*

Pergunte a si mesmo regularmente: "Como estou?", "Como estou me sentindo agora?" Reconheça e nomeie quaisquer sentimentos. Reconheça e nomeie quaisquer sensações físicas. Veja o que acontece a seguir. Depois de reconhecer sentimentos e/ou sensações físicas, pergunte a si mesmo: "Do que eu preciso?", "O que posso fazer por mim agora mesmo e que seja saudável e amoroso?"

Pela própria natureza da relação, o foco tende a estar no narcisista, porque tudo gira em torno dele, o tempo todo. Estar desconectado ou prontamente disposto a negligenciar seus próprios sentimentos ou necessidades em favor de outra pessoa é algo magnético para ele. Isso geralmente vai piorando durante o relacionamento e culmina no abuso e no trauma. Então você perceberá que boa parte da recuperação trata de trazer o foco de volta para você mesmo por enquanto – não de uma forma egoísta ou narcisista, mas o foco precisa sair do narcisista e estar em você.

É muito comum sentir-se encurralado na fase de tentar entender tudo, de compreender por que o narcisista fez o que fez e como tudo aconteceu. Isso pode parecer completamente enlouquecedor. Você deve ter uma série de perguntas para as quais deseja encontrar respostas. É perfeitamente compreensível que isso aconteça à medida que vamos tentando usar a lógica para dar sentido à nossa experiência. No entanto, com o abuso narcisista, muitas vezes teremos perguntas que ficarão sem respostas. Torna-se então mais importante ainda abrir mão da necessidade de saber. Deixe de lado a necessidade de compreender ou de voltar no tempo, de justificar, de explicar ou de dizer algo, de compreender, de mudar o outro, controlá-lo ou tornar as coisas diferentes. É inútil e gera a tal sensação de estar enlouquecendo. Assim você ficará estagnado. Em vez disso, aceite que pode haver perguntas sem resposta. Em seguida, concentre-se em si mesmo, no que está fazendo, em como está se sentindo e no que precisa agora. Por enquanto, tudo precisa girar em torno de você, para que possa retornar a um equilíbrio saudável com o tempo.

A seguir apresento uma técnica de quatro passos para ajudá-lo a conferir onde está sua atenção e, se necessário, a trazê-la de volta para si de maneira delicada e solidária. Eu o encorajaria a tentar usar isso tanto quanto possível, especialmente nos estágios iniciais de recuperação do abuso narcisista ou de outros relacionamentos tóxicos.

### PROCESSO EM QUATRO ETAPAS PARA TRAZER O FOCO DE VOLTA PARA VOCÊ

1. Reconheça onde estão seus pensamentos e sua atenção. Pergunte a si mesmo: "No que estou pensando?" Observe. A prática da atenção plena do pensamento pode ajudar.
2. Se você reconhecer que seus pensamentos e atenção estão voltados para o narcisista ou para uma tentativa de compreender ou fazer com que as coisas façam sentido, reconheça isso para si mesmo com delicadeza, compaixão e sem julgamentos.

3. De um modo delicado, traga o foco de volta para si mesmo, perguntando-se: "Como me sinto agora?"; "O que está acontecendo comigo neste momento?" É provável que existam pensamentos ou sentimentos dentro de você que possam tê-lo levado a se concentrar em outro ponto, então agora queremos trazer nosso foco suavemente de volta para o que realmente precisa de nossa atenção. Pergunte a si mesmo: "O que percebo sobre o que está acontecendo *comigo* agora?" Existem pensamentos, sentimentos, emoções, sensações físicas, memórias ou imagens? Você tem algum desejo premente? Tente apenas perceber o que está acontecendo. Tente manter contato com isso com calma, gentileza e compaixão por um ou dois minutos, apenas para abrir algum espaço. Deixe tudo vir à tona e partir. Nomeie tudo o que você reparar.
4. Tendo notado e nomeado quaisquer pensamentos, sentimentos ou sensações, pergunte-se do que *você* precisa neste momento e que seja gentil e amoroso. Pode ser se permitir sentir o que quer que esteja sentindo. Pode ser cuidar bem de si, descansar um pouco, comer bem, procurar um amigo, tomar um bom banho, assistir a um filme, ler um livro, correr, gritar, chorar, não fazer nada. Seja o que for que você sinta que precisa – *desde que seja saudável para você e possa contribuir para a cura e a sua recuperação* – dê isso a si mesmo.

É assim que começamos a nos concentrar novamente em nós mesmos. Essa prática nos ajuda a nos conhecer melhor, a desenvolver bondade, compreensão, perdão e compaixão e nos ensina a cuidar de nós mesmos. A maioria das pessoas com problemas de codependência ou com um padrão de relacionamentos com narcisistas é muito hábil em cuidar de todo mundo. Está na hora de ajustar essas habilidades para cuidar de *você*. É algo a fazer *dentro de si*.

PARTE TRÊS
# Você e a sua recuperação

# 11
# O processo de recuperação

Num primeiro momento, desconfiar de estar em um relacionamento com um narcisista e chegar de fato a essa conclusão pode ser difícil. Munir-se de informações sobre o narcisismo – e compreender por que as pessoas desenvolvem esse tipo de personalidade ou essas características e como identificar os sinais – é um primeiro passo importante e necessário. Este é um estágio em que a forma como você vê essa ou essas pessoas pode mudar bastante. Você passa a ter uma percepção mais aguçada e começa a ver os padrões de comportamento de uma maneira diferente. O foco e a perspectiva se tornam mais claros. Para muitos, é uma fase extremamente esclarecedora. Já testemunhei o tipo de mudança que a informação e a compreensão podem trazer. O conhecimento e a conscientização talvez façam com que você deixe de sentir uma culpa crônica e comece a recuperar um equilíbrio e uma forma mais saudável de ver as coisas. Às vezes parece que a tampa foi retirada de uma situação muito confusa e enlouquecedora. E assim que lançamos luz sobre nossa experiência e passamos a "enxergar", torna-se muito difícil voltar atrás e "desver". Isso é consequência da consciência, que é fundamental para a mudança.

Em geral já existe uma série de questões que contribuem para que tenhamos entrado num relacionamento abusivo com um narcisista:

- Experiências de narcisismo na infância: pais narcisistas; pais adictos; e/ou questões de codependência na família.
- Questões de negligência de falta de cuidado consigo mesmo.
- Ser excessivamente focado em realizações.
- Estar distraído ou desconectado.
- Necessidade de resgatar ou de cuidar de outras pessoas.

- Dificuldade em estabelecer limites saudáveis.
- Foco excessivo nos desejos e necessidades dos outros.
- Foco insuficiente nos nossos próprios desejos e necessidades.
- Questões de ansiedade, medo, culpa, vergonha ou trauma não resolvido.

Durante um relacionamento abusivo, várias coisas podem ser afetadas ou destruídas: a autoestima, o amor-próprio, o autocuidado, a autoconfiança, nossa confiança nos outros, nossos valores e limites e questões de comunicação, assim como qualquer trauma associado a algum desses itens. A receita para a recuperação está, portanto, numa atenção especial a esses pontos. Vamos explorar cada uma dessas áreas com mais detalhes nos capítulos seguintes.

Nesta fase, contudo, eu gostaria de falar um pouco sobre a importância de desacelerar... e de realmente assimilar e considerar tudo que foi discutido e sugerido neste livro até agora. É muito fácil – especialmente quando somos inteligentes e nossa mente não para (como tantas vezes acontece quando acabamos de sair de uma situação de abuso narcisista) – fazer uma leitura por alto e pular alguns pontos, porque sentimos que já entendemos e "captamos a ideia geral" ou por estarmos ansiosos para seguir em frente. No entanto, existe um perigo real em ignorarmos a teoria e perdermos os benefícios da prática se fizermos isso. Isso pode retardar e ter um impacto negativo em sua recuperação mais adiante. Então, nesta fase, eu realmente gostaria de encorajá-lo a diminuir o ritmo e passar algum tempo refletindo sobre partes da leitura e sobre qualquer coisa que você possa estar aprendendo ou percebendo. É fácil e perigoso, por exemplo, pular a seção sobre diálogo interno e declarar que ela não é tão relevante: "Estou em dia com meu diálogo interno", "Não preciso fazer isso" ou "Ah, tá bom, já entendi". Por favor, desacelere, reflita e coloque essas ideias em prática. Quase sempre há espaço para mais insights, consciência e crescimento.

Este livro foi escrito de forma a abordar o assunto de maneira gradual, começando pela base e os alicerces. Como acontece com qualquer edificação, as fundações são cruciais. Se não estiverem no lugar correto desde o início, numa fase posterior, o que você acrescentar ao topo não será suportado nem ficará firme, correndo o risco de desabar. Então, não se apresse para não empacar em um estágio posterior por ter avançado sem fazer as devidas conexões. Tente levar o tempo que precisar para construir bases sólidas, avançando de forma constante. Seja paciente. Trabalhe em cada ponto e construa as camadas, de modo lento mas seguro. A longo prazo, é isso que oferece o suporte necessário para uma recuperação mais eficiente e mais veloz.

A recuperação começa quando você traz o foco para si mesmo. Embora chegar a algumas conclusões sobre relacionamentos abusivos e narcisistas possa, em última análise, ser algo positivo para a mudança e o crescimento, também pode ser uma etapa difícil, confusa e desafiadora. Podemos ficar presos no estágio de tentar desesperadamente encontrar um sentido racional para a nossa experiência. Podemos ficar presos à tentativa de entender o narcisista – o que é apenas mais uma forma de um foco excessivo no outro. Na verdade, essa é a grande questão. É aqui que se torna verdadeiramente essencial concentrar-se em você e aprender a cuidar bem de si mesmo. O autocuidado, por enquanto, é a prioridade. Trata-se de se tornar realmente seu melhor amigo, de ser um parceiro amoroso, paciente e solidário para si mesmo.

## AS BASES PARA A RECUPERAÇÃO: AUTOCUIDADO

O autocuidado é um alicerce vital na recuperação do abuso narcisista. Em geral, é algo que foi negligenciado ou perdido ao longo do caminho, antes ou durante um relacionamento tóxico. Muitas vezes estamos acostumados a concentrar nossos esforços a cuidar de outras pessoas. Agora, durante a recuperação, é essencial que você aprenda a cuidar de si mesmo acima de tudo. Você é responsável pelo seu autocuidado. Nos estágios iniciais da recuperação, isso pode significar simplesmente garantir que você se alimente bem no dia de hoje, que saia de casa ou procure apoio de outras pessoas. É importante aprimorar ainda mais as habilidades de autocuidado e relaxamento. Elas têm um papel crucial em nossa reconexão com nossos valores. O autocuidado pode ajudar você a descobrir ou lembrar do que gosta e o que é importante para você. São coisas que talvez tenham se perdido de vista em um relacionamento abusivo, mas que são fundamentais para a recuperação. Descobrir do que você gosta, e fazer essa coisa mais vezes, também é imprescindível para melhorar sua autoestima e para você aprender a estabelecer limites saudáveis.

Por enquanto, pense em maneiras de praticar e desenvolver o autocuidado. Aqui estão algumas sugestões:

- Comece todos os dias com uma afirmação positiva.
- Alimente-se bem.
- Passe algum tempo na natureza.
- Mime-se com um belo presente: um casaco novo, sapatos ou uma boa refeição.
- Passe tempo com pessoas positivas, que se preocupam genuinamente com você.
- Vá à manicure ou ao cabeleireiro.
- Permita-se descansar.
- Leia livros positivos ou assista a programas que melhorem seu astral.
- Marque um dia num spa ou uma massagem.
- Tente viver cada dia, e um dia de cada vez.
- Pratique a atenção plena.
- Exercite-se.
- Seja bondoso consigo mesmo.
- Abrace suas particularidades e qualidades.
- Ria. Assista a um filme engraçado ou vá a um espetáculo humorístico.
- Visite um amigo ou parente com quem você gosta de estar junto.
- Entre para um clube.
- Faça abstinência de álcool/açúcar/cafeína.
- Aprenda algo novo.
- Escolha um novo hobby ou recupere um interesse antigo que você deixou de lado.
- Não seja duro consigo mesmo.
- Desenvolva a habilidade de rir de si mesmo às vezes.
- Reconheça e nomeie seus atributos positivos.
- Medite.
- Pratique yoga.

- Faça uma pausa ou tire férias.
- Leia um livro.
- Diga coisas boas a si mesmo.
- Faça um elogio a si mesmo ou parabenize-se.
- Identifique o que lhe traz alegria e o que o faz feliz.
- Faça mais do que lhe traz alegria e que faz você feliz.
- Lembre-se: pensamentos não são fatos!
- Permita-se fazer o que achar melhor para você.
- Seja paciente.
- Perdoe a si mesmo e aos outros.
- Reserve um tempo semanal para uma desintoxicação digital.
- Reze.
- Desfrute de um longo banho morno.
- Reserve regularmente um tempo apenas para relaxar.
- Faça uma caminhada ou corrida.
- Visite uma galeria de arte, uma exposição, vá ao teatro ou ao cinema. Reserve ingressos para algo que você gostaria de ver.
- Tente libertar-se da culpa e da vergonha.
- Seja grato – escreva uma lista de gratidão ao final de cada dia.

Ser bondoso consigo e cuidar bem de si mesmo inclui fazer uma ampla gama de coisas boas: reservar um tempo para relaxar, tratar-se bem, marcar tratamentos num spa, massagem, reflexologia, academia, natação, yoga, relaxar com amigos, viajar, dar um presente a si mesmo, ir à manicure, comprar sapatos novos ou qualquer outra coisa que você quiser. Tente realmente saber do que você gosta, o que realmente aprecia. É excelente tornar-se mais consciente e ativo em suas práticas de autocuidado.

## *Hobbies e interesses*

Muitas pessoas afetadas por relacionamentos abusivos e narcisistas relatam uma sensação de terem se perdido de si mesmas. Com o passar do tempo, o foco se volta cada vez mais para o narcisista e tudo que ele deseja ou aprecia. Nesse meio-tempo, Eco se encolhe e começa a perder a voz. Você pode descobrir que viveu por algum tempo mais no modo "sobreviver e avançar", e não no modo "crescer e aproveitar a vida". Está na hora de redescobrir suas paixões e seus interesses. O que você aprecia? O que gosta de fazer? Que hobbies ou interesses você foi deixando de lado? Como gostaria de passar seu tempo? O que é um dia ou fim de semana perfeito para você? Existe algo que você sempre quis experimentar ou aprender, mas ainda não o fez? O que você acha que gostaria de fazer? Há alguma aula ou grupo do qual gostaria de participar? Algum lugar que você gostaria de visitar? Alguma mostra ou exposição que gostaria de ver? Que tipo de coisas você aprecia?

Pode ser *qualquer* coisa. A título de ideia, pode estar relacionado com: saúde e boa forma, bem-estar animal, viagens, culinária, teatro e artes, artesanato, trabalho voluntário, grupos de apoio, trabalho de apoio, terapias holísticas, golfe, yoga, corrida, escalada, ciclismo, turismo, ir a algum lugar novo, escrever, ler, fazer um novo curso na universidade só por diversão... Vale tudo. Conceda-se permissão para explorar e descobrir.

### *Apoio e conexões sociais*

Ter uma rede de apoio saudável formada por indivíduos com quem você possa conversar, passar algum tempo e compartilhar experiências é vital para o seu bem-estar em qualquer momento. A conexão humana é essencial em todas as etapas da vida e especialmente importante na recuperação do abuso narcisista. Com frequência, os parceiros dos narcisistas, em particular, descobrem que perderam lentamente o interesse em sair, em ver ou falar com amigos, familiares ou colegas durante o relacionamento. Isso em geral é incentivado pelo abusador, pois ele quer afastá-lo de todos que querem o seu bem, e mantê-lo isolado. É mais fácil controlar e manipular quem está sozinho. Este é o momento de estender a mão e restabelecer ou começar a desenvolver uma rede de apoio robusta.

Para isso, você pode entrar em contato com amigos antigos ou novos, familiares ou colegas, e conversar com eles sobre o que aconteceu ou está acontecendo com você. Compartilhe com as pessoas o que você necessita. Não tenha medo de pedir ajuda. Apesar de todo o seu receio, na maioria das vezes um pedido de ajuda é recebido com apreço, compreensão, respeito e alívio. Amigos de verdade vão estar a seu lado. Não consigo contar quantas vezes os pacientes com quem trabalhei entraram em contato com outras pessoas – as outras mães na escola, colegas ou vizinhos – e, ao fazê-lo, ajudaram alguém a perceber os problemas na própria vida. Seu interlocutor pode estar passando por algo semelhante e achar importante ouvir alguém que entenda o que está acontecendo. O diálogo tem mão dupla. Se isso não estiver disponível para você, procure outro tipo de suporte. Encontre um terapeuta. Existem também grupos de apoio dos quais você pode participar ou grupos de 12 passos, como o Codependentes Anônimos.

Participar de grupos com interesses semelhantes pode ser uma ótima maneira de conhecer pessoas e fazer amigos. Estar sujeito ao abuso narcisista pode criar um isolamento terrível, e deixar você pensando coisas como "A culpa é minha" ou "Sou um fracasso", o que torna ainda mais difícil buscar ajuda e falar. No entanto, é importantíssimo que você procure os outros. Uma coisa que impressiona muitos dos pacientes com quem trabalho é quão comum esse tipo de experiência costuma ser. É preciso coragem para conversar com alguém sobre o assunto e descobrir que o interlocutor sabe algo sobre isso, talvez até mesmo tendo passado por isso em primeira mão. É muito importante falar – não apenas para obter apoio para si mesmo, mas também para ajudar a levantar discussões importantes e conscientizar outras pessoas.

---

**PONTOS PARA REFLEXÃO**

- Do que eu gosto? O que posso experimentar?
- A quais hobbies ou interesses posso dedicar algum tempo? Como posso começar? É algo que posso fazer com outras pessoas?
- Como me sinto em relação a fazer mais por mim mesmo? Como me sinto quando penso em autocuidado?
- Como me sinto depois de fazer algo bom ou legal para mim?
- Com quem eu poderia entrar em contato?
- Com quem seria bom passar mais tempo?
- Posso entrar para um clube ou grupo de apoio?

Seja específico, realista e estabeleça um prazo para procurar e começar algo. Aproveite. Este é o seu momento de descobrir ou redescobrir a si mesmo, seus valores, suas paixões e seus interesses. Observe como é gostoso fazer mais as coisas que lhe fazem bem. Passe mais tempo com pessoas que são boas para você. Saiba que você merece.

# 12
# Regulação emocional

As ações contraditórias e abusivas de um narcisista realmente podem fazer com que você sinta que está enlouquecendo. Separar-se de um narcisista também é doloroso e desafiador. O abuso narcisista é traumatizante. É estressante, provoca ansiedade, angústia e, às vezes, é opressivo. Outro elemento fundamental na recuperação é encontrar formas de administrar emoções difíceis ou avassaladoras. É como uma montanha-russa emocional. Por isso, é importante encontrar formas de aliviar a sobrecarga, relaxar, processar e gerenciar seus sentimentos – e é provável que você precise lidar com muitos deles. A seguir estão algumas técnicas que podem ajudar você nesse momento:

### ATENÇÃO PLENA

Mindfulness, ou atenção plena, é a prática da consciência psicológica. Praticar mindfulness significa basicamente focar sua atenção no momento presente de uma forma neutra, com curiosidade e sem julgamentos (Kabat-Zinn, 2013). Trata-se de uma prática simples que, com o tempo, pode ter um impacto poderoso e positivo em seus sentimentos, seu comportamento e sua forma de pensar. Estudos demonstraram que a prática da atenção plena e da terapia baseada na atenção plena pode ajudar no tratamento de vícios (Chiesa e Serretti, 2014), no alívio da depressão e da ansiedade (Hofmann et al., 2010), no aumento da tolerância e da capacidade de lidar com situações angustiantes e no aumento da sensação de relaxamento (Baer, 2003). Ajuda também a controlar e aliviar emoções avassaladoras, além de nos permitir identificar nossos pensamentos com mais clareza – ela cria um distanciamento em relação à nossa experiência. Praticar a atenção plena e desenvolver a consciência plena também será útil para outros aspectos da recuperação detalhados em capítulos posteriores.

Mindfulness é essencialmente a prática de tentar focar a mente. Você pode começar a prática com uma técnica de meditação consciente chamada "Atenção plena à respiração".

## GUIA PASSO A PASSO PARA A MEDITAÇÃO DE ATENÇÃO PLENA À RESPIRAÇÃO

1. Encontre um lugar tranquilo e um momento em que você não será interrompido.
2. Ajuste no cronômetro um tempo para a meditação. Para começar, é bom um período de cinco a 10 minutos, aumentando com a prática, até chegar a 20 a 30 minutos.
3. Acomode-se numa posição confortável. Pode se sentar numa almofada, no chão, em uma cadeira ou até mesmo se deitar.
4. Para começar, faça algumas respirações longas, lentas e profundas, relaxando a mente e quaisquer tensões físicas.
5. Delicadamente leve sua atenção para a respiração. Acompanhe mentalmente as inspirações e expirações.
6. Deixe que sua respiração siga seu fluxo natural. Não há necessidade de tentar forçá-la ou controlá-la.
7. No final da primeira expiração, conte simplesmente "um".
8. Continue acompanhando a respiração e contando ao terminar de soltar o ar. Inspire, expire, "um"... inspire, expire, "dois"... inspire, expire, "três"... e assim por diante.
9. Concentre sua atenção na respiração e na contagem final após cada expiração. Veja se consegue chegar a 10. Se chegar a 10, comece de novo do "um" e continue. (Se você chegar a 10 sem perder o foco, você está indo bem!)
10. Você pode muito bem perceber que pensamentos surgem em sua mente ou que outras distrações o desviam momentaneamente da atenção à respiração. Basta reconhecer esse fato e, com delicadeza,

levar o foco e a atenção à contagem da respiração. Você pode até nomear qualquer distração que percebeu (por exemplo, "Há um pensamento que me diz que eu deveria estar fazendo outra coisa" ou "Isso sou eu pensando que já deveria estar melhor nisso").

A prática da atenção plena requer um nível de consciência e clareza mental. Tente não ficar "pensando na morte da bezerra" – esse não é o objetivo. Ao tentar se concentrar na respiração e contar cada expiração, é provável que você note tudo que vier à tona ou tentar chamar sua atenção. Talvez pensamentos aleatórios surjam em sua mente ou você perceba algumas sensações físicas. Seja o que for, apenas perceba, nomeie e volte a se concentrar no objeto – neste caso, a respiração. É a percepção, a observação sem julgamento de tudo que a mente lança para distrair você, que é a verdadeira prática. É estar atento a isso, percebendo, sem se deixar levar por nenhuma das distrações ou das histórias com as quais nossa mente quer nos seduzir. É delicadamente se soltar dos fios mentais – repito, não de uma forma grosseira ou crítica, mas de uma maneira gentil e curiosa, talvez até com um senso de humor: "Ah, aí está minha lista mental de tarefas de novo!" Apenas observe, não julgue. A atenção plena à respiração consiste em aprender constantemente a perceber quando a mente divaga (e isso *vai* acontecer, porque é isso que a nossa mente faz!). Mas permaneça atento: observe quando isso acontece, e quando isso acontecer, delicadamente solte sua atenção do pensamento e leve-a suavemente de volta ao objeto de observação: a respiração. Se você descobrir que se distraiu e perdeu a conta – não esquente, isso vai acontecer! – apenas leve o foco de volta suavemente e recomece do "um". Essa é a prática.

Para alguns, esse exercício pode ser fácil demais, difícil demais ou parecer sem sentido. Ouço muitas pessoas contarem que experimentaram a atenção plena algumas vezes, não gostaram, não entenderam, não obtiveram nenhum benefício e pararam – tudo muito compreensível. No entanto, eu realmente o encorajaria a dedicar algum tempo à sua prática diária, durante pelo menos duas semanas, para depois refletir e ver se nota alguma diferença em si mesmo. Embora contar a respiração ou aplicar outras técnicas semelhantes possa parecer um tanto abstrato, o poder dessa prática fica evidente com o tempo e se torna realmente interessante e forte quando você começa a ter consciência dos seus pensamentos e sentimentos. O momento em que você se torna consciente de algo é o momento em que você cria certo distanciamento dessa coisa. Isso pode ser extremamente benéfico quando se trata de pensamentos inúteis, crenças equivocadas ou sentimentos esmagadores – o que é essencial para a sua recuperação e seu bem-estar. Com o tempo, a prática também pode ajudar a desenvolver a autocompaixão. São fundamentos importantes na recuperação do abuso narcisista. A meditação mindfulness é capaz de gerar uma sensação de paz. Esse é provavelmente um alívio bem-vindo. Por enquanto, acrescentar uma prática sólida de atenção plena à sua rotina diária servirá de apoio para construir alicerces sólidos.

### R.A.I.N.

"R.A.I.N." é uma prática de atenção plena em quatro etapas desenvolvida nos últimos anos pela professora de meditação de insight Michele McDonald. É uma técnica sistemática que pode ajudar a aliviar emoções ou sentimentos difíceis ou esmagadores. Para realizá-la, acomode-se e relaxe como fez nos quatro primeiros passos do exercício anterior. Em seguida, passe pelas etapas indicadas na sigla:

- **R – RECONHECER** o que você está sentindo. Pode ser uma emoção ou uma sensação física – talvez as duas coisas. Dê um nome a isso. "Raiva"? "Calor"? "Ansiedade"? Rotule o que perceber.
- **A – ACEITAR** que é isso que você está percebendo no momento presente, permitindo que a sua experiência seja como é (por exemplo, "Tudo bem, há ansiedade aqui").
- **I –** O passo seguinte é **INVESTIGAR**. Qual é a sensação? Como é fazer isso? O que estou notando no meu corpo? Há mais alguma coisa relacionada com isso?
- **N – NÃO SE AGARRAR** ou **NÃO SE IDENTIFICAR** significa criar um distanciamento, observando sua experiência sem identificá-la como "eu". Isso é capaz de aliviar a intensidade e o apego à sua experiência emocional.

## Técnicas de Ancoragem

As técnicas de ancoragem contribuem para aliviar emoções intensas ou muito angustiantes e amparar um pensamento mais realista. Elas trazem uma perspectiva mais objetiva e equilibrada. Muitas vezes, quando somos atingidos pela transformação repentina, pela mudança de humor, pelo *gaslighting* ou pela raiva de um narcisista, ou por sentimentos de ansiedade, pânico, culpa, vergonha ou trauma, ficamos totalmente fora do eixo. Muitas ações do narcisista têm como objetivo desestabilizar o outro, pois é assim que ele conquista poder e o mantém. Ser pego de surpresa, sentir-se desestabilizado, aturdido e confuso deixa a pessoa numa posição vulnerável de suscetibilidade a ainda mais dúvidas e abusos. E quando memórias traumáticas antigas são "tocadas", isso pode nos deixar mexidos, abalados, trêmulos, ansiosos, em pânico, mentalmente acelerados, catatônicos, congelados, paralisados, distantes ou dissociados. É importante aprender maneiras de se ancorar e se centrar para reduzir o nível de vulnerabilidade ao abuso narcisista e da reação ao trauma. Isso vai ajudar você a administrar qualquer sobrecarga de emoções e reações. Encontrar maneiras de se sentir mais centrado e estabilizado oferece uma sensação de autoproteção, ajuda você a se sentir mais forte e, o mais importante, apoia o gerenciamento de limites saudáveis e a comunicação com os narcisistas. Quando nos sentimos ancorados e centrados, é bem menos provável que sejamos afetados por qualquer uma das tentativas do narcisista de nos desestabilizar. Quando estamos ancorados, podemos nos sentir muito mais seguros. Isso nos ajuda a ver o abuso com mais clareza.

Existem diferentes formas de nos ancorar e nos centrar. Eu sugiro que você experimente uma série de técnicas e exercícios diferentes para ver o que funciona melhor no seu caso.

### ANCORAGEM NA RESPIRAÇÃO

Uma dessas técnicas envolve ancorar a atenção na respiração. Muitas vezes, quando começamos a nos sentir abalados ou somos confrontados com o abuso narcisista, a respiração instantaneamente se acelera e se torna superficial. Isso por si só pode contribuir para que a pessoa sinta a chegada do pânico e fique vacilante, pois essa mudança na respiração envia uma mensagem imediata ao cérebro, sugerindo que há uma ameaça ou algum tipo de perigo iminente por perto. O cérebro então dispara mensagens para o sistema nervoso, que nos colocam em alerta, em modo de luta ou fuga. Tudo isso pode acontecer em uma fração de segundo: é uma resposta automática. Podemos desacelerar e aprofundar conscientemente a respiração para ajudar a acalmar esse sistema de alarme interno e permitir que uma sensação de estar com os pés no chão, ancorados, venha à tona. É possível visualizar uma pesada âncora passando pelo corpo, descendo junto com a respiração – imagine uma força descendente que acompanha a respiração, passando pelo corpo e chegando aos seus pés para que você se sinta mais "robusto". A respiração lenta, profunda e rítmica ajuda a administrar os sentimentos de pânico e a manter certo equilíbrio. Experimente respirar lentamente e continue por pelo menos cinco minutos para acalmar o sistema nervoso.

### CONTANDO A RESPIRAÇÃO

A respiração lenta e uniforme também pode nos ajudar a nos sentir mais estáveis e ancorados. Experimente inspirar e expirar na mesma contagem, seguindo um ritmo. Inspire contando 1-2-3-4; pause contando 1-2-3-4; expire contando 1-2-3-4; pause contando 1-2-3-4; e continue assim. A respiração lenta e constante ajuda a manter uma mente estável e equilibrada.

### USANDO OS SENTIDOS

Outra maneira de se ancorar ou se centrar é usar os sentidos.

- Olhe em volta. Observe tudo o que você vê. Nomeie todos os itens ou coisas que você vê, mentalmente ou em voz alta.
- Toque em objetos ao seu redor. Observe qual é sua sensação ao tocá-los. São frios, quentes, pesados, leves, macios, duros, lisos, texturizados?

- Que aromas você consegue sentir? Percebe algum cheiro em si ou ao redor? Você pode se concentrar em seu próprio perfume ou loção pós-barba. Pode também levar sempre consigo um aroma agradável ou um bálsamo calmante de aromaterapia para usar em momentos de estresse. Concentre sua atenção no cheiro.
- Ouça os sons dentro e fora do local onde você está. Diferencie os dois. O que você consegue ouvir mais perto de você? E mais longe? Que sons são esses?
- Saboreie. Coma alguma coisa. Coma com atenção. Concentre-se na sensação, na textura, no sabor.

Eu repito, é aqui que uma prática sólida de atenção plena contribui para que você fique bem experiente na observação sem julgamentos. É uma grande ajuda para acalmar emoções e desacelerar a mente e os pensamentos, tornando os momentos mais administráveis. Quanto mais praticar em horários regulares e tranquilos, mais você aplicará com facilidade e de um modo mais automático essas técnicas nos momentos mais angustiantes ou desafiadores.

## ATERRAMENTO PELOS PÉS

Plante os pés no chão, afastados mais ou menos na largura dos quadris. Sinta o apoio dos pés na terra ou no chão. Desloque suavemente o peso em ambos os pés. Desloque o peso ligeiramente para a frente, na direção dos dedos dos pés, e depois de volta para os calcanhares, de um lado para o outro. Observe como são as sensações. Tente perceber exatamente em que pontos você sente o contato dos pés com o solo. Encontre um ponto de equilíbrio central que seja bom para você e concentre sua energia, percebendo a sensação das pernas, das panturrilhas, dos tornozelos e pés, até o chão. Aproveite a sensação de estabilidade e força que isso cria.

Você também pode gostar de imaginar que seus pés estão criando raízes fortes e firmes que se espalham pelo chão abaixo de você. Como uma árvore com raízes fortes, visualize e imagine como você se torna mais firme por inteiro, com aquelas raízes profundas plantadas no solo. Uma árvore com raízes firmes é forte, robusta e estável, e muito menos propensa a ser derrubada pelo vento (ou pelas ações e reações de um narcisista).

Mover os pés ativamente pode ser bom. Isso é útil em especial quando passamos por uma forte resposta de luta ou fuga, uma energia ou urgência de sair correndo, chutar ou mover as pernas e os pés. Experimente caminhar no mesmo lugar, levantando os dois pés, esquerdo e direito, percebendo que sensação esse movimento e essa energia trazem.

Ou, se preferir algo um pouco mais forte, tente bater com os pés no chão ou correr no mesmo lugar. Brinque com a força com que você bate os pés, apenas observando as sensações. Outra opção é dar chutes. Observe tudo o que você sente que suas pernas precisam fazer, não importa quão aleatório isso possa parecer.

Esfregar ou massagear suavemente os pés também costuma ter um efeito de ancoragem, calma e tranquilização.

A atenção plena, os exercícios respiratórios e as técnicas de ancoragem ajudam a gerenciar momentos de sobrecarga e são úteis quando se trata de afirmar e manter limites ou de se comunicar com um narcisista. Experimente e descubra o que funciona melhor para você. Tente praticar um pouco todos os dias. Quanto mais praticar técnicas diferentes, mais fácil será usá-las quando realmente for necessário.

## 13
# Mude seus sentimentos mudando seus pensamentos

O modo como nos sentimos é influenciado pelo que pensamos. Os tipos de pensamentos que passam pela nossa mente têm um impacto direto nos sentimentos e em nosso estado de humor. É possível mudar a maneira como nos sentimos mudando nossa forma de pensar. Os pensamentos costumam ser subjetivos e, portanto, são mutáveis, passíveis de modificações. Podemos aprender a nos sentir melhor aprendendo primeiro a reconhecer os tipos de pensamentos inúteis ou imprecisos que temos e, depois, desafiando-os e alterando-os. Reconhecer os pensamentos é o primeiro passo, e a prática de atenção plena é um grande apoio que nos ajuda a percebê-los mais prontamente.

Imagine que, após um rompimento, você tenha pensamentos do tipo "É minha culpa", "Nunca mais vou encontrar ninguém", "Ninguém vai me querer", "Não sou atraente". Não seria uma surpresa saber que, ao ter esse tipo de pensamentos, você se sentiria no fundo do poço, sem esperança. No entanto, esses pensamentos estão distorcidos, pois, como já vimos, pensamentos não são fatos. Como outras pessoas veriam a situação? Como um bom amigo a enxergaria? O que diria alguém que realmente gosta de você? Talvez algo como "Você está melhor sem ele – ele era horrível!", "Você é linda", "Você é uma mulher e tanto", "Você tem a oportunidade de conhecer outras pessoas agora". E o que você poderia dizer a si mesma? "Agora posso aproveitar mais tempo com os amigos", "Na verdade, quero um tempo sozinha", "Eu mereço coisa melhor". Como você se sentiria se tivesse mais desses tipos de pensamentos? Melhor?

A noção de mudar os pensamentos para ajudar a mudar a forma como você se sente vem da Terapia Cognitivo-Comportamental (TCC). A TCC é uma terapia de fala usada no tratamento de uma série de problemas, como ansiedade, depressão, baixa autoestima, TOC e transtornos alimentares. O modelo pode ser útil para algumas das queixas relacionadas ao abuso narcisista e ajuda o indivíduo a gerenciar as próprias questões, compreendendo a ligação entre pensamentos, sentimentos e ações. O que pensamos afeta o modo como nos sentimos, e o que sentimos influencia o que fazemos. A ligação entre pensamentos, sentimentos e comportamentos nunca se rompe, mas em geral mal a percebemos. No entanto, quando somos perturbados por pensamentos negativos ou inúteis, ou por sentimentos difíceis, pode ser útil prestar mais atenção no que está acontecendo neste ciclo psicológico. Ao começar a perceber os pensamentos que passam pela sua mente, com o tempo você terá condições de trabalhar para desacelerar, decompor, desafiar e mudar quaisquer padrões de pensamento inúteis ou negativos – ajudando a si mesmo a se sentir melhor e fazer escolhas comportamentais mais sensatas.

Reconhecer, desafiar ou mudar quaisquer pensamentos negativos ou inúteis, tornando-os mais positivos, precisos ou úteis tem um impacto imediato e direto no seu bem-estar. Técnicas que desafiam o pensamento podem ajudá-lo a fazer isso. Em primeiro lugar, os problemas são divididos em cinco áreas principais:

- *situação*
- *pensamentos*
- *sentimentos ou emoções*
- *sensações físicas*
- *comportamento ou ações*

Para dar um exemplo: seu relacionamento acabou (*situação*) e você pensa que a culpa é sua, que você fracassou e que nunca mais encontrará alguém (*pensamentos*). Esses tipos de pensamentos ou crenças provavelmente farão com que você se sinta sem esperança, culpado, solitário e deprimido (*sentimentos*). Esses sentimentos muitas vezes acompanham a sensação de cansaço, vazio ou peso (*sensações físicas*). Como resultado, você pode se isolar, ficar sozinho em casa ou talvez beber ou comer excessivamente por causa da maneira como está se sentindo (*comportamento*). Ao se isolar, beber ou comer com exagero, é provável que esteja alimentando ainda mais o ciclo negativo. Esses comportamentos podem levar a mais pensamentos ou crenças inúteis sobre si mesmo, perpetuando-os assim em espiral descendente.

Mas e se você parar? E se você pisar no freio e aprender a identificar os pensamentos inúteis. Tente perceber quais são os pensamentos e crenças passando pela sua mente e fazer uma pausa nesse ponto. Dessa forma você poderá adquirir o hábito de questionar sua validade. Assim que reconhecer pensamentos inúteis ou talvez imprecisos, pergunte a si mesmo:

- Isso é mesmo verdade? Isso é absolutamente verdade o tempo todo?
- Isso é subjetivo? O que eu pensaria se tivesse uma visão totalmente objetiva?
- Se um amigo/amiga estivesse me contando que pensa o mesmo, o que eu diria a eles?
- Qual seria uma forma de pensar mais objetiva e racional sobre o assunto?

Lembre-se: *pensamentos não são fatos*. E podem ser contestados e mudados. É possível aprender a desafiar e substituir os pensamentos inúteis por algo que talvez seja mais realista e certamente mais útil.

Vamos supor que a partir daí você mude seus pensamentos para algo mais parecido com: "Não foi por culpa minha que o relacionamento acabou – havia duas pessoas envolvidas"; "De qualquer forma, não era uma situação boa nem saudável"; "Estou melhor sem essa pessoa na minha vida"; "No futuro encontrarei alguém, mas por enquanto posso aproveitar o tempo com meus amigos e fazer o que gosto" (*pensamentos*). Como você imagina que se sentiria se tivesse mais desses tipos de pensamentos? Provavelmente melhor, menos responsável ou culpado, mais esperançoso ou mais conectado (*sentimentos*). Por sua vez, também pode se sentir mais positivo e energizado (*sensações físicas*). Como resultado, talvez se sinta mais motivado a ver os amigos ou sair para aproveitar mais as coisas que gosta de fazer, comer bem e cuidar bem de si mesmo (*comportamento*).

Reconhecer, contestar e mudar de pensamento é uma ferramenta simples mas poderosa para gerenciar os seus sentimentos e trabalhar ativamente para se sentir melhor e tomar decisões mais saudáveis. Recapitulando, as etapas são:

1. Reconheça quaisquer pensamentos inúteis ou imprecisos que possam lhe ocorrer.
2. Observe como eles podem estar influenciando o modo como você se sente.
3. Pergunte a si mesmo quão úteis, positivos e objetivos esses pensamentos são.
4. Pense em qual seria uma forma mais objetiva ou útil de pensar sobre a situação ou sobre si mesmo. O que você diria a um bom amigo se soubesse que ele estava pensando ou se sentindo assim?
5. Qual seria a forma mais equilibrada, útil ou realista de pensar sobre o assunto?
6. Como você se sentiria com um modo de pensar mais útil?

Seria útil manter um diário para anotar seus pensamentos e descobertas. Isso pode demandar um pouco de prática e tempo, mas é uma boa maneira de abordar quaisquer distorções cognitivas que estejam afetando negativamente a forma como você se sente e o que faz. Às vezes, nossos pensamentos são tão habituais que pode ser difícil percebê-los à primeira vista. Continue firme. É como fumar, por exemplo. Se você fuma há 10 ou 20 anos, isso já se tornou um hábito arraigado. Com uma forma determinada de pensar acontece o mesmo. Mas tal como o tabagismo, com algum esforço e perseverança, é possível deixá-la. Hábitos de pensamento são passíveis de mudança. Eles podem ser substituídos por algo mais positivo, útil e possivelmente mais preciso.

Esta ferramenta não é uma panaceia, uma cura geral para todos os males. No entanto, serve como uma técnica psicológica prática que pode ser de grande auxílio no gerenciamento da ansiedade, da depressão, dos problemas de baixa autoestima e outras questões afins frequentemente associadas ao abuso narcisista. Pode ser particularmente útil para ajudar a resolver quaisquer pensamentos ou crenças imprecisas ou falsas que possamos ter sobre nós mesmos ou nossos relacionamentos. Além disso, se você achar uma boa ideia, também pode aprender mais lendo livros específicos ou guias de estudo. Trabalhar com um terapeuta qualificado em TCC irá ajudá-lo a se familiarizar com a teoria e as técnicas para que você as aplique por conta própria a uma ampla gama de questões.

---

**PONTOS PARA REFLEXÃO**

- Que pensamentos ou crenças recorrentes e inúteis você percebe que tem sobre si mesmo?
- Que impacto isso tem na sua autoestima?
- Que impacto isso tem nos seus relacionamentos?
- Qual poderia ser uma forma de pensar mais útil?
- O que você diria a um bom amigo ou a algum ente querido se eles estivessem tendo pensamentos igualmente negativos ou inúteis sobre si mesmos ou sobre a situação que enfrentam? O que você sugeriria? Como os tranquilizaria ou confortaria? Como se sente ao oferecer as mesmas palavras de apoio a si mesmo?
- Há mais alguma coisa que você perceba sobre a ligação entre seus pensamentos, sentimentos e ações?

---

## EXERCÍCIO: ATENÇÃO PLENA AOS PENSAMENTOS

- Tal como fez nas práticas de atenção plena à respiração que já vimos, comece reservando algum tempo para si, livre de interrupções.
- Programe de 5 a 15 minutos num cronômetro e encontre um lugar confortável para se sentar.
- Respire fundo algumas vezes para ajudar a acalmar a mente e o corpo.
- Traga sua atenção delicadamente para a respiração.
- Tente concentrar sua atenção consciente na respiração, acompanhando a inspiração e a expiração. Não há necessidade de forçar nada. A mente naturalmente vai divagar, porque é isso que ela faz. O objetivo aqui é somente perceber o que acontece. Não é preciso forçar nem mudar nada. Apenas observe.

- Concentrando suavemente a atenção na respiração, seguindo a inspiração e a expiração, tente perceber como e quando os pensamentos vêm à tona. Não precisamos fazer nada. Permita que os pensamentos venham e vão – por conta própria.
- Permita-se perceber quaisquer pensamentos que venham à tona enquanto você se concentra na respiração.
- Observe os pensamentos automáticos como eles são: pensamentos. Não são necessariamente fatos.
- Não precisamos nos deixar levar por julgamentos, tentando decidir se gostamos ou não de nossos pensamentos, se são dos tipos que queremos ou não. Apenas observe.
- Pode ser útil introduzir a sua reação com "Estou notando o pensamento...", e tentar capturar seja lá o que esse pensamento for, não importa quão aleatório, estranho ou difícil possa ser.
- Você pode notar uma enxurrada de pensamentos ou pode ser um pensamento único.
- Repetindo: não há necessidade de tentar fazer com que algo aconteça. Estamos apenas vendo como é natural que a nossa mente tenha todos os tipos de pensamentos. Não precisamos dar poder a eles. Ao observá-los, podemos vê-los exatamente como são.
- Observe como é quando você percebe e identifica algum pensamento. Você pode notar que eles são substituídos por outros. Pode perceber que os pensamentos vêm e vão.
- Sempre que você percebe que sua mente se perdeu num fluxo de pensamentos, apenas observe isso suavemente e leve sua atenção de volta para a respiração como uma âncora para esta prática de meditação.

Praticar a meditação da "atenção plena aos pensamentos" que acabamos de descrever é um exercício poderoso que, com o tempo, traz uma série de benefícios para a sua saúde mental e para seu relacionamento consigo mesmo – o que por si só tem um efeito indireto no seu relacionamento com os outros. Se e quando notar qualquer pensamento sugerindo "É minha culpa", "Eu não fiz o que era certo", "Ele vai...", em vez de acreditar instantaneamente nisso como um fato e reagir, apenas reconheça-o pelo que é: "Ah! Tem aí um pensamento dizendo que 'a culpa é minha', mas isso não significa necessariamente que seja um fato! Na verdade, não acredito que seja minha culpa... Eu fiz o meu melhor." A partir daí, você pode ajustar seus pensamentos e hábitos de pensamento para estabelecer outros, novos, que talvez sejam mais úteis e provavelmente mais precisos.

Quanto mais você praticar a atenção plena, mais experimentará seus benefícios. A regularidade é fundamental, por isso, mesmo que você só consiga reservar 10 a 15 minutos por dia, se praticar diariamente, poderá notar os efeitos num período de tempo relativamente curto.

Para obter mais apoio e instruções, você também pode considerar ingressar em um grupo ou curso local de mindfulness ou outra linha de meditação. Encontrar um professor ou instrutor pode ser muito útil para garantir que você está no caminho certo e para tirar qualquer dúvida sobre sua prática.

## COMO LIDAR COM CRENÇAS SUBJACENTES DISTORCIDAS

Ao praticar exercícios de "atenção plena aos pensamentos" e tentar perceber cada vez mais seus pensamentos automáticos e inúteis, você descobrirá que tem alguns "favoritos". Eles são recorrentes e costumam se apresentar de diversas formas. Todo mundo os tem. Se eles não servirem para nada, talvez seja uma boa ideia dar um jeito neles. Nossas crenças subjacentes sobre nós mesmos, os outros ou o mundo em que vivemos atuam como um viés ou um filtro pelo qual interpretamos as experiências. Essas crenças fundamentais moldam e influenciam o tipo de pensamentos que tendemos a ter. Por exemplo, pensamentos do tipo "Nunca mais encontrarei alguém", "Ninguém vai me achar atraente ou interessante" ou "Eu não mereço..." talvez estejam relacionados a uma crença subjacente de que "não sou digno de amor" ou "não tenho valor". Pensamentos imprecisos surgem de crenças imprecisas. Se você achar que seus pensamentos habituais são sobre um tema específico, pode ser útil abordar a suposição ou crença subjacente que os alimenta.

O abuso narcisista muitas vezes desencadeia uma crença central comum de que "não sou bom o suficiente". Na verdade, sentir ou acreditar que "eu não sou suficiente" ou "bom o suficiente" em relação a alguém é, em si, um possível indício de estar em um relacionamento com um narcisista.

Isso porque nada nem ninguém é ou jamais será bom o bastante para um narcisista. De certa forma, isso reflete a profunda aversão e vergonha que ele nutre por si mesmo e que projeta nos outros por meio de críticas, julgamentos e das mensagens que transmite. Parceiros ou filhos de narcisistas costumam ter problemas crônicos de autoestima decorrentes da sensação de não serem bons o suficiente, de não fazerem o bastante, de não serem inteligentes, magros, belos, populares ou confiantes – *qualquer coisa* que não seja suficiente.

A crença central de "não ser o bastante" alimentará pensamentos e hábitos associados, como aqueles que nos dizem que não podemos ser do jeito que somos e, portanto, precisamos ser mais magros, mais atraentes, trabalhar mais ou conquistar mais. Ela está relacionada a pensamentos de autocrítica rigorosa e cheios de julgamentos. Também podemos descobrir que muitas vezes nos comparamos com os outros e nos sentimos inferiores. Um narcisista contribuirá de várias maneiras para manter a crença de que não somos bons o bastante do jeito que somos – alimentando, por sua vez, nossas tentativas de obter sua aprovação. Quer estejamos conscientes disso ou não, de um modo lento e seguro, isso vai minando a confiança e a autoestima da pessoa. É enlouquecedor e inútil tentar ser bom o bastante para um narcisista. Nada nem ninguém será o suficiente. A coisa mais importante que você pode fazer pela sua sanidade é reconhecer esse fato e desistir de lutar. Reconheça a inutilidade de tentar apaziguar um narcisista e, em vez disso, concentre-se em melhorar sua própria autoestima, observar suas crenças fundamentais e aprimorar seu relacionamento consigo mesmo. Você é bom o suficiente do jeito que é. Para muitos de nós, porém, especialmente quando acabamos de sofrer abuso narcisista, talvez não seja tão fácil acreditar nisso. É possível, no entanto, trabalhar na construção de suas crenças interiores, de modo a transformá-las em algo mais objetivo, útil e amoroso para você.

## EXERCÍCIO PRÁTICO PARA MODIFICAR CRENÇAS SUBJACENTES INÚTEIS

Um exercício prático e muito útil é, em primeiro lugar, reconhecer as crenças fundamentais que você tem sobre si mesmo ou sobre os outros. Isso fica claro depois que você passa a reconhecer os pensamentos negativos habituais que tem (conforme vimos na seção anterior). Crenças fundamentais relacionadas ao abuso narcisista incluem:

- "Eu não sou bom o suficiente."
- "Não sou digno de amor."
- "Há algo errado comigo."
- "A culpa é minha."
- "Eu sou responsável."
- "Não estou em segurança."

Pegue seu diário e, no topo da página, escreva sua crença subjacente negativa ou inútil (por exemplo, "Não sou bom o suficiente"). Depois pergunte a si mesmo: "Que experiências demonstram que esta crença não é necessariamente verdadeira sempre?" Escreva o máximo de exemplos em que conseguir pensar, por menores que sejam. Eles lhe mostrarão que essa crença não é verdadeira o tempo todo. Depois, numa nova página, escreva a sua nova crença positiva (por exemplo, "Eu sou bom o suficiente"). A partir daí, liste o máximo de situações em que você *foi* bom o suficiente, em que se sentiu bem e nas quais *é* bom o suficiente. Exemplos podem incluir: "Conversei com meu amigo que está passando por dificuldades – sou um bom amigo"; "Trabalhei o suficiente"; "Sou um bom cozinheiro"; "Hoje fui simpático com o pessoal na lanchonete – sou uma pessoa legal"; "Meu cabelo está bonito hoje" – seja lá o que for. Continue a acrescentar exemplos para essa nova crença positiva todos os dias. Mesmo que sejam apenas alguns por dia. Continue acrescentando. Não importa se são exemplos grandes ou pequenos – o principal é não perder o hábito de anotá-los. Continue apoiando sua nova crença com qualquer tipo de evidência até que sua perspectiva se torne mais equilibrada, positiva e útil. Isso é especialmente importante na recuperação do abuso narcisista, porque durante qualquer forma de abuso emocional, o agressor tenta minar nossa visão sobre nós mesmos – para prejudicar a nossa autoestima e autoconfiança. Com o tempo, nossa perspectiva fica muito distorcida. Não será fácil resolver, mas você pode chegar lá. Construa crenças novas, mais positivas e mais precisas, um passo de cada vez. Aos poucos, ao reconhecer diariamente seus atributos, você se tornará capaz de fortalecer sua autoestima e melhorar o relacionamento profundo que tem consigo mesmo.

*Quando tudo terminou com Tim, senti como se tivesse acabado de sair de uma tempestade. Estava traumatizada, em estado de choque. As mentiras, a traição e o abuso me fizeram tão mal – acho que não percebi toda a extensão até ele de repente terminar tudo, mais uma vez. Eu sabia que aquela seria a última vez – as coisas tinham ficado loucas demais. Durante o relacionamento, Tim me criticava e fazia comentários estranhos sobre a maioria das coisas que eu fazia. Ele criticava minha aptidão culinária e implicava comigo, insinuando que eu não era boa no meu trabalho. Em parte era brincadeira, mas aquilo realmente me abalava. Eu gostava de correr e ele chegou a dizer que eu não corria direito, que parecia uma boba correndo. Na época, acho que não registrava realmente tudo que ele dizia. No entanto, depois que o relacionamento terminou, todos os comentários passavam pela minha mente. Passei semanas me culpando por não fazer todas essas coisas corretamente, convencida de que ele havia me deixado porque eu não conseguia fazer nada direito.*

*Comecei a reconhecer meu diálogo interno – era muito duro e crítico. Fiquei chocada ao descobrir como eu era implacável. Era como se meu cérebro tivesse absorvido todos os comentários desagradáveis ao longo dos anos e agora os repetisse. Não admira que eu estivesse me sentindo tão desesperadamente deprimida e frustrada. Não conseguia fazer nada além de chorar na cama durante semanas após o término. Um amigo sugeriu que eu falasse com alguém, e essa pessoa me ajudou a reconhecer os pensamentos inúteis que eu vinha tendo. Toda a autocrítica era como um disco arranhado girando e girando em minha mente. Também reconheci que fazia muitas comparações. Imaginava que, se eu fosse mais magra, mais bonita ou mais engraçada, tudo estaria bem. Mas a verdade é que nada que eu fizesse ou me tornasse seria bom o suficiente para ele – e esse é um problema dele. Percebi quanto todos os seus comentários destruíram minha autoestima e reforçaram a profunda crença de que eu não era boa o suficiente e que nada do que fizesse ou pudesse fazer seria bom o bastante.*

*Comecei a desfazer essa crença destrutiva que ele havia alimentado em mim. Lentamente, mas pouco a pouco, comecei a notar e anotar momen-*

*tos em que eu estava bem e satisfeita comigo mesma. Estou em forma, sou inteligente, sou uma boa pessoa. Sou uma amiga leal. Sou engraçada. Ao escrever exemplos todos os dias, me senti bem melhor em apenas algumas semanas. Minha visão e meu julgamento tinham sido destruídos, e foi como arranjar um novo par de óculos com as lentes certas! Pude enxergar com mais clareza. Estou bem e sou completa do jeito que sou. As críticas constantes refletem os problemas e inseguranças dele, e ele pode perfeitamente ficar com elas para si!*

Boa autoestima e autoconfiança estão relacionadas à nossa capacidade de manter limites saudáveis e firmes. Trabalhar a autoestima por meio dessas técnicas ajuda no estabelecimento de limites mais saudáveis e, à medida que for trabalhando nesse aspecto, isso também vai ajudar você a se sentir bem consigo mesmo.

---

**PONTOS PARA REFLEXÃO**

- Que crenças subjacentes reconheço?
- Quais crenças fundamentais podem estar alimentando meus medos e pensamentos inúteis?
- Qual é a crença mais positiva que posso ter sobre mim mesmo?
- Que evidências posso encontrar para amparar a minha crença nova, mais positiva e (indiscutivelmente) mais precisa?

---

Para obter mais ajuda ou orientações, consulte a seção "Referências e leituras adicionais" no final deste livro ou encontre um terapeuta de TCC com quem você possa trabalhar diretamente.

# 14
# Limites

Limites pessoais claros são essenciais para relações saudáveis e são recursos indispensáveis para o gerenciamento de relacionamentos narcisistas, disfuncionais ou abusivos – e para nossa recuperação quando saímos deles. Esses limites firmes porém flexíveis são exatamente o que nos protege desse tipo de dinâmica destrutiva. Com eles, temos uma perspectiva mais equilibrada e ficamos menos preocupados ou perturbados com o que a outra pessoa está fazendo ou deixando de fazer.

Todos nós comunicamos os nossos limites de várias maneiras diferentes: por meio da comunicação verbal (o que dizemos e como o fazemos) e também energeticamente, por meio da nossa linguagem corporal. Em outras palavras, eles são igualmente claros e invisíveis – algo que comunicamos tanto em termos do que dizemos e mostramos quanto do que recebemos e captamos nos outros. Como já vimos, os narcisistas e os ecoístas parecem sentir uma atração mútua e magnética, quase como se pudessem se encontrar no meio de uma multidão. Em certo sentido, é o "encaixe" disfuncional no âmbito dos limites que sustenta essa atração magnética. E isso é interrompido quando um dos lados muda. Narcisistas não respeitam limites e serão natural e instintivamente atraídos por quem não os tem ou, quando os tem, são frágeis, facilmente ignoráveis e maleáveis. Eles têm mais chances de conseguir o que desejam com pessoas que conseguem manipular. Da mesma forma, quem tem limites fracos muitas vezes procura, em algum nível, alguém com desejos e necessidades firmes, diretos e assertivos, e capacidade para tomar decisões. Às vezes, eles vão procurar um parceiro que permita que se recolham e se escondam no relacionamento.

Os limites pessoais são essencialmente um escudo invisível de proteção que serve para garantir a segurança da pessoa que os estabelece, além de funcionar como as fronteiras que delimitam nosso espaço do dos outros. Quando respeitamos os limites dos outros, nós os ajudamos a se sentirem seguros. Eles definem as fronteiras do indivíduo, tanto para si quanto para a pessoa com quem ele está se relacionando e servem para orientar as duas partes e indicar a posição de cada um, protegendo e englobando a todos.

Nossos limites estabelecem o que consideramos apropriado e aceitável em termos de proximidade física e emocional, contato sexual, intimidade mental e psicológica, comunicação, bem como aquilo que julgamos admissível ou não em comportamentos e atos. Eles representam nossos gostos, aversões e preferências para os outros. Refletem também nossos valores, nossa autoestima e nosso amor-próprio. Limites saudáveis são essenciais em qualquer tipo de relacionamento, seja com parceiros românticos, familiares, colegas de trabalho ou amigos.

Trabalhar para colocar esses limites é importante para ajudar você a administrar qualquer relacionamento, mas é vital quando se trata de um narcisista. Eles são indispensáveis para que você possa desenvolver a força necessária para abandonar ou encerrar uma relação tóxica ou abusiva com um narcisista ou agressor. Um forte senso de limites anda de mãos dadas com um forte senso de valores, uma autoestima saudável e amor-próprio. Tudo isso representa um fator de proteção que garante que você tenha uma probabilidade muito menor de tolerar qualquer comportamento abusivo no futuro. Também o torna menos atraente para narcisistas e agressores. Com limites firmes, será muito mais fácil dizer "não" e deixar claro aos outros que comportamentos ou comentários abusivos, manipuladores e desagradáveis são inaceitáveis – porque você saberá, de todo o coração, que não quer nem precisa disso e que merece coisa melhor. Você define suas regras.

Os limites servem para impedir que as pessoas entrem no nosso espaço e abusem sexual, física, psicológica ou emocionalmente de nós, e nos impedem de fazer o mesmo com os outros. Eles também amparam um sentimento compartilhado e mútuo de separação, distinguindo quem somos e quem não somos dentro de uma dinâmica – em relação a nós mesmos e a outras pessoas. Os sistemas de limites têm dois propósitos – um interno e um externo. Sem fronteiras, não há linhas claras para nenhuma das partes envolvidas e fica impossível saber qual a sua posição. Isso cria o caos no relacionamento. Narcisistas não têm limites saudáveis e raramente respeitam os dos outros. O que fazem, no entanto, é forçar e manipular os dos outros para tentar obter o que querem – sem levar em conta os danos ou o desconforto que causam. Lembre-se: os narcisistas só se preocupam com o que *eles* querem. Tudo gira em torno deles, o tempo todo – mesmo quando parecem atenciosos, reconfortantes, preocupados ou respeitosos.

## COMPREENDENDO OS LIMITES

Um modo para começar a compreender os limites é imaginar uma cerca no jardim em torno da casa onde você mora. A cerca demarca a sua propriedade, delimita seu espaço. Ela define com clareza o que é seu e o que é dos outros, para que todos vejam. Como acontece com uma bela moradia, a cerca é acessível. Tem uma altura que permite que você e os outros vejam o que está do lado oposto. Os dois lados podem interagir e se comunicar. Imaginemos que há também um portão, para que exista a opção de movimento. Há uma abertura para que você e outras pessoas possam entrar e sair. A analogia com a cerca do jardim é um modo de demonstrar como são limites saudáveis, que marcam um meio-termo. A fronteira está clara para todos, há espaço para se mover, para observar e oferecer acesso, para abrir e fechar. Há espaço para negociação ou flexibilidade, caso as duas partes desejem entrar em negociação. Trata-se de um equilíbrio saudável.

Por outro lado, um problema extremo no campo dos limites é como não ter absolutamente nenhuma cerca. Sem cerca, ninguém sabe onde fica a linha que demarca a propriedade ou mesmo se ela existe. Tenho certeza de que você pode imaginar que tipo de caos isso causaria entre vizinhos e transeuntes. Certa vez, morei em uma casa linda sem cerca, ou seja, sem limites claros. Muitas vezes pessoas entravam no quintal e caminhavam até as janelas e crianças brincavam no jardim, na garagem e até mesmo na porta da frente! Sempre me surpreendia ao encontrar invasores tão perto das minhas janelas, aparentemente sem saber que aquele espaço era meu. Mas como alguém poderia saber, sem que existisse uma demarcação claramente sinalizada? O mesmo acontece com os limites pessoais. Sem limites ou parâmetros, é basicamente um convite para que qualquer um caminhe pelo jardim para brincar e fazer o que quiser. Crianças, adultos, cães e gatos próximos, qualquer um poderia ocupar o espaço para se divertir. Sem sinalização, o terreno poderia até ser usado como estacionamento se alguém quisesse! Sem demarcações não há limites claros ou definidos. Ninguém sabe onde eles estão. Não existem parâmetros, diretrizes ou regras. Sem limites claros, estaremos essencialmente convidando as pessoas a passarem por cima de nós e a fazerem o que quiserem. E na maioria das vezes somos nós que ficamos ressentidos, chateados ou sofrendo.

No extremo oposto do espectro estão os limites excessivamente fortes e rígidos. Isso equivale a ter paredes de tijolos altíssimas, robustas e rígidas em torno de toda a propriedade. Ninguém vê o que está do outro lado nem entra ou sai. Com isso vem uma mensagem muito forte e poderosa para que outros mantenham distância. Não há espaço para movimento ou negociação. Nenhuma flexibilidade. Isso é tão prejudicial à saúde quanto não ter limites. Muros e limites inflexíveis estão relacionados à evitação, ao controle e à rigidez nos relacionamentos. Como acontece com tudo, extremos de qualquer tipo raramente são saudáveis. O equilíbrio pode ser encontrado em algum ponto intermediário: um meio-termo saudável.

A seguir estão essencialmente os três tipos básicos de limites relevantes para o abuso narcisista e – o mais importante – para o seu processo de recuperação.

**Inexistente ou frágil:** Equivale a não ter nenhum ou pouquíssimo senso de limite ou do que é aceitável ou não para você. Nesse caso, existe um risco real e perigoso de se confundir e se fundir com outras pessoas. Isso inclui ficar enredado ou deixar que assumam a liderança ou, mais especificamente (e mais preocupante), que manipulem e tirem vantagem de você. Limites inexistentes ou frágeis são observados naqueles que têm dificuldade em identificar e expressar os próprios desejos, gostos e necessidades para os outros, ou que têm problemas, por algum motivo, em dizer "não". Eles tendem a gostar do que os outros gostam, sem ter uma noção clara de sua identidade individual. Esse problema também pode estar relacionado com traços e características de codependência. Esta pouca noção de limites pessoais é frequentemente observada em indivíduos oriundos de famílias disfuncionais – nas quais talvez existam problemas de saúde mental ou de alcoolismo, dependências ou abuso.

Também se relaciona com aqueles que tiveram seus limites violados ou que não aprenderam na infância a ter limites saudáveis (por exemplo, que nunca tiveram seu espaço pessoal ou experiência emocional reconhecidos ou respeitados). Quem não tem limites ou tem limites frágeis está suscetível à manipulação e ao abuso. Às vezes, as pessoas com limites inexistentes ou deficientes descobrem que oscilam de um extremo ao outro, demonstrando zero limite em algumas situações e sendo completamente rígidas e inflexíveis em outras.

**Rígido e extremo:** Limites rígidos e extremos são o oposto dos inexistentes ou frágeis, e muitas pessoas, equivocadamente, enxergam isso como algo positivo. Tenho visto com frequência quem assuma uma posição extremamente oposta de regras e restrições radicais e rígidas, na falsa expectativa de que isso represente limites saudáveis. Não é o caso. Isso é mais como ter muralhas de tijolos, altas e inacessíveis. Ninguém nem nada pode entrar ou sair. Limites saudáveis são equilibrados. E muitos dos que têm esses limites extremos e rígidos, na verdade, são medrosos ou controladores e querem manter as pessoas afastadas, a distância. É tão difícil desfrutar da verdadeira intimidade emocional e da proximidade interpessoal passando por cima de uma muralha de tijolos quanto tendo que lidar com a ausência de limites.

**Saudável – firme mas flexível:** Um senso saudável de limites pessoais reflete um ponto de equilíbrio que fica no meio-termo entre a fragilidade e a rigidez. É a cerca de jardim bonita, simpática e acessível, baixa o suficiente para não barrar a visão, mas alta o suficiente para oferecer alguma segurança e proteção. Há também um portão ou abertura e, portanto, algum espaço para movimentação e negociação. Esse tipo de limite mostra que você sabe o que é seu e o que não é, o que é sua responsabilidade e o que não é, quem você é e o que quer e precisa; mostra ainda que você é capaz de atender aos seus próprios desejos e necessidades de forma responsável, bem como de comunicar essas coisas de forma eficaz aos outros. É também um espaço no qual você se sente confortável em dizer "não" e se afirmar perante outras pessoas – de uma forma equilibrada, atenciosa e neutra. Limites saudáveis permitem algum grau de flexibilidade considerando o relacionamento individual, a dinâmica ou situação. Flexibilidade saudável nos limites significa ser capaz de ter algum movimento, sem perder o senso de identidade e do que é certo para você.

*Com limites saudáveis vem uma noção clara do que é seu e do que não é; do que é sua responsabilidade e, principalmente, do que não é.*

Os limites saudáveis não apenas ajudam a definir isso para você, como também a deixar tudo mais claro para os outros. Isso, por sua vez, incentiva as duas partes a assumir a responsabilidade por si mesmas. Embora não haja garantia de que os outros assumirão a responsabilidade por si de forma adequada, os seus próprios limites saudáveis deixam claro quando a responsabilidade é do outro (e não sua), independentemente do que possam pensar.

*Desenvolver e estabelecer seus próprios limites é fundamental para gerenciar a dinâmica do relacionamento com um narcisista.*

Limites saudáveis comunicam claramente o seu senso de dignidade, seu amor-próprio, seus valores e sua autoestima. Sem eles, você fica exposto à mágoa e ao abuso, e corre o risco de afetar negativamente os outros da mesma maneira. Um narcisista tem limites tóxicos e não se importa com os seus nem com os de qualquer outra pessoa. Na verdade, muitas pessoas com traços antissociais, transtorno da personalidade borderline ou transtorno da personalidade narcisista ficarão instintivamente obcecadas em tentar forçar e testar limites, seja de modo consciente ou não. Por isso é importantíssimo, para seus relacionamentos e sua própria sanidade, que os seus sejam claros e firmes.

Um narcisista abusivo é egoísta e manipulador, e você pode ter certeza de que ele tentará testar seus limites de todas as maneiras que puder para conseguir o que deseja. Lembre-se: eles acreditam que têm todo o direito a tudo que quiserem, sempre que quiserem. Essa manipulação pode vir na forma de falas maldosas para fazer você recuar, táticas de intimidação, mentiras, *gaslighting*, chantagem emocional, e assim por diante.

*Tracy era uma paciente que eu vinha atendendo há cerca de seis meses. Tinha um histórico familiar de limites inexistentes e frágeis, bem como experiências específicas de violação repetida dos seus limites pessoais tanto por parte da mãe quanto do pai quando era jovem. Isso acontecia porque seu espaço físico e psicológico pessoal não era validado nem respeitado. Ela cresceu em uma família na qual os limites não eram incentivados, e nenhum adulto lhe dava esse exemplo. Na verdade, a mensagem era efetivamente de que expressar qualquer sentimento de autoconfiança demonstrava que você estava sendo "egoísta" e "pretensioso". Em sua família, qualquer tentativa de apontar que algo não era aceitável era recebida com desaforos e uma resposta contundente de seus pais: "Quem você pensa que é?", "Você se acha muito melhor do que nós", e assim por diante. Compreensivelmente, Tracy logo aprendeu a abandonar qualquer tentativa de declarar ou mesmo de sentir quais eram seus limites e acabou perdendo a noção de seus próprios desejos ou necessidades. Ela se desconectou. Isso é bastante comum numa infância na qual o autocuidado e limites assertivos são recebidos com críticas e julgamentos ou na qual há uma mensagem de abnegação em ser desprendido, "altruísta" ou estar mais preocupado com as necessidades dos outros do que com o próprio autocuidado.*

*Depois de adulta, Tracy encontrou-se repetidamente em relacionamentos abusivos com parceiros narcisistas masculinos, durante os quais relatava que se sentia bem no início, antes de lenta mas seguramente perder-se a si mesma. Ela adotava os hobbies e interesses do parceiro e negligenciava seus próprios desejos e necessidades de autocuidado, muitas vezes deixando de ver os amigos. No trabalho, ela também tinha uma chefe intimidadora e se sentia incapaz de dizer "não" às exigências extras que lhe eram impostas regularmente. Sempre que tentava afirmar que as coisas não eram aceitáveis, ela sentia um bloqueio visceral na garganta, como se as palavras estivessem presas e ela tivesse perdido a voz.*

*Durante nossa terapia juntas, nós nos concentramos em desenvolver limites mais saudáveis. Isso começou com a análise e compreensão dos tipos de mensagens aprendidas com os pais e de como os limites eram vistos no sistema familiar. Já adulta, Tracy foi capaz de reconhecer a importância e a utilidade dos limites e começou a abandonar a visão antiga, imprecisa e tóxica que havia adquirido em casa. Em seguida, trabalhamos no desenvolvimento de sua noção interna e externa do que era seu "espaço". Isso geralmente anda de mãos dadas com o desenvolvimento de uma autoestima saudável e do amor-próprio. Trabalhar para identificar seus valores, gostos e aversões em diversas áreas de sua vida também foi útil. Com o tempo, Tracy conseguiu começar a encontrar a sua voz e a comunicar os seus limites pessoais, afirmando especificamente o que era aceitável para ela e o que não era, tanto no seu local de trabalho quanto nas relações pessoais. Eu a encorajei a começar aos poucos e experimentar dizer "não" ou declarar suas próprias preferências em situações do dia a dia. Dessa forma, é possível aprender dando pequenos passos. Ela já havia desenvolvido uma compreensão mais clara do que constitui uma relação saudável.*

*Em resposta às suas tentativas de esclarecer os limites em seu relacionamento amoroso, o parceiro narcisista começou a implicar com ela sobre os seus "novos limites" e reiterava o mesmo tipo de resposta que os seus pais lhe davam na juventude: "Quem você pensa que é para ditar as regras aqui!?"; "Você acha que está muito acima de todos agora, não é?" Esta era claramente a maneira de um narcisista tentar manipular e recuperar o poder e o controle no relacionamento diante de uma mudança – como tantas vezes acontece quando se aprende a estabelecer limites saudáveis para si mesmo. Foi uma tentativa particularmente cruel dele de derrubar os limites de Tracy, especialmente porque ele estava usando as mesmas falas que sabia muito bem que os pais dela usavam quando ela era mais jovem. Felizmente, a essa altura Tracy já tinha uma nova compreensão e uma autoestima forte o suficiente (e, francamente, estava farta de repetir padrões de relacionamento ruins) para enxergar a resposta dele como o que realmente era: dele. Ela se manteve firme em sua noção do que era aceitável ou não para si. Teve forças para deixá-lo pouco depois e continuou a reconstruir seu amor-próprio e sua autoestima, rompendo o padrão de relacionamentos disfuncionais e tóxicos.*

*Lembre-se: as únicas pessoas que ficarão chateadas por você estabelecer limites são aquelas que se beneficiam por você não ter nenhum.*

Os limites são comunicados por meios verbais e não verbais. Tanto podemos aprender a transmiti-los claramente através da linguagem verbal direta, articulando-os de forma assertiva aos outros, quanto de forma não verbal, por meio da linguagem corporal, da energia e dos nossos maneirismos. Se você colocar mil pessoas em uma sala, estou convencida de que um narcisista, de alguma forma, perceberá automaticamente quais desses indivíduos têm limites frágeis ou inexistentes, antes mesmo de qualquer palavra ser dita – e eles se encontrarão. Há uma atração magnética invisível nessa dinâmica. Mas a boa notícia é que basta um dos dois mudar para alterar essa relação. E essa pessoa pode ser você. Você pode melhorar seus limites pessoais – tanto internos quanto externos – e, ao fazer isso, melhorar sua autoestima e seus relacionamentos.

Quanto mais firmes forem seus limites, mais facilmente os outros perceberão e mais difícil será para eles estremecê-los, enfraquecê-los ou derrubá-los. Isso é fundamental para seu bem-estar, seu senso de responsabilidade e sua sanidade – assim como para a saúde dos seus relacionamentos.

*Você é responsável por seus limites pessoais. Você não é responsável pelos limites de mais ninguém.*

## DE ONDE VÊM OS LIMITES?

É na infância que começamos a desenvolver a noção de limites pessoais, em geral moldando-a a partir do que nos é ensinado por pais e familiares e dos exemplos que eles nos dão. Os limites vêm do que aprendemos sobre nossa mente, nosso corpo e nosso espaço pessoal. As primeiras experiências da vida, os primeiros relacionamentos, a dinâmica familiar e doméstica – tudo isso influencia a compreensão e a prática dos sistemas de limites, tanto em termos dos nossos próprios quanto da forma como respondemos ou respeitamos os das outras pessoas. Numa infância ideal, o desenvolvimento incipiente de limites pessoais firmes é encorajado e apoiado, de modo que passamos a tê-los no interior da unidade familiar e, subsequentemente, em outras relações. Aprendemos isso, via de regra, quando nosso espaço e nossos pertences, nosso corpo e nossa mente, nossos pensamentos e sentimentos são reconhecidos e respeitados – ao mesmo tempo que nos ensinam a fazer o mesmo com os outros. É assim que compreendemos a separação entre nós e os outros. Entendemos que algumas coisas são nossas e que temos a escolha de compartilhá-las ou não. Aprendemos que não há problema em dizer "não". Idealmente, aprendemos que podemos ter o nosso espaço pessoal do ponto de vista físico e psicológico, e que os outros devem respeitá-lo e o fazem. Por exemplo, temos condições de usar o banheiro sem que ninguém entre de repente e de dormir tranquilamente em nosso quarto, sabendo que é nosso espaço e que será respeitado.

Muitos dos meus pacientes que acabaram em relacionamentos narcisistas abusivos costumam se surpreender ao ver como isso pode estar relacionado a experiências aparentemente muito simples mas formativas da infância. Os pais que têm o hábito de invadir o quarto ou o espaço da criança sem bater estão demonstrando uma violação de limites. A criança, em geral, é incapaz de fazer qualquer coisa a respeito, uma vez que, por ser criança, é restringida a se conformar e obedecer ao que é dito pelos adultos a seu redor. E assim aprendemos que não há problema quando as pessoas invadem nosso espaço: "É isso que elas fazem mesmo." Outra experiência bastante comum, como vimos, é ser ridicularizado ou intimidado na infância ao tentar dizer "não" ou ao expressar preferências ou desejos. Outro problema comum na família é quando os adultos, inadequadamente, expõem ou discutem assuntos de gente grande com crianças ou adolescentes. Na minha opinião, os adultos/pais devem filtrar essas "coisas de gente grande", permitindo que os filhos desfrutem de uma infância o mais segura e despreocupada possível. Essa contenção é um limite saudável entre pais e filhos. É comum que, quando criança, tenhamos sido expostos a dificuldades adultas que eram confusas demais para entendermos. Talvez tenhamos sido obrigados a nos calar, a ser bonzinhos, a obedecer, a não resistir nem aborrecer os outros – não havia o que fazer. No entanto, agora que somos adultos, nós temos *escolhas*.

A infância raramente é perfeita. Se nossos pais e familiares não compreendiam nem aprenderam a desenvolver limites saudáveis, é altamente improvável que fossem capazes de nos ensinar a tê-los ou de nos dar o exemplo. É claro que diferentes gerações e culturas também refletem diferentes pontos de vista e ideais sobre essa questão. Embora a falta de limites possa ser normalizada em alguns sistemas familiares, ela invariavelmente cria caos e disfunção. Também impacta a saúde mental e emocional. Limites saudáveis são necessários para desfrutarmos de relacionamentos interdependentes satisfatórios. Quaisquer experiências passadas de violação – de qualquer tipo – podem criar dificuldades na manutenção de limites firmes e saudáveis hoje. É algo que muitos de nós precisam procurar ativamente aprender ou aprimorar na vida adulta.

# 15
# Pegando o jeito dos limites saudáveis

Os limites pessoais servem para conter e demarcar o nosso espaço individual, para proteger a nós mesmos e aos outros. Eles criam uma espécie de escudo invisível ao nosso redor que nos permite determinar o que é aceitável para nós. Limites nos ajudam a comunicar aos outros qual é nosso espaço pessoal, o que queremos, necessitamos ou preferimos, e servem de base para estabelecer o que é de responsabilidade de cada um numa relação. Limites pessoais podem ser físicos, psicológicos, emocionais ou sexuais.

Um narcisista tem pouca noção ou consideração pelos limites. Da mesma forma, aqueles de nós que se sentem atraídos por pessoas assim (e que são atraentes para elas) muitas vezes não têm limites tão bons quanto gostariam de crer ou quanto, na verdade, precisam. Equivocadamente, podemos nos considerar apenas "fáceis de lidar" ou "altruístas" quando não afirmamos os nossos desejos, aversões, necessidades ou preferências. Ou podemos ter dificuldade em dizer "não" diante de um narcisista volátil, ameaçador ou furioso. Podemos também permitir que o medo e a culpa interfiram em nossa capacidade de manter limites saudáveis e talvez ficar confusos por nos considerarmos capazes de manter limites bastante bons e firmes no trabalho, com filhos ou amigos, e deixarmos tudo ir por água abaixo quando o Sr. ou a Sra. Narcisista entram em cena. Muitos relatam como é exaustivo tentar manter limites firmes com um narcisista. Decerto, é essa a sensação quando ainda somos iniciantes no assunto. Mas, com o tempo, você vai descobrir que ter uma noção mais clara dos limites é de fato muito libertador. Limites saudáveis e firmes facilitam todos os aspectos dos relacionamentos e, na verdade, preservam e aumentam nossa energia, não o contrário.

*Relacionamentos saudáveis dependem de limites saudáveis.*

Então, o que realmente significa ter limites saudáveis?

Limites saudáveis refletem a noção de quem você é, do que gosta e não gosta, do que é aceitável para você ou não. Também inclui um senso de responsabilidade pessoal que ajuda você a distinguir o que é da sua responsabilidade e o que não é, reconhecendo o que está sob seu controle e o que não está. Parceiros de abusadores tendem a ter limites frágeis e precários. E essa questão precisa ser abordada como parte da recuperação.

É importante notar, porém, que limites pessoais saudáveis não tornam ninguém frio, severo e rígido de repente. É muito frequente cometer o erro de ir de um extremo ao outro. Tanto os limites ausentes (ou muito tênues, facilmente ignorados e derrubados), quanto, no outro extremo, muralhas altas e impenetráveis (atrás das quais ficamos completamente trancados) são configurações pouco saudáveis. Tal como acontece com a maioria das coisas, o ponto ideal deve se encontrar no meio-termo. Limites saudáveis são firmes mas flexíveis, porém, para encontrar esse equilíbrio, pode ser necessário ir de um extremo a outro até "pegar o jeito".

Uma questão importante relacionada aos limites – na qual muitas pessoas que sofreram abuso narcisista acabam presas – diz respeito ao direcionamento do foco e da atenção. Em razão do trauma que esse tipo de relacionamento costuma provocar, é comum, e até certo ponto bastante compreensível, que parceiros e ex-namorados fiquem preocupados ou se fixem em tudo o que o ex fez ou deixou de fazer ou em tudo o que o atual parceiro está fazendo. As coisas que disseram, que continuam a dizer ou que não disseram, o que estão fazendo agora, para onde estão indo ou com quem, quanto engordaram e emagreceram, como estão ganhando ou gastando seu dinheiro, o que estão postando nas redes sociais e por quê... E assim por diante.

*Preste atenção: o excesso de atenção e foco no narcisista, e não em si mesmo, é o problema!*

Isso deve mudar para que você consiga se recuperar, curar e seguir em frente.

## UMA PARTIDA DE TÊNIS

Para ilustrar melhor o que são limites saudáveis, eu gostaria que você imaginasse que está assistindo a uma partida de tênis. Seu assento é central, posicionado bem no meio, com uma visão perfeita de toda a quadra. Em um lado, encontra-se o narcisista pronto para sacar. No outro, está *você*. A rede no meio representa o limite.

Em relacionamentos saudáveis, o limite entre as duas pessoas em geral se localiza bem no meio, com espaço e flexibilidade para que ambas se movimentem, mudem de posição e se alternem, como acontece com jogadores numa partida de tênis. Às vezes alguém está mais próximo da rede, outras vezes mais longe. Isso geralmente ocorre de acordo e em resposta à dinâmica, ao contexto e à situação individual e do relacionamento.

Em relacionamentos saudáveis, as duas pessoas estão dispostas, na maior parte do tempo, a educadamente permanecer em seu próprio lado da quadra. Cada indivíduo assume suas próprias responsabilidades, inclusive sabendo e comunicando as próprias escolhas, os próprios desejos, necessidades, gostos e aversões, bem como respeitando os limites do outro, com o outro. Relacionamentos saudáveis têm duas pessoas mais do que inclinadas a fazer o seguinte:

**Limites** – nos quais cada um assume a responsabilidade
por suas próprias ações e necessidades.

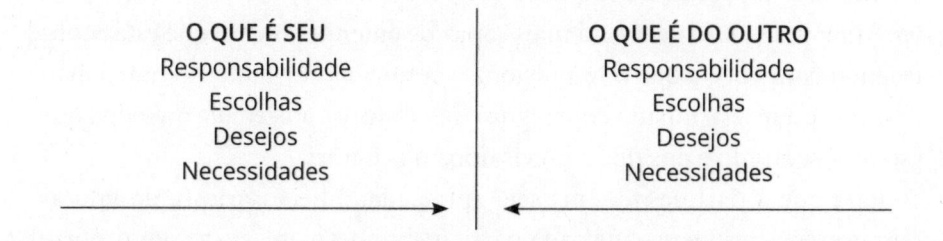

| O QUE É SEU | O QUE É DO OUTRO |
|---|---|
| Responsabilidade | Responsabilidade |
| Escolhas | Escolhas |
| Desejos | Desejos |
| Necessidades | Necessidades |

Há um encontro saudável no meio do caminho – com algum espaço para flexibilidade e negociação, dependendo do que estiver acontecendo em determinado momento. Em geral, porém, a situação é bastante igualitária e equilibrada. É importante ressaltar que permanecer do seu lado da quadra encoraja o outro a permanecer do lado dele também – embora isso não seja uma garantia. Em outras palavras, ter um nível saudável de autocuidado e responsabilidade pessoal convida o outro a desenvolver um nível mais saudável e apropriado de responsabilidade e a cuidar das próprias necessidades de autocuidado. Se atender aos seus próprios desejos, responsabilidades e necessidades, você vai permitir que o outro faça o mesmo.

Se você estiver ocupado demais fazendo as coisas pelo outro – correndo para o lado dele na quadra, assumindo responsabilidades que nem sequer são suas –, você não vai deixar espaço para que ele cumpra o seu papel. Você efetivamente impede que ele gerencie a si mesmo, suas responsabilidades, escolhas e necessidades. Na verdade, muitas vezes é isso que os narcisistas desejam – e é isso que eles nos convidam a fazer. Eles podem e tentarão levar as pessoas a essa posição. Alguns de nós estão mais do que dispostos a assumir esse papel; a resgatá-los, consertá-los ou assumir a responsabilidade por eles – em geral porque isso nos mantém distraídos dos nossos próprios problemas, ansiedades e emoções.

Temos que reconhecer o papel que desempenhamos nesse contexto. Você precisa se concentrar no que está fazendo – e o que você está fazendo do seu lado da quadra, na sua metade do relacionamento, é de sua responsabilidade. Não cabe a você ir para o outro lado e se preocupar demais com o que está acontecendo por lá. O outro lado, a outra metade do relacionamento, não está sob seu controle e não é sua responsabilidade. Se você se sente habitual ou compulsivamente atraído para o outro lado, então pode ser útil usar o processo em quatro etapas para trazer o foco de volta para você (ver p. 131). Aí você será mais capaz de entender tudo o que está acontecendo com você e que o impulsiona a se concentrar tanto no outro. Isso costuma estar relacionado com algum desconforto, ansiedade ou culpa que estamos sentindo e dos quais precisamos nos livrar.

Para que a partida de tênis seja apreciada, é necessário (e de fato as regras assim o exigem) que cada participante permaneça em seu próprio lado da quadra. Ambos os lados se envolvem igualmente no jogo. Numa relação, o lado de cada jogador é onde residem seus próprios desejos, responsabilidades, escolhas e necessidades. O jogo só funciona se cada um ficar no seu canto, respeitando o limite (a rede) no meio e se envolvendo e interagindo com outro jogador, que também se comporta de acordo com as regras e permanece em seu próprio canto, cuidando dele. Se ficarmos do lado da outra pessoa, tentando controlar, cuidando das necessidades dela, justificando suas ações, assumindo a responsabilidade por suas coisas, o jogo simplesmente não funciona. O mesmo acontece com os relacionamentos.

Para que tenha relacionamentos saudáveis e os aproveite, você precisa aprender a permanecer no seu próprio canto da quadra, a respeitar um limite, um meio-termo, saudável e a não se afastar demais da rede. Se você passar para o lado da outra pessoa, vai interferir em tudo o que é dela, e isso não é saudável. Na verdade, ao fazer isso, você pode até desempenhar um papel muito ativo para impedir que a outra pessoa aprenda (ou tenha que) assumir responsabilidades por si mesma e por suas ações. Isso é frequentemente observado em famílias de adictos ou em que há problemas de saúde mental. Em casos de vícios ou de transtornos de saúde mental – e isso também se aplica ao narcisismo –, há quase sempre um pai, uma mãe ou um parceiro que ficará feliz em assumir um papel de codependência, muitas vezes desviando-se para o outro lado da quadra para assumir responsabilidades que não são suas. Pais ou parceiros de adictos, alcoólatras ou narcisistas fazem isso inventando desculpas para o mau comportamento deles, justificando ações abusivas, apoiando-os financeiramente, mentindo em seu nome, limpando a sua barra, cuidando dos seus assuntos, e assim por diante. Isso é o que acontece sempre que você arruma desculpas, justifica ou minimiza o que o narcisista faz ou diz, sempre que você fica mais focado no que o narcisista em sua vida está fazendo, pode fazer, quer ou precisa. Pare com isso! Sua responsabilidade é atender aos seus próprios desejos e necessidades. Não é uma questão de egoísmo. É uma necessidade. Preste atenção nas escolhas que anda fazendo. Você é responsável por si mesmo.

> **PONTOS PARA REFLEXÃO**
>
> - Se tivesse que se posicionar de forma honesta e objetiva a respeito do ponto onde esteve ou está atualmente, em termos de foco, atenção, senso de controle, responsabilidade e cuidado, onde você se colocaria na quadra de tênis?
> - Você está do seu lado na quadra? Olhando para suas próprias necessidades, cuidando delas, preocupando-se com as próprias ações e com tudo que é de sua responsabilidade?
> - Ou você está em algum ponto no outro lado? Anda com excesso de preocupação ou de envolvimento com o que o outro pode querer ou necessitar ou com o que está acontecendo por lá? Ou ainda com o que um parceiro ou familiar narcisista poderia fazer ou está fazendo agora?
> - O que está acontecendo quando você se pega passando para o outro lado da quadra?
> - Qual é a sensação de estar no lado errado?
> - Como se sente ao ficar no seu lado da quadra e manter o foco em si mesmo?
> - O outro lado não está sob seu controle, não é da sua conta e certamente não é responsabilidade sua. Aprenda a priorizar, cuidar e ficar no seu canto, antes de mais nada. Deixe que o outro administre o canto dele. Afinal, é assim que se joga. E é assim que se vivem relacionamentos saudáveis e gratificantes.

## Como estabelecer um limite

Em primeiro lugar, para estabelecer limites, você precisa estar em sintonia com o eu interior. Os limites refletem nossos valores e o que é importante para nós. É preciso ouvir e tomar conhecimento de todas as mensagens que temos dentro de nós – nossos sentimentos, nossa intuição, nossa sensibilidade interior. Na maioria das vezes, nós nos desconectamos de tudo isso em algum ponto do caminho – talvez por ignorar ou negar a nossa verdade interior. Muitas pessoas substituem a intuição pelo intelecto. Sentir o que parece certo para você ajuda a conhecer seus limites. É uma sabedoria interior em que você pode confiar totalmente. Enquanto a mente diz todo tipo de bobagem, a sabedoria interior vem de um lugar mais profundo: ela não é apenas cognitiva.

Estabelecer limites também exige alguma assertividade, autoconfiança, autoestima e amor-próprio. Pode ser assustador se isso for uma novidade, mas uma das coisas maravilhosas de trabalhar no desenvolvimento de limites mais saudáveis é que, ao fazê-lo, você contribui para o desenvolvimento dessas características. Tudo está inter-relacionado. Trata-se simplesmente de começar: dê pequenos passos e vá construindo a partir daí.

É necessário ter noção dos seus próprios valores para estabelecer limites. Pode ser útil considerar as seguintes questões:

- O que é importante para mim?
- Como quero viver minha vida?
- Quais são os meus princípios?
- Que qualidades valorizo (por exemplo, confiança, honestidade, respeito)?
- Que qualidades pessoais admiro ou gostaria de ter?
- Do que eu gosto? Do que eu não gosto?
- O que me incomoda ou me irrita?
- O que quero dos outros nos relacionamentos?
- O que não é aceitável para mim nos relacionamentos?
- Quais são os comportamentos que eu absolutamente não tolerarei?
- Como gosto de tratar os outros?
- Como espero que os outros me tratem?
- Existe alguma diferença entre minhas respostas a essas duas últimas perguntas? Em caso positivo, por quê?

O primeiro passo é reconhecer dentro de si quais são seus valores. O que é aceitável para você? O que não é? Irritar-se ou zangar-se com certas coisas em geral é um bom indicador de que algo está ultrapassando seus limites. Seus sentimentos vão ajudar você a identificar suas fronteiras e estabelecer limites. Quanto mais clareza você tiver sobre seus sentimentos, seus valores e seu valor pessoal, mais fácil será ser mais claro sobre eles com outras pessoas.

## Comunicando seus limites

Estabelecer limites significa deixar claro para os outros o que é aceitável para você ou não. Isso pode ser feito da forma mais clara e direta que lhe for confortável ou conforme necessário.

1. **Comunique-se com clareza:** Um elemento essencial para comunicar limites é parar de acreditar que você ou qualquer um tem o poder da telepatia. Não espere que alguém, de alguma forma milagrosa, seja capaz de ler a sua mente ou saber o que você quer ou não quer sem que você diga. Não podemos nos comunicar dessa forma, e acreditar o contrário é perigoso e nada saudável. Este tipo de pensamento fantasioso é uma receita para o sofrimento – um sofrimento que causamos a nós mesmos. Não é responsabilidade de ninguém saber ou gastar seu tempo tentando adivinhar ou descobrir o que você está pensando, o que quer, o que não gosta ou quais são seus limites. Da mesma forma, não é responsabilidade sua fazer o mesmo por ninguém. Seja claro nas comunicações, em palavras e ações. Quando há reciprocidade, os relacionamentos são muito diretos, sinceros e saudáveis. Mantenha a simplicidade.

2. **Os limites trazem consequências:** Ter limites claros também exige que você pense nas consequências, no que pretende fazer caso essas linhas sejam ultrapassadas (e isso vai acontecer). Ao afirmar seus limites, você tem como objetivo deixar claro para o outro não apenas quais são suas preferências, mas também as consequências que advêm de qualquer desvio. Por exemplo, não adianta apenas dizer "Não quero que você me traia…" Um narcisista provavelmente trairá. Um limite claro e firme no relacionamento estabelece: "A infidelidade está absolutamente fora de questão para mim (porque valorizo a confiança e a monogamia). E se algum dia você me trair, eu vou embora."

Perceba que os limites não existem como forma de tentar controlar ou modificar o outro. Eles falam de você e do que você fará.

A comunicação dos limites e das consequências subsequentes pode ser feita de forma muito simples e firme, de um jeito que sirva para demarcar os parâmetros para todas as partes envolvidas. Afirmar limites com consequências claras é muito parecido com a forma como você se coloca diante de uma criança. (Lembre-se: um narcisista é basicamente um bebezão!) Você pode dizer: "Arrume seu quarto e depois você poderá sair para brincar com seus amigos... Se não arrumar o quarto, não vou deixar você sair para brincar." A expectativa, seus desejos e as consequências estão claras.

3. **Os limites são firmes:** Uma parte essencial da manutenção dos limites é ser capaz de permanecer fiel a eles e às consequências. De acordo com esse exemplo, isso tem que significar que se a criança *não* arrumar o quarto, ela *não* sairá, não importa quanto ela se lamente, suplique, chore, manipule, grite... Se recuar e ceder de alguma forma, você simplesmente vai mostrar que o que você diz não significa nada; que não existem regras; que você não tem limites. Da mesma forma, se o seu limite é, por exemplo, não aceitar traições, e você declarou que irá embora se houver alguma infidelidade, então deve permanecer fiel a seu limite e consequência e terminar o relacionamento. Limites firmes garantem que você não seja influenciado por tentativas de manipulação.

---

*Enxergue o narcisista como*
*o bebezão que ele é.*

---

Muitos de meus pacientes acham útil visualizar o narcisista como uma criança pequena. Em certo sentido, é isso mesmo que eles são. Todas as crianças precisam de limites. Elas os procuram e respondem a eles. Limites saudáveis e firmes devem ser estabelecidos pelo bem delas – e também pelo seu. Os pequenos podem até testá-los às vezes, mas isso é para conferir se são mantidos. Limites criam segurança e contenção – é isso que as crianças testam quando tentam forçá-los. Você pode esperar alguma resistência ou retaliação, mas ainda assim sabe que o melhor é permanecer firme e manter seus limites. Isso é tão bom para elas quanto para você, e é muito importante. Caso contrário, o que as crianças vão aprender? Vão aprender maneiras de usar a manipulação para conseguir o que desejam – assim como faz um narcisista. Da próxima vez que o narcisista ultrapassar um limite, tente enxergá-lo como uma criança pequena fazendo birra. Ele vai querer resistir, lutar, gritar, jogar seus brinquedos para longe. Mas, assim como você faria com a criança pequena, reitere os limites de maneira simples e tranquila. Não permita que ele o desvie de suas regras ou que consiga o que quer por meio de acessos de raiva.

O mais fundamental aqui é descobrir quais são seus limites, estabelecê-los e deixar claro o que você fará se forem testados. Essa é uma maneira maravilhosa de permanecer no seu lado da quadra. Não se trata de tentar controlar os outros. Se você está tentando controlar ou manipular o que os outros fazem, saiba que você foi para o lado errado da quadra. Volte para o seu e fique por lá. Concentre-se e fique no seu canto, junto com o que é realmente importante para você. Fique em contato com o que você quer e precisa e com tudo que é de sua responsabilidade. Isso não é egoísmo, mas um comportamento digno de um adulto responsável. Fazer isso dá ao outro o espaço para aprender, para assumir a responsabilidade por si mesmo e para cuidar do que é dele – se quiser. O limite desembaraça laços tóxicos, marcando a diferença entre *interdependência* (relacionamentos saudáveis, adultos, emocionalmente maduros e respeitosos) e *codependência* (relacionamentos disfuncionais e prejudiciais).

Com limites saudáveis, não há problema se o outro discordar ou se chatear com as suas escolhas ou opiniões. Não há problema quando um está bem e o outro, não – porque o limite serve para separar as diferenças entre os dois. Além disso, ele tem consequências. Descobrir quais são seus limites, como estabelecê-los e mantê-los é uma parte crucial da recuperação. Isso significa ser mais claro sobre o que importa para você, seus desejos e necessidades. É preciso estabelecer uma comunicação saudável e clara, pensar antecipadamente nas ações que você tomará se seus limites forem ultrapassados e, por fim, cumpri-las se necessário, mantendo a firmeza.

Por exemplo, no meu trabalho não tenho como controlar quando as pessoas vão querer entrar em contato comigo. Quando querem me enviar um e-mail ou me telefonar, isso é problema delas (está no canto delas na quadra). Não é responsabilidade minha nem está sob meu controle. Eu poderia ficar enlouquecida tentando controlar isso. No entanto, o que está sob meu controle e é *responsabilidade minha* é quando escolho abrir e responder às mensagens e a forma como me comunico. Isso significa estabelecer com clareza meus limites em relação à comunicação. Não vejo mensagens de trabalho à noite nem nos fins de semana. Isso porque valorizo minha família e meu tempo livre. Eles são importantes para mim. Outro ponto crucial é administrar bem as expectativas em todos os aspectos. Portanto, ao deixar meus limites claros, simplesmente faço com que as pessoas saibam que não vejo mensagens nesses momentos. Isso não impede e não impedirá que alguém me contacte durante esses períodos: esse não é o objetivo. Essa é uma escolha e responsabilidade dos outros – não se trata de tentar controlar ou mesmo pensar no que os outros estão fazendo. Seus limites saudáveis se concentram no que *você* vai fazer. A consequência, no meu caso, é que as pessoas não receberão respostas nesses períodos. Deixo claro o que devem esperar e minha responsabilidade é gerenciar meus próprios limites e ações. O que as outras pessoas fazem com isso pertence a elas. Da mesma forma, se eu declarar nos meus limites que não respondo a e-mails nos fins de semana, mas respondê-los mesmo assim, que tipo de mensagem transmitirei? Limites e consequências precisam ser claros e – o que é mais importante –, sejam quais forem, é preciso cumpri-los.

Outro exemplo bastante comum é o chefe exigente que pede ou espera que fiquemos trabalhando até tarde com muita frequência. Achamos isso irritante porque claramente preferimos ir para casa e fazer outras coisas. Isso reflete o que é importante para nós. Gostaríamos de nos dedicar a outros interesses, mesmo que seja não fazer nada! Isso também reflete nossos valores. Mas se acharmos difícil dizer "não", apesar de toda relutância, nos pegaremos ficando até tarde, talvez cada vez mais ressentidos. Quando não somos capazes de definir os nossos limites com clareza, podemos até correr o risco de preparar o cenário para expectativas novas e maiores. O chefe e os colegas poderão perceber que somos alguém que sempre aceitará fazer o que nos pedem, mesmo que esteja acima e além de expectativas realistas. Eles aprendem que somos alguém que nunca diz "não". É uma configuração perigosa, uma incapacidade de manter limites e o combustível ideal para mais ressentimentos e raiva. Você percebe como a falta de limites neste caso pode gerar muito rapidamente todos os tipos de problemas indiretos? Mais uma razão para manter a simplicidade e afirmá-los! Portanto, é importante descobrir seus limites e, especificamente, ponderar quais sentimentos nos impedem de expressá-los e de mantê-los. Em geral, é o medo ou a culpa. Se for esse o caso, isto identifica questões a serem trabalhadas e a serem superadas.

## Um modelo para a comunicação de limites

Uma base sólida para uma comunicação saudável e para o estabelecimento de limites em geral é afirmar algo na seguinte linha (respeitando, é claro, seu próprio estilo de comunicação):

*Quando você faz A [um comportamento, ação ou comentário], isso me faz sentir B [um sentimento ou emoção], e eu não gosto disso. Então, de agora em diante, se/quando você fizer A, eu farei X [ação = sair, encerrar a comunicação, etc.].*

Gostaria de salientar algo importante, especificamente em relação aos narcisistas. De modo geral, costuma ser útil e saudável dar um feedback a alguém sobre o modo como as ações dessa pessoa (A) impactam você (B). Isso acontece simplesmente porque nem todo mundo tem consciência da impressão que está passando. Por isso o feedback é importante e útil. Para a maioria, dar esse retorno já tem um impacto imediato e positivo em ajudar os outros a serem mais atenciosos e, se for o caso, a alterarem seu comportamento para não haver um impacto tão negativo ou prejudicial. Muitos apreciariam esse feedback, e existem diferentes maneiras de fazer isso. Normalmente, é melhor fazê-lo com sensibilidade e consideração, não de uma forma severa, punitiva, cheia de julgamentos ou envergonhando a outra pessoa. De qualquer forma, em algumas circunstâncias, e especialmente com narcisistas, pode ser que o comportamento não mude nem pare. Cabe a você administrar como responderá a isso. Essa é a sua responsabilidade.

Ao lidar com alguém com transtorno da personalidade narcisista (ou com um sociopata ou psicopata), incluir a parte B do modelo pode ser o mesmo que oferecer a ele, de mão beijada, um acesso a suas vulnerabilidades. Para alguns indivíduos particularmente abusivos, saber que certos comportamentos fazem com que você se sinta assustado, culpado ou chateado será uma ótima notícia. Um narcisista simplesmente fará uma anotação mental sobre o que afeta você e, em seguida, usará isso de forma abusiva para manipulações futuras. O intuito, ao apresentar esse modelo, é lhe dar uma ideia do que pode ser útil em relacionamentos *saudáveis*. Talvez você precise considerar com cuidado se vai compartilhar ou não seus sentimentos com o narcisista em sua vida. Eles geralmente não se importam muito com o que você sente ou, pior ainda, usam isso para manipular e obter vantagens.

Aqui estão alguns outros exemplos deste protocolo de comunicação:

*Quando você ergue a voz para mim, eu me sinto muito desconfortável e ansioso. Não gosto disso. Então, de agora em diante, se você elevar a voz para mim novamente, vou sair, me afastar da situação e só voltarei a falar quando você conseguir conversar de maneira calma e respeitosa.*

Ou de um modo mais direto:

*Não é aceitável falar comigo nesse tom. Se fizer isso, não falarei com você novamente até que consiga conversar sobre as coisas de uma forma mais apropriada e calma.*

Ou simplesmente:

*Não fale assim comigo. Isso não é aceitável.*

Talvez você possa ver, em cada um dos três exemplos, um aumento na confiança, na assertividade e na objetividade no estabelecimento de limites. Simultaneamente, há também menos medo ou culpa. Repare também que a consequência reflete algo que você fará ou não. Às vezes, um simples e claro "Não, isso não é aceitável" é mais do que suficiente – não há necessidade de explicação nem consequência. Adote o que lhe parecer melhor. Lembre-se, porém, de que uma das coisas mais importantes ao estabelecer limites é cumpri-los.

### Mantenha o foco

Limites saudáveis são estabelecidos de maneira calma, assertiva, gentil, porém firme e justa. Não se trata de um cabo de guerra. Com o tempo, à medida que for experimentando e desenvolvendo sua noção de limite, você pode ir tomando consciência de sentimentos que interferem em sua capacidade de estabelecer ou manter esses limites com firmeza. Há quem tema uma resposta agressiva, o abandono ou a rejeição. Há quem se sinta culpado, como se fosse responsável pelo outro. Talvez você esteja ciente da existência desses medos ou dessa culpa e se sinta bem assim. A consciência pode ser suficiente para a mudança. Pode ser que esses sentimentos continuem a existir, que você os reconheça e ainda seja capaz de comunicar limites e mantê-los. Mesmo assim, tente se livrar do medo ou da culpa.

Se você descobrir, no entanto, que o medo ou a culpa chegam a interferir significativamente na sua capacidade de estabelecer e manter limites saudáveis, então eu o encorajaria a encontrar um psicoterapeuta ou psicólogo compreensivo para trabalhar esses pontos de maneira mais específica. Talvez você tenha passado por experiências ou traumas no passado em que lidar com os limites tenha se tornado difícil ou opressivo demais. Com o tipo adequado de apoio, é possível superar esses bloqueios. A terapia vai ajudar você a se livrar do medo e da culpa – ou de qualquer outra coisa que interfira em sua capacidade de manter limites saudáveis. Tudo que o impede de manter limites saudáveis vai atrapalhar na hora de construir relacionamentos saudáveis. Procure apoio profissional para lidar com essas questões. Isso pode ser extremamente positivo e algo muito gentil e amoroso a fazer por si mesmo. A terapia é uma dádiva maravilhosa e um investimento que vale a pena. E você merece.

Resumindo, aqui estão alguns pontos fundamentais:

- Você tem direito a ter limites. Todo mundo tem.
- Limites estão ligados ao autoconhecimento. É preciso saber o que você valoriza e o que considera importante.
- Relacionamentos saudáveis precisam de limites saudáveis.
- Limites saudáveis são uma parte fundamental do autocuidado.
- Somos todos responsáveis por definir e declarar nossos próprios limites.
- Não somos responsáveis pelos limites dos outros.
- Limites claros têm consequências claras.
- Devemos respeitar os limites dos outros.
- Os outros devem respeitar os nossos.
- Você tem todo o direito de expressar seus desejos e necessidades de forma adequada.
- É responsabilidade sua atender aos seus próprios desejos e necessidades e cuidar deles.
- Você tem o direito de ter seus sentimentos. Todos eles.
- É possível se livrar de qualquer ideia antiga, equivocada ou inútil sobre limites e autocuidado.
- Limites e autoestima andam de mãos dadas.
- O desenvolvimento de limites vem junto com o desenvolvimento da autoconfiança, da autoestima e do amor-próprio.
- Seus limites dizem respeito ao que você considera aceitável ou não, aos seus valores, aos seus desejos. Seus limites são sobre você. Mantenha o foco em você.

### UM PASSO A PASSO PARA ESTABELECER UM LIMITE

1. Reconheça em si mesmo quais são seus limites. Quais são seus valores? O que é aceitável ou não para você? Esclareça esses pontos para si mesmo em primeiro lugar.
2. Comunique essas informações de forma clara e direta para os outros.

3. Saiba quais serão as consequências caso esse limite seja ultrapassado e declare isso com clareza.
4. Fique firme e mantenha seus limites, cumprindo as consequências que declarou.

---

**PONTOS PARA REFLEXÃO**

Em termos práticos, pode ser uma boa ideia começar definindo limites pequenos e administráveis para perceber como isso funciona e o que isso provoca em você.

- Quais são as suas preocupações em relação a isso, se houver?
- Qual é a sensação de estabelecer um limite?
- Qual era a mensagem da sua família sobre limites e autocuidado?
- Que limites você acha que poderia estabelecer agora?

# 16
# A comunicação com um narcisista

Comunicar-se com um narcisista sem dispor das ferramentas necessárias pode ser algo enlouquecedor. Na melhor das hipóteses, você talvez sinta que seu interlocutor está falando um idioma completamente diferente. Os narcisistas têm necessidade de assumir o controle da comunicação e vão tentar fazer exatamente isso. É provável que só queiram conversar quando lhes for conveniente e, mesmo assim, sejam específicos e controladores sobre o que será discutido.

Como tudo gira em torno deles, eles tendem a tagarelar incessantemente sobre si mesmos. Se forem do tipo grandioso, talvez falem sobre como são maravilhosos; se forem do tipo encoberto, pode ser que falem sobre os últimos problemas, desentendimentos ou dramas pelos quais estão passando. Os narcisistas geralmente têm muito a dizer sobre suas últimas realizações, os tratamentos especiais que receberam, como são incríveis, todos os problemas que enfrentam, como foram bem tratados ou maltratados pelos outros recentemente. Narcisistas procuram ativamente o contato com quem os escute com paciência e empatia, que se admire com eles, se envolva ou se interesse por tudo o que têm a dizer sobre si próprios. Esse ouvinte ideal normalmente é do tipo ecoísta silencioso e sem voz, que se sente mais confortável ouvindo os outros do que se manifestando. Os narcisistas raramente perguntam como você está, nem tem interesse em ouvir. Se o fizerem, será por alto e de forma insincera, apenas para servir às suas próprias necessidades egoístas. Não é incomum que eles falem sem parar por períodos surpreendentemente longos, fazendo com que o interlocutor se pergunte, ao fim de um desses encontros, se da próxima vez terá alguma chance de falar!

Os narcisistas exigem ter e controlar o espaço nos relacionamentos e podem ser muito dominantes em seu estilo de comunicação, com frequência parecendo bastante agressivos, ameaçadores ou intimidadores. Uma forma particularmente dura de controlar a comunicação é simplesmente interrompê-la por completo, nos termos deles, pelo tempo que quiserem, quando lhes for conveniente. Esse distanciamento, conhecido como tratamento de silêncio, comunica uma mensagem sobre quem eles acreditam que detém o poder. Esse tipo de comunicação, por si só, já é uma forma de abuso emocional. O corte na comunicação pode muitas vezes causar extrema ansiedade e angústia para os alvos e é utilizado intencionalmente para esse fim. É apenas mais uma maneira de tentar manter o poder e o controle sobre alguém.

As formas comuns pelas quais os narcisistas se comunicam incluem:

- Tratamento de silêncio. Cortar o contato de repente. Bloqueio do contato e/ou da rede social. Com frequência, eles também reaparecem quando têm vontade e esperam que os outros estejam prontos e dispostos a se comunicar com eles novamente, em geral como se nada tivesse acontecido e esperando o perdão completo e que a situação anterior seja esquecida.
- Agressão verbal direta e flagrante e intimidação, xingamentos, gritos, berros, acessos de raiva, acusação, constrangimento e ameaças.
- Retenção de informações. O narcisista mantém uma sensação de poder e controle, retendo informações de propósito.
- Intriga. Semelhante à retenção de informações, mas em vez disso fazendo provocações com fragmentos de informações ou com comentários projetados para despertar curiosidade ou interesse.
- Projeção. Acusar você ou outros de tudo o que eles próprios são. Exemplos clássicos são: "Veja como você está irritado", "Você não é confiável", "Você é um narcisista!"
- Mentiras.
- Excesso de críticas e julgamentos.
- Os narcisistas costumam ser fofoqueiros terríveis e vão espalhar calúnias e mentiras.
- Costumam querer provar que são melhores que você. Por exemplo, se você ganhar uma certa quantia, eles ganham mais. Se você acabou de começar a correr, eles já completaram seis maratonas.

- "Distribuição de migalhas". Isto ocorre quando informações são transmitidas parcialmente, de forma intencional e provocativa – com o objetivo de criar uma reação, principalmente de curiosidade e ansiedade.
- "Dividir e conquistar". Acontece quando um narcisista isola pessoas dentro de um grupo. Significa intervir propositalmente como "intermediário", mediador e comunicador. Isso separa as pessoas, impedindo-as de manter qualquer comunicação clara ou direta com os outros indivíduos, algo que o narcisista pode considerar ameaçador e sente necessidade de controlar. Essa é mais uma forma de controlar e manipular relacionamentos. Cria a oportunidade perfeita para um narcisista provocar conflitos e questões envolvendo os outros. (Ver Capítulo 4, "O triângulo do drama".)
- Inconsistências. Os narcisistas são *consistentemente inconsistentes* no que dizem e fazem.
- Acusações. Em vez de assumirem a responsabilidade ou de oferecerem clareza sobre seus atos, eles simplesmente apontam o dedo para você ou para qualquer um com acusações sobre o que você faz ou deixa de fazer. O objetivo é colocar as pessoas em uma posição defensiva e desviar de si qualquer atenção negativa ou crítica potencial. Acusar também sustenta a ideia de que eles são as vítimas.
- Bombardeio de informações, "jogar na cara". Normalmente, para evitar qualquer atenção negativa ou ter que assumir qualquer responsabilidade por seus atos, os narcisistas "jogam na cara" informações e questões totalmente irrelevantes para a conversa, com o intuito de distrair e desviar a atenção do assunto atual.

Outro comportamento de comunicação específico utilizado pelos narcisistas é algo que chamo de "armadilha emocional". Acho útil e por isso tento encorajar os pacientes com quem trabalho a imaginar o narcisista como um pescador. Na verdade, gosto de visualizá-los como um daqueles pequenos gnomos de jardim de aparência engraçada sentados em um cogumelo venenoso com um chapéu pontudo e uma vara de pescar. O gnomo narcisista lançará sua vara de pescar em sua direção e experimentará todos os tipos de iscas diferentes para fisgá-lo. Eles serão hábeis em reconhecer o tipo de isca mais provável para atraí-lo.

Aumentar a conscientização sobre o que acontece pode ser a chave para interromper o ciclo e parar de cair automaticamente na armadilha, na isca lançada pelo narcisista. Em passos práticos, isso significa:

1. **Munir-se de informações:** Aprenda e se informe sobre as típicas técnicas de comunicação narcisista – tanto em geral, quanto mais especificamente com a pessoa ou as pessoas em sua vida.
2. **Identificar:** Treine-se para identificar o tipo de isca usada para fisgá-lo ou afetá-lo de alguma forma.
3. **Nomear a isca:** Rotule-a você mesmo (por exemplo, "chantagem emocional", "incentivo financeiro", "crítica", "intriga"). Rotular a isca pode ajudar a esvaziá-la de seu poder e a deixar mais claro o que está acontecendo.
4. **Reconhecer o que a isca desperta em você:** Ela faz com que você se sinta ansioso, em pânico, culpado ou responsável?
5. **Reconhecer suas vulnerabilidades à isca:** Reconheça qual tipo de "isca" é um gatilho – como ela costuma afetar e tentar você, empurrá-lo de volta para o narcisista, forçar ou destruir seus limites. Conheça suas vulnerabilidades nesse tipo de dinâmica de comunicação.
6. **Preparar-se:** Munido dessas informações, você será capaz de se preparar melhor. Talvez seja possível prever a armadilha que o narcisista tentará colocar em seu caminho. Ser capaz de prever a isca retira totalmente seu poder. É menos provável que sejamos apanhados desprevenidos também. À medida que você se torna cada vez mais consciente, essa perspectiva mais ampla, por si só, já vai ajudá-lo a manter distância e a não ser atraído ou afetado negativamente. Tente manter o foco naquilo que as palavras ou comentários provocam em você e apenas observe. Quais são os sentimentos? Respire. Desacelere. Leve o tempo necessário.
7. **Trazer o foco de volta para você:** Não se apresse. Dê a si mesmo algum espaço. Traga o foco de volta para você. Atenda às suas próprias necessidades em resposta ao que já foi dito. Em vez de reagir ou dar ao narcisista o que ele quer, fique fiel ao que você precisa naquele momento.

O que os narcisistas mais querem é arrancar reações emocionais de outras pessoas, e por isso tentam provocá-las de todas as maneiras possíveis. Outras técnicas, ou "armadilhas", utilizadas, além das anteriores, incluem:

- **Intriga:** A técnica narcisista clássica para tentar fisgar e atrair o interesse de seu alvo. Isso envolve oferecer alguma pequena informação, comentário vago ou intrigante, na esperança de que isso o leve a fazer mais perguntas por curiosidade e/ou ansiedade.
- **Falsas acusações:** Um narcisista procura despertar alguma reação simplesmente para que você ou outra pessoa se envolva numa relação de qualquer tipo com ele. Acusações falsas são uma maneira fácil de tentar fazer isso, pois a reação imediata e natural das pessoas é querer se defender. Ninguém gosta de ser culpado injustamente. No entanto, procure apenas encarar o artifício pelo que ele é: uma armadilha. A força está em conseguir identificar a isca e resistir ao impulso de morder ou de ser puxado para uma posição defensiva. Liberte-se de sua necessidade de se explicar ou justificar. De qualquer forma, o narcisista só acreditará no que quiser. Deixe isso pra lá.
- **Chantagem emocional:** Sentimentos de culpa podem ser ativados para provocar um colapso dos seus limites pessoais. Deixe a culpa de lado. Um narcisista é uma pessoa responsável. Não morda a isca.
- **Fazer o papel de vítima:** Para suscitar compaixão, empatia e compreensão, um narcisista às vezes faz o papel de vítima para que os outros simpatizem com ele. O objetivo dele é levar os outros a cumprir o papel de cuidador ou de reparador.
- **Paralisia da análise:** Narcisistas vão querer (e até exigir) "falar" sobre o relacionamento, discutir a relação. Essa é mais uma concessão usada como isca para atrair alguém para uma discussão ou briga. Observação: as pessoas em relacionamentos saudáveis raramente passam muito tempo fazendo "DR" – estão ocupadas demais simplesmente aproveitando o tempo que passam juntas. A análise excessiva do "relacionamento" já é um sinal de que ele não é saudável.
- **Ser argumentativo ou provocativo:** Tentar deliberadamente iniciar uma briga. Não morda a isca!

- **Apelar ao coração:** Isto é semelhante à chantagem emocional, mas procura suscitar empatia e solidariedade.
- **Cuidado e preocupação excessiva com você ou com os outros:** Invadir os seus limites pessoais com palavras ou comportamentos que denotam preocupação ou responsabilidade excessiva ou que não respeitem os seus desejos de espaço ou silêncio. Isto é controlador e geralmente um ponto de partida para mudar a conversa e voltar o foco novamente para eles e/ou provocar uma discussão.
- **Xingamentos ou agressão verbal:** Fazer provocações com a intenção de fazer você "perder a cabeça" e causar uma reação.
- **Abuso recorrendo a terceiros:** Ao fazer isso, o narcisista menciona pontos de vista ou opiniões de outras pessoas (verdadeiras ou não) para provocar você. Isso geralmente vem misturado à intriga, em falas como: "Eles estavam certos sobre você... eu sabia que deveria ter ouvido..." Em outras palavras, trata-se de um comportamento abusivo e cruel, especificamente concebido para criar ansiedade e perturbação.
- **Manipulação:** Normalmente inclui uma mistura confusa e conflitante de elogios, presentes e abusos.
- **Ameaças diretas:** Podem ser tão frequentes quanto seu extremo oposto, o "bombardeio de amor".
- **Bombardeio de amor**: Declarações e demonstrações de "amor".
- **Falsa esperança:** Essa é a cenoura pendurada em uma corda, especificamente ligada ao que o narcisista sabe que você quer na vida, como ter um filho, resolver uma questão financeira ou mudar de estilo de vida. A fantasia e a esperança de que eles forneçam o que você quer ou o ajudem a consegui-lo são usadas como iscas.

Reconheça essas táticas simplesmente pelo que são e não caia na armadilha. Você pode aprender a parar de morder a isca, concentrando-se mais em reconhecer e atender às suas próprias necessidades. Em outras palavras: não leve para o lado pessoal tudo o que o narcisista faz ou diz – apenas deixe-o falando sozinho. Certa vez, trabalhei com um colega narcisista que costumava fazer comentários intrigantes e vagos sobre o que outros colegas supostamente diziam a meu respeito: "Bem, fulano tem uma opinião sobre você", ou "Eles me *avisaram* sobre você". Isso me despertava alguma ansiedade no início. Afinal, ninguém gosta de pensar que as pessoas estão dizendo coisas desagradáveis sobre si. Ele então se recusava a elaborar ou a dar maiores explicações – mas seus comentários aleatórios eram implacáveis. Foi o suficiente para me deixar paranoica e desconfiada.

Descobri, porém, que ele fazia o mesmo com outras pessoas. Isso realmente causava desarmonia e desconfiança no grupo, mas pude perceber que era a forma dele de exercer o controle. Assim que entendi isso, vi a isca e parei de mordê-la. Sempre que ele fazia comentários destinados a suscitar intriga ou ansiedade, eu simplesmente não dava corda – porque eu enxergava que aquilo não passava de uma armadilha. Por isso eu respondia apenas: "Ah, tudo bem, eles podem pensar o que quiserem." "Tudo bem, é um problema deles." "Tudo bem, obrigada." Eu não acredito realmente que alguém dissesse alguma coisa, mas essa não era a questão. Parei de oferecer a ele uma reação. Na verdade, parei de *ter* reações – porque conseguia perceber que eram apenas tentativas de me desestabilizar! Não sei dizer ao certo se ele parou de fazer aquilo com os outros, mas, no meu caso, a tática dele deixou de fazer efeito. É uma das razões pelas quais não sei ao certo se ele parou, porque simplesmente parei de reparar ou de me importar! Não tinha mais a mínima importância. Eu o deixei falando sozinho.

Qualquer tipo de reação emocional provocada nos outros faz com que o narcisista, de uma forma distorcida, se sinta melhor. Enquanto você ou qualquer outra pessoa continuar reagindo, ele vai reforçando para si mesmo a mensagem de que detém poder e controle. Mas você pode recuperar esse controle e modificar a dinâmica do relacionamento aprendendo a gerenciar suas próprias reações e respostas emocionais quando estiver perto dele. Isso não quer dizer que você deixará de ter reações, mas você não precisa demonstrá-las nem compartilhá-las com ele. Enquanto um narcisista souber que é capaz de afetá-lo de uma forma ou de outra, ele continuará a fazê-lo. As provocações continuarão. Ao conseguir tirar isso dele de forma consistente, você altera a dinâmica de poder e recupera o controle.

## Cortar o contato

Muitos perguntam se devem cortar o contato completamente. Meu conselho simples é:

*Se houver alguma possibilidade de cortar completamente o contato com um narcisista, faça isso.*

Relacionamentos com narcisistas raramente vão ter um efeito benéfico sobre sua saúde mental. Então, se houver alguma chance de você se afastar, faça isso. Pode haver algum efeito colateral ou "ressaca" ao romper o contato, e talvez até mesmo um processo de luto, mas você pode usar as sugestões descritas ao longo deste livro para trazer o foco de volta para o seu próprio autocuidado e para tudo que você precisa para se recuperar e superar essa situação. Concentre-se em desenvolver amizades e relacionamentos mais saudáveis e em aproveitar seus próprios interesses e atividades. Com o tempo fica mais fácil e, em última análise, é o melhor que você pode fazer por si.

É importante notar que se você decidir interromper o contato, ao fazê-lo, haverá um período em que a dinâmica do relacionamento mudará. Quando faz esse corte, você recupera o controle. Um narcisista raramente aprecia isso. Nessa situação, você poderá observar que ele vai tentar de todas as maneiras possíveis provocar alguma reação ou entrar em contato com você. Já vi muita gente que voltou a manter contato e retomou um relacionamento tóxico por conta disso. Trata-se de uma situação que pode acontecer repetidamente com um narcisista, e o relacionamento continua desse jeito durante anos. Preste atenção: não caia na armadilha da fantasia. Para ele, essa fase é simplesmente um jogo de poder, uma batalha de inteligência. Até certo ponto, não importa a sua reação ou o tipo de contato de sua parte – basta que existam.

Se você decidir pelo afastamento total, não tenha nenhum contato com ele. De nenhuma forma. É preciso ser consistente. Da mesma forma, a reação do narcisista muitas vezes será excluir você e insistir, espalhar e acreditar que esta foi uma escolha e decisão dele. Se for esse o caso, deixe-o fazer isso. O que ele quer dizer e as coisas em que quer acreditar ficam no lado dele da quadra: é problema dele, responsabilidade dele e escolha dele. O que você quer dizer e as coisas em que quer acreditar cabem a você decidir. Deixe o narcisista ter sua própria versão da realidade. Tentar mudar isso está fora do seu controle e provavelmente só lhe trará angústia e sofrimento. Concentre-se em si mesmo e siga em frente.

Lembre-se de que os narcisistas são essencialmente como os viciados em apostas. De muitas maneiras, assim como um apostador, eles estão constantemente depositando suas fichas em quem puder trazer o melhor suprimento narcisista para eles em determinado momento. Além disso, serão fisgados por prêmios ocasionais. Um jogador viciado fica sentado na máquina caça-níqueis colocando moedas o dia todo sem uma única vitória, gastando uma pequena fortuna, sem verdadeiramente registrar suas perdas. Basta ganhar uma vez, porém, por mais trivial que seja, para que passe a se sentir um vencedor. Qualquer pequena vitória os mantém fisgados. Quando se trata de um narcisista, é mais provável que você seja o perdedor – em termos do estresse emocional e do trauma que esse tipo de relacionamento abusivo contínuo pode causar. Ele tentará todas as táticas de manipulação e todas as iscas que puder conceber para provocar uma reação sua ou para abalar seu desejo de cortar o contato. Pode tentar táticas abusivas, bombardeios de amor, prometer o mundo, ser agressivo, ofensivo, manipulador, lisonjeiro, fingir doença, fazer chantagem emocional, e assim por diante – a lista é interminável. Se você conhece esse narcisista há algum tempo, é provável que ele saiba exatamente o que fazer. Para manter a firmeza e continuar sem contato, é importante, em primeiro lugar, simplesmente estar atento e consciente disso. Esperamos que isso tenha resultado da leitura e do estudo de muito do que foi escrito neste livro até aqui, bem como da prática de técnicas como atenção plena e autorreflexão. Com o tempo, será cada vez mais fácil não apenas reconhecer e ver as coisas como elas são, mas também não se sentir inclinado a responder ou reagir. É possível se libertar. O tempo e o espaço oferecem a perspectiva necessária para que você se afaste e, em última análise, se mantenha longe de relacionamentos tóxicos.

Se a interrupção do contato não for uma opção, o ideal é tentar *limitar o contato o máximo possível*. Repito: um narcisista vai querer envolvê-lo em qualquer tipo de diálogo. Não permita. Essa escolha é sua. Ele pode acertar uma bola de tênis no seu lado da quadra, mas cabe a você decidir se deseja devolvê-la e começar o jogo.

Se você reconhecer um narcisista tentando fisgá-lo, experimente observar objetivamente o que acontece. Observe e nomeie todas as técnicas que ele tentar utilizar. Por exemplo: depreciar, envergonhar, tentar amolecer o coração, apontar o dedo, fazer chantagem emocional, chorar, gritar, ser agressivo, tentar provocar ansiedade, e assim por diante.

- **Observe quais técnicas eles tentam usar e nomeie-as mentalmente.**
- **Observe em seguida sua reação interna.** Como você se sente por dentro? Qual a sensação? Que pensamentos ou sentimentos percebe? Apenas repare. Observe. Nomeie.
- **Do que eu preciso?** Depois de fazer a si mesmo essa pergunta, reconheça como está se sentindo e considere do que você precisa naquele momento. Atenda às suas próprias necessidades de autocuidado. Concentre-se no que é melhor para você – para o seu próprio bem-estar e recuperação. Reflita se alguma escolha sua é potencialmente prejudicial ou curativa para você.
- **Lembre-se dos seus limites.** Concentre-se em si mesmo – e deixe o narcisista pra lá.

O momento em que nos tornamos conscientes do que está acontecendo – de forma atenta, objetiva e sem julgamento – é aquele em que criamos algum espaço. Com espaço, podemos então abrandar e considerar a resposta que desejamos dar, em vez de apenas reagir.

Se você tiver uma situação em que haja algum tipo de batalha judicial com um narcisista (por exemplo, divórcio ou litígio comercial), se possível, deixe o contato nas mãos de profissionais. Comunique-se com sua equipe jurídica e deixe-os lidar com tudo.

## LIMITANDO A COMUNICAÇÃO AO MÍNIMO NECESSÁRIO

Um narcisista vai tentar arrastar você para uma discussão ou debate a fim de atender às suas próprias necessidades e, em última instância, retomar o poder. Não permita. Seja muito objetivo e direto na comunicação. Limite-se a um simples "sim", "não", "não sei" ou "voltarei a falar com você sobre isso". Procure resistir a qualquer tentação de explicar ou elaborar. Por exemplo, quando se trata de tomar providências em relação ao cuidado das crianças, seja direto e claro: "Vou buscá-los na sexta-feira às 16h." Ponto-final.

Um narcisista estará determinado a tentar desvirtuar qualquer tipo de comunicação direta e saudável. As tentativas de envolvê-lo, mudar de assunto e desviá-lo do caminho podem incluir:

- Ser diretamente agressivo, ofensivo ou argumentativo.
- Recusar-se a falar: o tratamento de silêncio.
- Tentar inverter as coisas para culpá-lo (por exemplo: "Bom, se você não fizesse X, então eu não teria que fazer Y").
- Fazer sugestões que possam desencadear sentimentos de culpa, medo ou paranoia em você.
- *Gaslighting.*
- Apontar o dedo (acusar você ou outras pessoas).
- Tentar desviar a atenção para você: "Veja como você está agindo agora, ouça como está falando", "Você está sendo agressivo", etc.
- Tentativas de mudar completamente de assunto. Ele pode tentar lançar os comentários mais irrelevantes e disparatados no intuito de controlar e interromper o foco da conversa.

### *Fique atento e observe suas tentativas*

Isso ajuda você a criar um distanciamento. Sente-se e assista ao "Show do Narcisista". Às vezes, os comportamentos dele parecem extremamente ridículos. Apenas observe. Tente se manter desprendido. Atenha-se a sua própria comunicação e continue a falar de uma forma bem direta, conforme já vimos. Não há necessidade de elaboração, discussão ou briga. Isso é o que ele quer. Não o deixe tirar você do sério. Com o tempo, você pode até achar cômico observar e identificar essa série de estratégias. Ao enxergar essas coisas como elas são – tentativas de controle – elas já perdem o poder.

Mais uma vez, tente **imaginá-lo como a criança que ele realmente é**. Em essência, os narcisistas ficam de alguma forma emocionalmente atrofiados em tenra idade. Se você já viu um narcisista furioso, pode reconhecer nele o comportamento de uma criança ao fazer birra. Ela grita, se esgoela, joga objetos, faz qualquer coisa para conseguir o que quer. Ao ver isso em ação, simplesmente imagine-o como uma criança pequena e reaja de acordo. Ao se deparar com uma criança gritando descontrolada, você provavelmente não deixaria que isso o aborrecesse. Provavelmente não se deixaria afetar por nada do que ela dissesse ou fizesse. Não levamos para o lado pessoal e vemos as coisas pelo que realmente são: o humor da criança naquele momento. É algo de que não precisamos que nos contagie – e, na verdade, não deveríamos mesmo. Em vez disso, podemos permanecer calmos, serenos, desprendidos e simplesmente repetir tudo o que queremos comunicar. Simplesmente reafirmamos nossos limites.

### *Seja claro em sua intenção de comunicação e não se desvie*

Pode ser útil considerar, antes de qualquer contato com um narcisista, o que você pretende obter especificamente com aquela comunicação. Qualquer tipo de comunicação tem um propósito. Que informações você gostaria de obter desse contato específico? Por exemplo: Ele ou ela vai à reunião? A que horas vai buscar as crianças? Quanto estou devendo?

Deve haver uma pergunta clara e direta que permita uma resposta clara e direta.

Com objetivos esclarecidos para informações específicas, é bem mais fácil permanecer no caminho correto. Tenha em mente o que você gostaria de obter com a comunicação e não permita desvios, saídas pela tangente ou qualquer outro tipo de discussão, reflexão ou debate. Quando o narcisista tenta fazer isso – o que com certeza vai acontecer –, simplesmente ignore. Repita e reitere sua pergunta direta. Mantenha o foco. Isso permite que você o obrigue a dar uma resposta simples e direta. Se, por algum motivo, ele se recusar ou não conseguir lhe dar essa resposta, simplesmente declare o que está acontecendo de forma objetiva: "Certo, eu gostaria de saber a que horas você vai deixar as crianças em casa, mas você se recusa a responder. Estou lhe fazendo uma pergunta e você se recusa a me dar uma resposta clara." Tente não fazer isso de forma acusatória; em vez disso, mantenha um tom simples e objetivo. Não torne isso pessoal ou provocativo. É uma observação objetiva. É importante, porém, que isso o ajude a demarcar um limite claro sobre comunicação e responsabilidade. Ao ser capaz de afirmar as coisas dessa maneira, você comunica claramente o que deseja, além de declarar o que o outro está dizendo ou fazendo, ou *não* dizendo e *não* fazendo. Isso destaca para os dois quem é responsável por cada parte dessa comunicação: são os limites em ação.

## *Dê a si mesmo tempo para responder*

Outra ferramenta importante é ficar consciente do tempo necessário para responder. Uma das técnicas que um narcisista usará é pressioná-lo a tomar uma decisão precipitada. Talvez você não esteja pronto para fazer isso. Você pode precisar de tempo para pensar e considerar suas opções. Portanto, é essencial afirmar isso com clareza. Algo como simplesmente "gostaria de pensar no assunto" ou "darei um retorno". É provável que isso enfureça um narcisista, que tentará fazer chantagem emocional, *gaslighting* ou provocar ansiedade e medo em você a fim de forçá-lo a tomar a decisão que ele quer, na hora que ele quiser. Não permita. Você tem todo o direito de ter um tempo para refletir. É muito raro, em qualquer situação envolvendo um narcisista, que você precise tomar uma decisão de qualquer tipo com absoluta urgência. Leve o tempo que for necessário. Essa também pode ser uma ferramenta útil se você se sentir confuso ao conversar com um narcisista. Afirmar que você quer um tempo para pensar é uma ótima maneira de dar a si mesmo esse espaço e encerrar o assunto. É também uma forma de retomar o controle do seu lado da comunicação.

## *Limites, limites, limites*

O outro componente vital na comunicação saudável, como já abordamos nos capítulos anteriores, são os limites. Estabeleça claramente seus limites, assim como quaisquer consequências caso eles sejam desrespeitados, e depois cumpra o que estabeleceu. Os narcisistas têm problemas com limites saudáveis. É provável que queiram desafiar os seus, não importa quais sejam. Eles tentarão usar toda uma gama de táticas de manipulação para conseguir o que querem. Isso pode incluir qualquer coisa, desde ser mordaz e abusivo até ser excessivamente doce, generoso e aparentemente "prestativo". Por exemplo, eles podem fingir que estão lhe fazendo um favor para desafiar e mudar os limites estabelecidos. Fique atento e não permita. Se você der a mão, vão querer o braço, pois, para eles, isso é um jogo. Só querem ver que têm o poder de conseguir o que querem, de fazer as coisas do jeito deles, de ter a sensação de poder e controle, de que venceram. Não deixe. Ser completamente consistente com os limites é a maneira mais rápida de fazer com que abandonem as esperanças de continuar a abusar e manipular você, que o deixem em paz e sigam em frente.

Claro, é útil encontrar maneiras de permanecer ancorado e centrado em si mesmo durante esse tipo de conversa desafiadora com um narcisista. Praticar maneiras de não perder o foco em si mesmo ajuda você a permanecer no assunto em questão e não ser puxado ou desviado para outra coisa. Isso pode ajudá-lo a manter um estilo de comunicação mais saudável e direto. Reforça também seus limites.

### DICAS DE COMUNICAÇÃO

- Se puder, corte totalmente o contato.
- Restrinja a comunicação ao mínimo possível.
- Mantenha a simplicidade e a clareza.
- Enxergue o narcisista como a criança que ele é.
- Enxergue-o como o gnomo de jardim pescador, jogando a isca.
- Pratique a consciência atenta – observe as tentativas de desviar o tema da conversa e trazer à tona algo totalmente diferente e aleatório, ou lançar algum outro assunto ou mesmo um insulto no ar.
- Seja claro sobre o que deseja discutir e sobre o que não vai falar.
- Mantenha o foco.
- Dê tempo a si mesmo. Esteja disposto a encerrar qualquer discussão e ir embora.
- Lembre-se de manter limites firmes – e de cumprir as consequências que estabeleceu, caso esses limites sejam desrespeitados.
- Você é responsável pelo que comunica. Você não é responsável pelo que o outro ouve, interpreta ou diz.

- Volte e concentre-se novamente em você. Como está se sentindo? O que você quer? Do que precisa?

---

### PONTOS PARA REFLEXÃO

- Como era o padrão de comunicação no passado? O que você reconhece?
- Como é possível melhorar ou alterar a forma como você se comunica com um narcisista, de modo a ser mais útil agora e no futuro?
- Quais são algumas das iscas que você reconhece?
- Como é isso para você? O que você percebe? Como seus sentimentos ficam?
- Como costuma reagir?
- Como o foco e o poder geralmente voltam para o narcisista?
- Como você pode retomar o controle?
- Quais são algumas das coisas, se houver, que você teme que possam atrapalhar na hora de retomar o controle?
- O que você pode fazer para tornar isso mais fácil para você? O que ajudaria a estabelecer uma comunicação melhor com um narcisista?
- Pense e prepare algumas coisas que você poderia dizer se houver necessidade de encerrar qualquer comunicação.

# 17
# Suavizando nosso diálogo interno

Quero agora salientar alguns pontos sobre a importância da compaixão – especificamente, da compaixão em relação a si mesmo. Ela é fundamental para a recuperação do abuso e do trauma narcisista. Muitos pacientes que atendo que se relacionaram com narcisistas ou tiveram pais ou parentes narcisistas tendem a ter um alarmante nível de tolerância ao estresse e ao abuso. Demonstram também uma vasta capacidade de bondade, compaixão e perdão quando se trata do parceiro abusivo, dos familiares, dos colegas ou de qualquer outra pessoa, mas, em contrapartida, são duríssimos consigo mesmos. Negligenciam os próprios desejos e necessidades e têm uma "conversa interna" altamente punitiva.

Essa conversa é o diálogo interno que temos na nossa mente. É o nosso pensamento automático e mais arraigado – e tende a se desenvolver a partir de coisas que vivenciamos, ouvimos e que nos disseram durante nossos primeiros anos de vida. Desenvolvemos esse diálogo durante a infância, com base em nossas experiências diretas e no que captamos, na maneira como nossos pais, professores, amigos e familiares falam sobre si mesmos, uns com os outros e conosco. Como uma esponja, tendemos a absorver as vozes dos nossos pais, familiares e outros responsáveis – que podem ser positivas, solidárias e úteis, ou negativas, egoístas e inúteis.

Esse diálogo interno é extremamente poderoso, podendo tanto ser útil quanto tóxico. As palavras que usamos, incluindo a linguagem e o tom, são a base da forma como nos relacionamos com nós mesmos, como interagimos, como pensamos e sentimos, e como podemos crescer e mudar. Embora se origine de uma tenra idade e esteja arraigado desde cedo, certamente esse diálogo mental pode ser alterado. Na recuperação do abuso narcisista, uma voz interior gentil e compassiva é essencial para a sua própria cura e seu crescimento. Aprimorá-la, para que seja positiva e solidária, amorosa, paciente e gentil, é vital para o autocuidado e para o desenvolvimento de um relacionamento saudável consigo mesmo.

A princípio, reconhecer seu diálogo interno pode ser complicado. É algo tão automático e habitual que raramente o percebemos, pois não temos o hábito de pensar sobre o que pensamos. No entanto, ele nos afeta todos os dias da vida. E ninguém aprende na escola ou no trabalho a reconhecê-lo. Por isso, no início vai ser preciso um pouco de esforço e de prática. Você pode começar a notar qual é o teor de sua conversa interna habitual entrando em sintonia com seus pensamentos e confabulações interiores. Praticar a "atenção plena aos pensamentos" também ajuda (ver p. 155). É aqui que você apenas percebe e observa os pensamentos como se fossem nuvens passando no céu. A essa altura, é possível que você já tenha alguma prática em prestar atenção na respiração de uma forma objetiva, sem juízos, mantendo-se no momento presente. A atenção plena aos pensamentos recorre a essa prática para ajudar você a perceber, em tempo real, tudo que está passando pela sua cabeça. É um exercício muito proveitoso e útil para reconhecer e adaptar seu diálogo interno.

É comum que pessoas que passaram por algum abuso ou trauma narcisista tenham um diálogo interno duro e punitivo. As pessoas muitas vezes relutam em reconhecer como estão sendo duras consigo mesmas, porque essa é a maneira de ser com a qual estão acostumadas, especialmente quando sua voz interior dura e crítica é uma continuação do que diziam os pais, familiares ou outras pessoas enquanto crescíamos – tudo se torna bastante normalizado. Não percebemos que isso não nos ajuda. Ela nos diz que não somos bons o bastante ou que nada do que fazemos é suficiente. Diz que deveríamos produzir mais, ganhar mais, trabalhar mais, comer menos, beber menos, ser mais magros, mais bonitos, mais fortes, que deveríamos ser capazes de fazer isso, fazer aquilo, de já ter superado tal situação, que não deveríamos ser afetados, que não deveríamos sentir o que sentimos. É a primeira a dizer que metemos os pés pelas mãos, que não fizemos certo, que a culpa é nossa, e assim por diante. Esse tipo de diálogo interno pode nos levar a avançar, a insistir, a nos superar e a fazer melhor. No entanto, em desequilíbrio, pode ser um enorme fator na manifestação do perfeccionismo, da baixa autoestima, do pouco amor-próprio, da depressão, da ansiedade, do pânico, de comportamentos obsessivos-compulsivos, vícios, transtornos alimentares, estresse e esgotamento. É fundamental saber que esse modo de ser é atraente para o narcisista, além de ser uma dificuldade a mais para a recuperação do abuso.

Um diálogo interno duro e punitivo é, na verdade, algo que muitas vezes faz parte da mentalidade dos "melhores da turma" e daqueles que são muito motivados, ambiciosos ou focados em objetivos. A atitude cheia de determinação de aceitar "nada além do que o melhor" muitas vezes alimenta o sucesso e realizações. Esse modo de ser traz muitos ganhos materiais, financeiros e de status. No entanto, ele pode alimentar inseguranças e problemas de autoestima. Quando esse modo de ser se torna rígido e não dá trégua, é possível que seja exatamente o que alimenta o comportamento compulsivo e o pensamento do "inalcançável": "Quando eu conseguir X, ficarei feliz ou poderei desacelerar" é a essência do raciocínio fantasioso dos adictos e dá origem a muita decepção, frustração e descontentamento. Frequentemente, quando passamos tempo demais nessa conduta febril, orientada por realizações, fazemos isso em detrimento do desenvolvimento de um diálogo interno gentil, delicado e compassivo. O mesmo pode ser dito quando estamos em um relacionamento abusivo. As palavras e ações de um parceiro ou pai narcisista podem se infiltrar na conversa interna punitiva e cruel. Ela nos diz que "o problema sou eu", que "é minha culpa", e instila a crença de que "sou eu quem tem questões para resolver; e se ao menos eu puder fazer as coisas de forma diferente, fazer melhor, ser melhor, fazer mais, ser mais... então tudo ficará bem". Essa voz interior crítica ou punitiva precisa ser substituída por outra, mais gentil, compassiva e delicada. Isso é fundamental para a recuperação de abusos e traumas narcisistas.

Normalmente, quando somos tão motivados assim, é porque nos falta esse tom gentil, solidário e compassivo em nosso diálogo interno. Algumas pessoas com quem trabalho chegam a temer que, se começarem a desenvolver uma voz mental mais delicada, toda energia e ambição vão desaparecer de imediato e elas vão se tornar completamente preguiçosas, engordando 90 quilos da noite para o dia, pela simples falta de ânimo ou de atividade! Posso garantir que isso é altamente improvável. O que é útil e importante, porém, é alterar esse desequilíbrio entre determinação e autocuidado e chegar a um meio-termo. Isso não significa necessariamente que sua ética de trabalho desaparecerá de repente, mas o ideal é que isso o ajude a abordar metas e conquistas com um equilíbrio e uma perspectiva muito mais saudáveis. Você ainda vai ter condições de realizar tudo o que quiser, mas se tornando mais capaz de cuidar das próprias necessidades, em vez de negligenciá-las. É importante ressaltar que desenvolver um diálogo interno mais gentil, mais complacente, solidário e compassivo nos ajuda a tomar decisões melhores com base no que é melhor para nós, a fazer mais do que consideramos amoroso e bom para a gente. Acabamos fazendo escolhas mais saudáveis quando esse princípio é respeitado. Ele também serve de apoio para nossa recuperação, pois somos capazes de responder à nossa experiência, às nossas necessidades e a nós mesmos de uma forma mais compreensiva e compassiva. Se você sofreu abuso narcisista de qualquer tipo, é provável que já tenha passado por poucas e boas. Portanto, não continue colocando lenha na fogueira, se culpando ou sendo duro consigo mesmo. A recuperação e a cura a longo prazo vêm quando você aprende a amar a si mesmo verdadeiramente, e isso se reflete no teor da sua conversa interna.

Na recuperação, procuramos diminuir o volume do crítico severo e dar mais ouvidos ao "melhor amigo", mais delicado e solidário.

---

### PONTOS PARA REFLEXÃO

Usando práticas de atenção plena, tente observar seu diálogo interno automático ao longo do dia.

Quais pensamentos automáticos passam pela sua mente quando você comete um erro, se atrasa ou deixa alguma coisa cair? Que pensamentos você tem sobre si mesmo em relação ao ponto em que se encontra na vida neste momento? Quais pensamentos você tem quando se sente ansioso ou estressado? Qual é o tom deles? É gentil, solidário e tranquilizador? Ou duro e crítico? Observe quão automáticos esses pensamentos são. Lembre-se: pensamentos não são fatos.

Ao identificar seu diálogo interno duro e severo, pergunte-se: eu falaria assim com um amigo próximo? É isso que eu diria a alguém por quem tenho verdadeira consideração? Se não for, pergunte-se por que você falaria consigo mesmo dessa maneira. Por que você seria mais gentil e amigável com outra pessoa do que com você mesmo? O próximo passo, e talvez o mais importante, é começar a falar consigo de uma forma carinhosa, solidária, gentil, compassiva, compreensiva e tranquilizadora.

É bem provável que você saiba ser gentil e atencioso. A maioria das pessoas que sofrem abuso narcisista sabe. Você provavelmente é muito bom em perdoar, compreender e apoiar os outros. Está na hora de aprimorar essas habilidades e aplicá-las a si mesmo. Seja compassivo. Aprenda a ser seu melhor amigo.

## AUTOCOMPAIXÃO NA PRÁTICA

Para recapitular: geralmente desenvolvemos nosso diálogo interno durante a infância e a adolescência. Tendemos a herdá-lo de nossos pais, cuidadores ou familiares. Podemos também herdar os valores e as crenças da nossa família e absorver as diversas mensagens que, durante os anos de formação, recebemos sobre nós, os outros, o mundo em que vivemos, motivação, ética de trabalho, autocuidado, responsabilidade, culpa e vergonha. Alguns de nós acabam sendo muito determinados, numa tentativa de escapar do histórico familiar e de lutar por algo diferente, algo melhor. Mesmo que um histórico familiar seja apenas ligeiramente negligente ou negativo, isso já basta para colocar alguém completamente no modo "sobreviver e avançar". Não há nada de errado nisso: em muitos aspectos, pode ser bem útil ser muito motivado e agir a partir de uma perspectiva racional e lógica, um recurso capaz de apoiar mudanças positivas na vida.

Um foco maior em realizações, em obter boas notas, em conseguir o "emprego certo", em ganhar dinheiro, em subir na carreira e em conquistar status nos ajuda a realizar as coisas. Nós progredimos. Ser altamente motivado, hiperfocado, um tanto desapegado, racional ou "cerebral", nos mantém longe dos nossos sentimentos. Quando agimos com lógica e racionalidade, raramente entramos em contato com nossa parte emocional. E quando essas partes emocionais, em algum momento, foram avassaladoras, excessivas, assustadoras ou desagradáveis demais, usar a cabeça e desenvolver uma maneira de ser que dizia "Vá, vá, vá!" ou "Faça, faça!", com intermináveis listas de tarefas e coisas do gênero, serviu a uma variedade de funções muito apreciadas naquele momento. No entanto, o que eu realmente quero enfatizar é que a desvantagem desse impulso é que ele nos faz perder o contato com a sensibilidade emocional, a intuição e nossa autocompaixão – e isso *nos deixa vulneráveis aos narcisistas*. Esta é uma das razões pelas quais é imperativo trabalhar para equilibrar a determinação externa e a compaixão interior. Talvez tenhamos herdado ideias que dizem que é preciso colocar os outros em primeiro lugar – ou talvez tenhamos aprendido isso pelo caminho. Desenvolvemos habilidades avançadas para cuidar de terceiros e atender a seus desejos e necessidades, ao mesmo tempo que negamos e negligenciamos nossos próprios sentimentos e necessidades. Isso não é saudável. É preciso haver um equilíbrio.

Então, o que realmente significa ter autocompaixão? É um reflexo de ter um diálogo interno saudável. Ele molda nosso pensamento e representa o relacionamento que temos com nós mesmos. Essa voz interior geralmente se desenvolveu durante a infância, tendo absorvido o tipo de coisas que ouvíamos os outros nos dizerem, ou então que ouvíamos nossos pais, cuidadores principais, irmãos, familiares, professores, amigos dizerem uns aos outros ou sobre os outros.

---

### PONTOS PARA REFLEXÃO

- Que tipo de conversa, mensagens e crenças você absorveu nos seus primeiros anos? Era uma voz dura e crítica ou um tom gentil e solidário?
- Sua voz interna lembra alguém? Parece alguém que você conhece?
- Como você idealmente deseja conversar e se relacionar consigo mesmo?

---

Muitos de nós insistem automaticamente que têm amor-próprio e boa autoestima, garantindo que sabem cuidar de si mesmos e que praticam o autocuidado. Mas convido você a fazer uma investigação mais aprofundada. Talvez se surpreenda. Acredito que quase sempre há espaço para melhorias. Na minha opinião, promover um relacionamento interior e uma conversa interna mais gentis é absolutamente fundamental para a recuperação e a proteção futura contra o abuso narcisista. Mas isso nem sempre é tão fácil, e exige trabalho e tempo.

Uma maneira reveladora de perceber seu diálogo interior é tentar captar o que passa automaticamente pela sua mente quando você dá uma topada, deixa o telefone cair ou derrama alguma coisa. É alguma crítica mordaz, do tipo "Nossa, como sou desajeitado, que idiota que eu sou, sempre faço isso, deveria ter mais cuidado"? Ou é uma voz mais gentil, compassiva e paciente que nos lembra com delicadeza que acidentes acontecem e que não há necessidade de se preocupar, que tudo ficará bem? Qual seria a conversa interna se você perdesse o emprego? Ou se seu parceiro terminasse o relacionamento hoje? Você é rápido em se repreender, diz a si mesmo coisas como: "A culpa é minha"? O que seu diálogo interno diz sobre os problemas recentes em seu relacionamento?

A conversa interna negativa e destrutiva nos diz coisas como:

- "Eu deveria…"
- "Não posso…"
- "Preciso…"
- "Eu nunca serei capaz de…"
- "Eu não mereço…"
- "Sou idiota/feio…"
- "Isso nunca vai mudar…"
- "Eu nunca vou mudar…"
- "Há algo errado comigo…"
- "Eu estou condenado…"
- "É culpa minha…"
- "Eu não fiz o suficiente…"
- "Eu não sou bom o suficiente…"
- "As coisas nunca vão melhorar…"
- "É tarde demais…"
- "Se alguém soubesse disso, pensaria que eu sou louco/maldoso/idiota…"

A conversa interna negativa pode ser mais explícita, mas também pode ser incrivelmente sutil. Ela quase sempre inclui alguma variação do verbo "dever", que é um termo muito pesado e carregado, que traz em si um sentido de obrigação, e não desejo ou escolha gentil. "Dever" também está fortemente relacionado a sentimentos de vergonha, culpa e acusação. Preste atenção na presença dessa palavra em seu diálogo interno negativo, pois ela raramente é útil.

Para combater o diálogo interno negativo e inútil, em primeiro lugar, precisamos reconhecê-lo. À medida que vamos reconhecendo esse pensamento duro, destrutivo e restritivo, temos condições de começar a substituí-lo por uma voz interior mais gentil, amigável e solidária.

Uma conversa interna mais gentil e compassiva é mais ou menos assim:

- "Vou tentar..."
- "Estou fazendo o meu melhor..."
- "Vou ver como é..."
- "Eu posso tentar e ver..."
- "Eu *posso*..."
- "Gostaria..."
- "Tudo bem descansar..."
- "Eu *preciso* de..."
- "Seria bom..."
- "Eu me dou tempo para relaxar ou aproveitar o que eu quero..."
- "Estou bem do jeito que sou..."
- "Tenho permissão de sentir o que sinto..."
- "Eu me dou permissão para..."
- "É assim que me sinto agora... mas não vai durar..."
- "Eu *mereço*..."
- "Não há problema em dizer 'não' para..."
- "Está tudo bem", "Vai ficar tudo bem", "Estou bem..."

## PONTOS PARA REFLEXÃO

- Como seus familiares conversavam com você e entre si na sua infância? Você os ouvia julgar os outros? Eles eram muito críticos? Repreendiam a si mesmos ou você quando alguém cometia um erro? Eram gentis e solidários em suas palavras? Eram pacientes e bondosos? Como eles falavam um do outro, dos vizinhos, de terceiros? Era com bondade e compaixão? Ou eles eram amargos, ressentidos ou críticos? Compassivos ou implacáveis? Pacientes? Tolerantes? Compreensivos?
- Como você fala consigo mesmo? Especificamente, observe seu diálogo interno ao cometer um erro ou quando as coisas ficam difíceis. É gentil e amoroso? Solidário? Compassivo? Ou é duro, crítico e punitivo?
- Desenvolva sua atenção para perceber sua conversa interna, assim como o tom dessa voz interior.
- Observe como você reage de modo automático às coisas diariamente e se pergunte com delicadeza até que ponto é gentil e útil falar assim. Não se culpe! Trata-se de reconhecer, ampliar a consciência de si e criar algum espaço para facilitar mudanças suaves, mais compassivas, solidárias e úteis.
- Pode ser útil considerar como você responderia ou falaria com um amigo querido ou ente querido que enfrentasse a mesma situação. Pense em alguém com quem você realmente se importa e que estivesse passando pela mesma situação ou sentindo o mesmo. E se essa pessoa tivesse um diálogo interior idêntico ao seu? Como você responderia? O que você diria se fosse seu melhor amigo ou um ente querido? Como você os apoiaria, confortaria ou tranquilizaria? Como diria isso? Existe uma diferença entre a forma como você falaria com um ente querido e como falaria consigo mesmo? Em caso positivo, por que isso acontece?

## 18
# O processo de luto

É comum que haja um processo de luto diante de alguma mudança ou do fim de um relacionamento significativo. Isso também vale para o abuso narcisista. Embora a psiquiatra Elisabeth Kübler-Ross tenha apresentado sua teoria dos cinco estágios do luto pela primeira vez em seu livro *Sobre a morte e o morrer*, que aborda o enfrentamento de doenças terminais, ela passou a ser amplamente utilizada para tratar do luto em geral, incluindo o processo de perda e de adaptação à mudança quando um relacionamento se encerra (Kübler-Ross, 2009).

Se você terminou um relacionamento com um narcisista, provavelmente sentirá uma dor real, mesmo que tenha sofrido abusos e que o rompimento tenha sido a melhor coisa a fazer. O processo de luto costuma incluir algumas das seguintes características ou todas elas:

- **Negação:** A negação é o primeiro estágio do luto e da perda. O choque das ações abusivas às vezes pode ser tão intenso que não conseguimos calcular o que aconteceu. A nossa realidade ou nossa perspectiva pode se transformar com tanta rapidez que simplesmente não conseguimos acreditar na mudança nem aceitá-la. Então negamos o que aconteceu ou o que está acontecendo. A negação é uma etapa da elaboração. Porém, no caso do abuso narcisista, é perigoso continuar a negar a extensão do problema. Por isso vimos neste livro como podemos nos conectar à realidade da situação e lidar com raciocínios fantasiosos. Caso contrário, a negação amortecerá o impacto do choque no momento em que começamos a processar nossa perda e dor.
- **Raiva:** A raiva é um sentimento perfeitamente compreensível e legítimo. À medida que elabora a sua experiência, você pode se deparar

ocasionalmente com mágoa, dor e raiva avassaladoras. São sentimentos apropriados e eu encorajo você a permitir que eles venham à tona. A raiva reprimida se volta para dentro e é destrutiva. Aprender maneiras de expressá-la pode ajudar você a superá-la com muito mais rapidez. Pode ser útil escrever uma carta com todas as coisas que gostaria de dizer ou desabafar. Não é preciso enviá-la. Você pode querer dar um soco no travesseiro ou gritar. Identifique a razão e o objeto de sua raiva, que pode ir além do narcisista. Deixe sua raiva sair e liberte-se dela.

- **Barganha:** É quando tentamos fazer uma barganha com nossa experiência na tentativa de aliviar nosso sofrimento. Este é o estágio em que imaginamos o que poderia acontecer se as coisas fossem diferentes, se o outro mudasse, etc. Como no estágio inicial de negação, a barganha serve para amortecer sentimentos difíceis enquanto, com o tempo, você elabora a experiência e todas as emoções que a acompanham.

- **Depressão:** Em alguns momentos do processo de luto e perda, você se sentirá muito triste e deprimido. Isso não é necessariamente um problema de saúde mental. A tristeza é um sentimento apropriado diante de mudanças difíceis, perdas e dores. Durante esta fase você pode chorar, ter dificuldade para dormir ou querer dormir mais do que o normal, sentir alterações no apetite ou perder a esperança e a motivação. É importante buscar apoio e praticar o autocuidado durante esse período difícil.

- **Aceitação:** Alcançar a aceitação quando se trata de abuso narcisista é um marco fundamental na recuperação. É quando você sente que pode aceitar o que aconteceu sem qualquer necessidade de controle ou mudança. Não significa que você esteja bem com o que aconteceu ou em paz com o abuso. É mais uma questão de aceitar o que é e o que foi de uma forma que o torne capaz de superar e seguir em frente.

O processo de luto nem sempre acontece dentro de uma ordem clara e organizada. Pode parecer um pouco "um passo para a frente e dois passos para trás". Haverá dias difíceis e dias melhores, e isso é o esperado. O principal é continuar a aprender e desenvolver uma resposta mais gentil, mais complacente e compassiva para si mesmo e para a sua experiência. Tente manter algum foco em seus sentimentos e necessidades de autocuidado. O luto é um processo. Com o tempo, ele vai terminar.

19

# Trauma e abuso narcisista

Estar em um relacionamento com um narcisista costuma ser traumatizante. O abuso, as mentiras, a negação, o *gaslighting*, a confusão, as dúvidas, as descobertas, as constatações, a crueldade, as traições, os roubos... A experiência do trauma, por si só, pode tornar difícil obter ou manter uma perspectiva mais saudável, e é um fator que explica por que as pessoas têm dificuldade em abandonar uma relação abusiva, como podemos ver nos casos de "vínculo traumático". Neste capítulo quero explicar um pouco o que é o trauma, suas causas e como reconhecê-lo, e oferecer algumas ferramentas práticas para administrar momentos em que você se depara com alguma espécie de gatilho.

## O QUE É O TRAUMA?

Em sua essência, o trauma descreve uma resposta psicológica ou emocional a qualquer tipo de evento vivenciado como significativamente angustiante ou perturbador. De modo geral, o trauma psicológico ou emocional pode surgir de qualquer experiência que ameace nosso senso de segurança ou nossa segurança pessoal, desde estar envolvido num acidente de trânsito (ou testemunhá-lo), sofrer um ataque pessoal, agressão sexual, violência ou talvez ser vítima de uma doença súbita, luto, perda ou lesão. Em casos mais extremos, inclui o envolvimento em conflitos, guerra ou tortura.

Quando se trata de um relacionamento com um narcisista, o trauma pode se originar em qualquer momento em que nos sentimos inseguros ou sofremos um choque no sistema. Normalmente, isso pode incluir momentos de "mudança" repentina de humor ou comportamento do narcisista, uma explosão de raiva ou agressividade ou o choque de descobrir que o outro mentiu, roubou ou nos traiu. Também pode surgir da complicada confusão do abuso emocional. O termo *trauma complexo* descreve a exposição repetida ou de longo prazo a esses tipos de experiências, abuso ou negligência. Costuma ser acompanhado pela falta de apoio ou de conexão em tempos difíceis. O trauma muitas vezes faz com que nos sintamos muito isolados e sozinhos.

## *O trauma explicado*

Nosso cérebro processa informações o tempo todo. Não percebemos necessariamente, mas os acontecimentos e experiências diárias da nossa vida são processados de forma automática durante todo o dia e arquivados, se for preciso, em nossa memória. No entanto, quando experimentamos um trauma, um choque ou uma sobrecarga de qualquer tipo, esse processo normal de processamento de informações é interrompido. Isso acontece porque, quando experimentamos um choque ou trauma, nosso instinto primitivo toma o controle automaticamente e dá prioridade à sobrevivência. Um trauma ativará uma série de respostas fisiológicas intensas projetadas para nos manter seguros e nos ajudar a permanecer vivos. As glândulas adrenais inundam o sistema com adrenalina e cortisol, criando uma forte onda de energia. A resposta de luta ou fuga é ativada: somos impelidos pelo instinto a ficar e lutar ou a fugir e escapar da ameaça. (Existem outras reações de sobrevivência, que explicarei mais à frente.)

Diante de uma ameaça percebida ou real, nosso corpo passa a se preocupar apenas com a sobrevivência naquele momento. A onda de neurotransmissores e hormônios inundando o sistema anula e desliga o córtex pré-frontal, o hipocampo e as partes superiores do cérebro, concentrando-se nas respostas de sobrevivência do corpo. A resposta instintiva básica diz: "Não há tempo para pensar ou refletir agora, está na hora de cuidar apenas da sobrevivência – é lutar ou fugir!" Como no momento de pânico ou trauma o instinto primário é de sobrevivência, nosso cérebro simplesmente fica incapaz de processar a experiência da maneira habitual, como costuma acontecer em situações cotidianas e não ameaçadoras. As informações não têm condições de ser arquivadas adequadamente em nossa memória. Em vez disso, fragmentos da experiência estressante ou traumática ficam sem processamento, afetando nosso sistema neural e nervoso.

A amígdala, especificamente, é uma parte do sistema límbico do cérebro que atua como um alarme. Ela tem uma função vital, pois nos ajuda a perceber o perigo e se mantém alerta para qualquer tipo de ameaça. Ao ser ativada, ela envia sinais imediatos e poderosos para o cérebro e o corpo, que acionam nossos principais instintos de sobrevivência – lutar, fugir ou congelar. Essa reação suplanta qualquer parte cognitiva ou lógica do nosso cérebro porque, diante de uma ameaça imediata, apenas a sobrevivência importa. E é isso que acontece. Não há tempo para reflexão nem análise quando somos confrontados com perigos significativos, como num acidente de trânsito, uma agressão sexual ou física. No entanto, quando passamos por um trauma ou pelo transtorno de estresse pós-traumático (TEPT), a amígdala tende a permanecer em alerta máximo. Ela fica muito sensível, pronta a detectar qualquer sinal de perigo. Porém, assim como um alarme de fumaça, ela é incapaz de determinar se a fumaça é um incêndio monumental ou apenas um pedacinho de torrada que queimou – e a resposta de luta, fuga ou congelamento é ativada. O hipocampo em geral funciona para arquivar memórias no cérebro. Em momentos de grande estresse ou perigo, ele deixa de cumprir essa função e passa a bombear cortisol para o nosso sistema a fim de apoiar essa resposta de luta ou fuga. Assim, como o cérebro é incapaz de processar a experiência e transformá-la em memória, o evento permanece sem processamento e isso nos deixa vulneráveis ao acionamento de qualquer fragmento dessa memória e deflagra a resposta da amígdala.

Quando a experiência não é arquivada em nossa memória como de costume, ela nos deixa com um sistema nervoso desregulado. Fragmentos da memória ou do trauma original permanecem sem processamento e ficam no circuito neural. Quando experimentamos qualquer tipo de lembrete da memória não processada, isso pode servir como gatilho para o circuito neural e nos levar a sentir como se estivéssemos revivendo o trauma original. Em termos reais, isso significa que ficamos com a sensação de que estamos reagindo ou tendo uma resposta exagerada a determinados gatilhos. É angustiante e perturbador; sentimo-nos extremamente ameaçados, hipervigilantes ou sozinhos. Podemos descobrir que estamos muito instáveis e chorosos. Não é preciso muito para nos deixar sobressaltados, ansiosos, deprimidos, entorpecidos, tensos, irritáveis ou distantes.

Como não foi capaz de processar a experiência traumática original, nosso cérebro é incapaz de processar e arquivar a experiência na memória. Com experiências não processadas, ficamos vulneráveis a ter partes dessa memória acionadas a qualquer momento em que somos lembrados de qualquer coisa. Pode ser um cheiro, um som, uma visão, uma sensação física, até mesmo um pensamento. Qualquer coisa pode servir de gatilho para uma antiga memória traumática e trazer de volta todos os sentimentos avassaladores que vivemos naquele momento, como se tudo estivesse acontecendo de novo, no presente. Essa é a essência do estresse pós-traumático. O trauma não tem noção do tempo. Isso por si só pode ser muito angustiante e confuso. Partes do nosso cérebro sabem que não estamos diante de uma ameaça iminente, mas ao mesmo tempo o nosso sistema fisiológico fica sobrecarregado. Isso inunda o sistema com um alerta de pânico. Podemos notar que estamos reagindo fortemente à situação atual e ficar confusos sobre o porquê. Se você achar que suas reações ao que acontece no agora parecem muito mais carregadas do que seria esperado, isso pode ser um indicador de que talvez estejam relacionadas de alguma forma a um trauma.

O trauma pode ser definido como qualquer coisa que nosso cérebro não consegue processar no momento por ser chocante ou repentina demais, fora de nosso controle ou opressiva demais. O trauma não processado não só nos deixa com sintomas de TEPT, como flashbacks e pesadelos, como também pode nos deixar com comportamentos, estratégias de enfrentamento e pensamentos mal-adaptativos, inúteis ou destrutivos. Às vezes, pessoas com traumas não resolvidos acabam recorrendo a drogas ou ao álcool, ou se envolvendo em comportamentos sexuais de risco. Esse quadro também está relacionado a transtornos obsessivo-compulsivos, transtornos de ansiedade, ataques de pânico, transtornos alimentares e depressão.

Às vezes, o trauma cria grandes dificuldades para o rompimento de relacionamentos destrutivos. Em relação especificamente ao abuso narcisista, os parceiros costumam desenvolver alta tolerância ao estresse e ao abuso. E como o abuso é, em geral, progressivo, pode ser mais difícil ainda identificá-lo à medida que você se acostuma cada vez mais e se torna cada vez mais tolerante. Sentir-se, de alguma forma, imune ao abuso geralmente se deve a uma certa adaptação ao trauma e a viver efetivamente em modo de "sobrevivência". Você apenas sobrevive ao dia a dia, às vezes até sem saber como conseguirá. Muitas pessoas que convivem com o abuso narcisista vivem em modo de "sobrevivência"; mas isso, em si, já é um sinal de trauma. A vida se torna um tanto irreal, entorpecida, como se você estivesse desconectado ou dissociado.

O abuso narcisista é um trauma relacional muito nocivo. Se você suspeita que sofreu ou está vivenciando traumas ou sintomas de TEPT, será importante procurar o tipo certo de ajuda especializada. Será especialmente crucial se o seu trauma, incluindo os sentimentos de medo, culpa ou vergonha, estiver interferindo em sua capacidade de partir, de terminar o relacionamento ou de estabelecer limites saudáveis.

Os sintomas típicos de TEPT e trauma incluem:

- Estados de hipervigilância
- Choque e descrença
- Negação
- Confusão
- Raiva, irritabilidade, alterações de humor
- Choro frequente
- Ansiedade e pânico
- Sentimentos de culpa ou vergonha
- Depressão
- Ter um senso de urgência
- Desesperança
- Ideações suicidas
- Isolamento ou evitação
- Sentir-se entorpecido, distanciado ou desconectado
- Dificuldade para dormir
- Acordar durante a noite ou de manhã cedo com ansiedade, pânico, flashbacks ou pesadelos
- Pensamentos ou imagens intrusivas
- Comportamento obsessivo ou obsessões
- Sensação constante de nervosismo ou sobressaltos
- Dificuldades com limites ou em dizer "não"
- Dificuldade em sair ou terminar um relacionamento abusivo e tóxico
- Sentir-se "estagnado"

- Sensações físicas (por exemplo, náuseas, enjoos, palpitações, tonturas, tremores).

## REAÇÕES AO ESTRESSE OU TRAUMA

Todos nós temos respostas instintivas, inatas e automáticas ao estresse ou ao trauma. As de luta ou fuga são as mais conhecidas e compreendidas. No entanto, existem outras que podem ser experimentadas em resposta aos vários aspectos do abuso narcisista.

**Luta:** A luta captura nosso instinto inato de revidar, atacar, ficar e nos proteger. Isso pode incluir ficar muito zangado, agressivo e defender-se com a força física. A raiva exteriorizada reflete um modo de ser muito desafiador, provocador, intrusivo e ameaçador para os outros. Aqueles que tendem a reagir numa resposta de luta podem ser desconfiados ou paranoicos. Também podem rejeitar o apoio, acreditando que devem seguir por conta própria, sem confiar nem contar com mais ninguém. Há pouca tolerância emocional. A raiva interior e internalizada pode se tornar perigosa e estar relacionada a atos violentos contra si mesmo, como automutilação ou ideações suicidas.

**Fuga:** A fuga descreve o desejo instintivo de correr e de tentar escapar da situação. É um forte instinto primitivo de sobrevivência que inunda o sistema com hormônios para ajudá-lo a se mobilizar, correr e escapar. Por meio desse tipo de ansiedade, a pessoa pode tentar evitar ou se distanciar de situações ou relacionamentos externos que funcionam como gatilhos. Pode haver uma tentativa de evitar qualquer conflito interno ou experiência emocional; por exemplo, usando bebidas, drogas ou alimentos para transformar os sentimentos difíceis ou escapar deles.

**Paralisia ou congelamento:** Outro instinto primitivo de sobrevivência faz você se sentir imobilizado. Neste tipo de resposta, você se sente com medo e muito ansioso, a ponto de se tornar incapaz de agir. Tem a sensação de não conseguir se mover nem falar e um desejo de se esconder ou desaparecer. Você também pode ter pesadelos, flashbacks e pensamentos ou imagens intrusivas.

**Derrota:** Uma resposta comum para a relação ao abuso narcisista é a de submissão. Na resposta de derrota, sentimos como se tivéssemos desistido. Nós nos fechamos e mal reagimos, numa tentativa instintiva de sobreviver, talvez acompanhada de uma sensação de entorpecimento. Você pode se sentir cansado, desmotivado, fatigado e talvez até apresentar sintomas psicossomáticos. Com essa reação ficamos submissos e não queremos incomodar; tememos perturbar ou desagradar os outros. Dizemos "tanto faz" e desistimos de lutar. Também podemos sentir culpa e vergonha.

**(Tornar-se) Amigo:** Essa reação é complicada em casos de abuso. Nela, o instinto de sobrevivência se manifesta pela vontade de permanecer perto de um "cuidador". Em momentos de estresse ou trauma, nos tornamos altamente dependentes de outras pessoas para nos fornecerem apoio e conforto. Procuramos algum vínculo. Essa carência e esse desespero também criam uma visão distorcida. A pessoa pode acreditar que está completamente indefesa e que precisa do outro para apoiá-la, resgatá-la e salvá-la. Ela se apega e pode até recorrer à manipulação para satisfazer suas necessidades, parecendo doces, infantis e indefesas. Quem segue esse estilo de reação tem necessidade de ser apreciado e tem medo do abandono.

## A "JANELA DE TOLERÂNCIA"

A "janela de tolerância" é um modelo de modulação do sistema nervoso originalmente criado por Daniel J. Siegel, professor de psiquiatria e especialista em trauma, para descrever as reações cerebrais/corporais em momentos de estresse ou trauma. O modelo mostra como temos uma faixa de excitação ideal dentro do sistema nervoso, conhecida como "janela de tolerância". Dentro dessa faixa há espaço para ligeiros altos e baixos, dependendo das atividades ou dos nossos níveis de estresse, embora em geral sejamos capazes de permanecer dentro dessa faixa e as coisas pareçam bem. Nela, nos sentimos confortáveis, capazes de agir da melhor forma e de tomar decisões.

Em momentos de extremo estresse, excitação ou trauma, inclusive quando algum trauma não processado é reativado – como costuma acontecer no abuso narcisista –, a resposta do nosso sistema nervoso rapidamente extrapola a janela de tolerância. Ele dispara e vai muito além do tolerável numa situação de hiperexcitação ou despenca numa situação de hipoexcitação. Essas respostas também estão ligadas ao instinto primitivo de sobrevivência.

**A hiperexcitação** é um estado caracterizado por sentimentos de pânico e ansiedade aumentados, medo e hipervigilância. Se estamos hiperexcitados, ficamos muito instáveis, estressadíssimos, nervosos, agitados, talvez até com raiva ou irritados. Nosso sistema nervoso fica sobrecarregado. Temos dificuldade para relaxar, nos sentimos emocionados, inquietos e não conseguimos comer nem dormir direito. A hiperexcitação é basicamente uma ativação de um sistema de "alerta máximo".

**A hipoexcitação** é exatamente o oposto. Essa maré baixa descreve uma queda abaixo da janela de tolerância e é uma resposta que ocorre quando nosso sistema está sobrecarregado ao ponto de entrar no modo de "encerrar e desligar". Nesse estado nos sentimos entorpecidos, distanciados, desconectados, dissociados, indiferentes, deprimidos e/ou fatigados. É possível ter a sensação de que não temos nada dentro de nós, nada para dar e simplesmente não queremos sair da cama.

O estresse e o trauma não processado que andam de mãos dadas com o abuso narcisista desequilibram e perturbam o sistema nervoso. Em outras palavras, descobrimos que ultrapassamos rapidamente os limites superiores ou inferiores da janela de tolerância. Qualquer um dos extremos é angustiante e prejudicial à nossa saúde mental e ao nosso bem-estar. As experiências e a convivência com um narcisista são suficientes para nos tirar da janela de tolerância e nos fazer sentir prisioneiros da hiper ou da hipoexcitação, talvez até oscilando entre as duas. Isso pode ocorrer em momentos específicos ou, no caso de abuso prolongado, se tornar uma forma de ser mais adaptada. Além disso, quando estamos sob estresse intenso ou contínuo, nossa faixa ideal de tolerância diminui e efetivamente se torna muito estreita: tão estreita que não é necessário muito mais estresse ou agitação para nos levar a um estado de hiper ou hipoexcitação.

À medida que você for se familiarizando com esse modelo e com as reações específicas ao estresse/trauma, você poderá se tornar cada vez mais capaz de reconhecer esses estados – o que já ajuda a reduzir o nível de excitação fisiológica. No momento em que tomamos consciência e percebemos o que está acontecendo, abrimos espaço – e deixamos de nos sentir completamente sobrecarregados ou consumidos. Podemos observar o que está acontecendo de uma forma consciente, objetiva e compassiva, em vez de apenas reagir ou ser sobrepujado e arrastado pelos fatos.

Quando um trauma antigo é reativado, é como se fôssemos sugados por um redemoinho. Por isso, é importante conhecer as técnicas a seguir, que podem ajudar você a resistir e não se deixar engolir, sendo muito úteis para trazer alívio e administrar momentos de hiper ou hipoexcitação. As ferramentas mais adequadas dependem do ponto em que você se encontra em relação à sua janela de tolerância. A melhor coisa a fazer é trabalhar para identificar suas reações e observar quais técnicas funcionam melhor para você.

## *Técnicas para ajudar a reduzir e acalmar a hiperexcitação*

- Desenvolver a atenção plena. Envolve apenas perceber o que está acontecendo dentro de você no momento presente, observando pensamentos, sentimentos e sensações físicas. Atenção consciente significa apenas observar, sem tentar mudar nada, e simplesmente reparar em qualquer desejo de mudança que possa surgir. Você pode até fazer uma anotação mental ou nomear as coisas que percebe.
- Aumentar a consciência dos seus estados físicos e fisiológicos. Observe as sensações físicas, a partir do alto da cabeça, descendo até a mandíbula, pescoço e ombros, peito, respiração, barriga, braços e pernas... Apenas observe quais são as sensações (por exemplo, tensão, formigamento, energia, dormência, frio, calor e assim por diante).
- Estar presente. O trauma não tem noção de tempo, por isso, quando é reativado, partes de nós não reconhecem que se trata de uma situa-

ção diferente do trauma original. Dê uma olhada ao redor, ancore-se no momento presente. Lembre-se de que pode ficar bem e que está bem no agora.
- Usar todos os seus sentidos para se ancorar e se centrar.
- Aprender a se tranquilizar. À medida que você traz consciência para diferentes sensações percebidas no corpo, use o foco para inspirar o ar para qualquer área de desconforto e suavemente solte e libere quaisquer contrações ou tensão. Tranquilize-se e diga a si mesmo que você está bem.
- Respirar lenta e profundamente – durante o tempo necessário para acalmar a hiperexcitação. Respirações profundas podem ajudar a acalmar o sistema nervoso em poucos minutos. Especificamente, expirar no dobro do tempo que você leva para inspirar ajuda a acalmar, a reduzir a tensão e o estresse. Usar essa técnica de respiração e focar em partes específicas do corpo nas quais sente alguma reação pode ser especialmente útil. É importante ressaltar que você pode usar o controle da respiração dessa forma para enviar uma mensagem do corpo de volta ao sistema de alarme do cérebro, dizendo: "Estou bem, estou seguro."
- Fazer uma caminhada.
- Exercitar-se. Movimentos rítmicos lentos ajudam. Pode ser uma caminhada, corrida leve, yoga, natação ou tai chi.
- Praticar atenção plena. A atenção plena à respiração pode ajudar a acalmar a hiperexcitação.
- Preparar uma bebida quente e relaxante. Um chá de ervas calmante como a camomila pode ajudar.
- Distrair sua atenção fazendo algo completamente diferente, como preparar alguma comida, limpar ou arrumar.
- Telefonar para um amigo ou falar com alguém que possa ajudar a aliviar seus sentimentos.
- Ouvir uma música relaxante.
- Sentir aromas suaves ou calmantes, como lavanda.
- Abraçar – uma pessoa, um animal de estimação ou até mesmo um brinquedo macio.

Às vezes, você pode descobrir que um estado de hiperexcitação não melhora ao tentar se acalmar e se tranquilizar por meio dessas técnicas. Pode ser que haja uma sobrecarga no sistema que precisa ser colocada para fora. Muitas vezes, isso pode ser mais útil se você tiver identificado mais uma reação de paralisia. Se for esse o caso, você também pode tentar:

- Praticar atividade física intensa. Uma corrida. Bater os pés no chão. Fazer alguns agachamentos ou flexões até sentir a descarga de energia.
- Gritar.
- Socar uma almofada.
- Manusear uma bola antiestresse.

### *Técnicas para ajudar a aumentar a estimulação na hipoexcitação*

- As mesmas técnicas de atenção plena e consciência corporal já descritas.
- Levantar-se para movimentar e ativar o corpo. Andar, alongar-se, pular, dançar, nadar – bater, apertar ou massagear partes do corpo. Fazer algumas flexões ou agachamentos – qualquer coisa para movimentar e energizar o corpo.
- Ativar e estimular os sentidos.
- Sair ao ar livre e respirar ar fresco. Fazer respirações profundas e energizantes.
- Aspirar um aroma forte agradável, como café ou óleos essenciais.
- Andar descalço na grama.
- Comer alimentos crocantes ou com sabor forte. Despertar as papilas gustativas e os sentidos.
- Tocar e explorar texturas.
- Colocar uma música animada para tocar.
- Sair para aproveitar a luz do dia.

Um dado importante é que, quando qualquer trauma não processado é reativado, quer você reconheça uma reação de hiper ou de hipoexcitação, a resposta do cérebro não é capaz de identificar nenhum tipo de linha temporal. O trauma não processado é atemporal. Quando essa reativação acontece, experiências antigas e partes da memória traumática original voltam à tona e parece que o trauma original está se repetindo naquele momento específico.

Ao usar a atenção plena, a consciência do corpo físico e da respiração, e as outras técnicas descritas, é possível amenizar essa resposta e se tranquilizar. Também pode ser particularmente útil tentar, de todas as maneiras possíveis, lembrar-se do momento presente. Tente se ancorar ou se centrar no "aqui e agora" e, por meio dos sentidos, criar um feedback consciente para o cérebro, indicando que você talvez não esteja exposto ao mesmo nível de perigo que estava no momento do trauma original. A fisiologia pode não reconhecer esse fato, mas, através da consciência, podemos reforçar esse feedback e recuperar a serenidade. Oriente-se lentamente no ambiente atual, olhando ao redor e identificando objetos ou coisas ao alcance dos olhos. Rotule-os em sua mente ou em voz alta. Pode ser útil tocar fisicamente nas coisas ao seu redor – a cadeira, a parede, o chão. Use esses itens resistentes e estáveis para se lembrar de que você está em segurança, que é capaz de se manter em segurança neste momento. É claro que desenvolver a autocompaixão também é crucial. Esperamos que você já tenha começado a trabalhar nos tópicos discutidos em capítulos anteriores e encontrado um sentimento cada vez mais profundo de gentileza, bondade e apoio interior. A magia acontece quando essa prática é utilizada em momentos de angústia. Quando a ansiedade ou traumas antigos são reativados, muitas vezes isso vem acompanhado de um diálogo interno punitivo que nos diz que tudo é catastrófico, que nada mudará nem melhorará e que estamos condenados. Uma voz de autocompaixão, por outro lado, nos lembra com calma e serenidade, algo como, "Estou bem, isso vai passar, isso é apenas algo do passado, estou em segurança agora, tudo vai ficar bem, isso não vai durar".

Tente descobrir quais são suas técnicas preferidas e as que funcionam melhor para você. Quanto mais praticar, mais fácil será usá-las quando for necessário. Tente não esperar um gatilho aparecer para experimentar essas ferramentas. A prática regular também ajuda a acalmar e a resolver perturbações no sistema nervoso – e com o tempo contribui para reduzir o nível das suas respostas de luta ou fuga. Consciência corporal, práticas de atenção plena, exercícios de respiração e yoga são ferramentas úteis. Eu sou uma grande defensora do poder do yoga e do uso da respiração para acalmar o sistema nervoso e fazer com que tudo que é discutido aqui pareça mais administrável. Existem também certas psicoterapias que trabalham especificamente com traumas não processados. Se você reconhece que sofre com gatilhos específicos ou suspeita que tem algum trauma, eu não posso frisar o suficiente como é importante que você procure uma boa terapia individual. Um bom terapeuta especializado no assunto vai ajudar você a processar quaisquer experiências traumáticas não resolvidas de uma forma gentil, segura e eficaz. Ao fazer isso, você alivia os sintomas associados e os gatilhos que costumam acompanhá-los. Isso pode trazer um grande alívio e restaurar a paz, a satisfação e seu senso de segurança – além de ser de grande valia na hora de restabelecer seus limites. Algumas abordagens terapêuticas recomendadas para o trauma serão apresentadas na próxima seção.

### Terapia para tratamento de trauma e TEPT

Um bom terapeuta especialista em traumas também pode nos auxiliar a processar nossa experiência com o abuso narcisista. Nem todo mundo precisa, mas eu pessoalmente acredito que se você sentir que está enfrentando preocupações ou ansiedades significativas e contínuas, se encontra gatilhos em lembranças ou mesmo se acha difícil deixar o passado para trás e seguir em frente, então as terapias podem desempenhar um importante papel na sua recuperação. Sei que existem certos sistemas que sugerem que você realize a recuperação ou a cura de traumas por conta própria. Se é isso que você procura fazer, tenho todo respeito por essa decisão – afinal, um dos passos mais importantes nessa jornada é desenvolver uma maior confiança em sua própria intuição sobre o que é melhor para você.

No entanto, eu pessoalmente não recomendaria fazer tudo por conta própria. Digo isso por uma série de razões. Em primeiro lugar, quando um trauma antigo é reativado, pode parecer que você está sendo sugado por um redemoinho de lembranças, sentimentos e sensações. Às vezes, pode ser algo tão intenso que é muito difícil, talvez impossível, conseguir se ancorar ou se centrar de forma independente. Isso acontecerá com o tempo, mas em alguns casos pode levar dias, se não semanas ou mais. Um profissional com formação em traumas vai ajudar você a chegar em um ponto em que o sistema nervoso e a memória sejam ativados apenas o suficiente para que você processe o trauma sem ficar sobrecarregado. Ao trabalhar por conta própria, há o risco de desencadear uma sobrecarga emocional ou até mesmo uma nova traumatização.

Outra razão pela qual eu encorajaria o trabalho com um terapeuta é a própria natureza do trauma relacionado ao abuso narcisista. Trata-se de uma questão "relacional" – ou seja, é um trauma ou traição que acontece entre duas pessoas. Uma reação comum naqueles que sofreram abuso narcisista – especialmente quando passaram por uma infância ou uma vida familiar em que não receberam apoio – é uma tendência a serem muito autossuficientes. Eu mesma passei por isso, mas reconheci que essa era uma parte do problema. Ao trabalhar com um terapeuta, você pode superar vários aspectos do trauma relacional vivenciando diretamente um relacionamento, pois o contexto terapêutico oferece a oportunidade de experimentar um tipo particular de interação, de conversar sobre questões, de comunicar e de desenvolver confiança. Trabalhar em estreita colaboração com um profissional pode, por si só, ser uma parte importantíssima da cura de traumas e abusos. Com base em minha experiência pessoal, eu recomendo as seguintes abordagens terapêuticas para abuso narcisista.

### Terapia EMDR

A terapia de dessensibilização e reprocessamento por meio do movimento ocular (EMDR, do inglês *Eye Movement Desensitization and Reprocessing*) é uma técnica psicoterapêutica poderosa que auxilia no processamento de traumas e lutos complexos, reduzindo os sintomas do transtorno de estresse pós-traumático. Na terapia EMDR, ao usar a estimulação bilateral (que basicamente significa estimular a atividade do lado esquerdo e do lado direito do cérebro) enquanto o paciente se concentra em uma memória ou experiência, o cérebro consegue processar suavemente qualquer trauma não resolvido.

De modo geral, para saber se temos memórias não processadas que poderiam ser tratadas com o auxílio da EMDR, precisamos observar se ficamos chateados, chorosos ou perturbados quando certos assuntos vêm à mente ou falamos sobre eles. Sentir-se particularmente sensível a coisas ou situações, ou reagir de uma forma que possa ser considerada excessiva diante da circunstância atual pode indicar algum trauma não resolvido. A EMDR não apaga memórias, mas pode ajudar a aliviar a dor associada a elas, tornando-as muito menos perturbadoras.

Na recuperação do abuso narcisista, meu objetivo pessoal é ajudar os pacientes a falarem sobre seus relacionamentos tóxicos do passado – se assim o desejarem –, sem se emocionarem. Recordar o passado de uma forma neutra, deixando-o no tempo ao qual pertence, é um bom indicador de que a experiência foi processada e, portanto, um sinal de recuperação. Eu realmente gosto de usar a EMDR na minha prática clínica porque as pessoas tendem a considerá-la uma maneira eficaz, suave e relativamente rápida de processar traumas e levar à recuperação do abuso narcisista.

### Psicoterapia sensoriomotora

A psicoterapia sensoriomotora é uma abordagem baseada no corpo fundada pela psicoterapeuta Pat Ogden no início dos anos 1980. A partir de seu trabalho como professora de yoga e dança, ela se interessou por psicologia e pela desconexão mente-corpo enquanto trabalhava em um hospital psiquiátrico na década de 1970. Foi a partir daí que ela começou a reconhecer que o que hoje chamamos de TEPT é uma condição mental e corporal. Nesse transtorno, lembretes de experiências traumáticas passadas desencadeiam memórias dolorosas e angustiantes, e esse trauma não processado nos deixa com alguma desconexão entre mente e corpo. Ogden desenvolveu intervenções e métodos específicos baseados no corpo – que posteriormente passaram a incluir o Método Hakomi, capitaneado por Ron Kurtz –, a fim de estabelecer uma reconexão e integração mente-corpo. Ao fazer isso, os sintomas do trauma e as reações de estresse e ansiedade são aliviados. A psicoterapia sensoriomotora se baseia em uma série de abordagens teóricas, inclusive no campo da neurociência, nas terapias analíticas e de atenção plena.

### Experiência somática

A experiência somática é outra forma de terapia que se concentra nas sensações corporais como forma de aliviar os sintomas de trauma e TEPT. Desenvolvida pelo psicoterapeuta Peter Levine, esta abordagem envolve a observação consciente das sensações corporais e da experiência interior, ajudando a acalmar o sistema nervoso e servindo de apoio para que os pacientes consigam encontrar formas de retornar a um estado de maior estabilidade. Essas duas abordagens terapêuticas baseadas no corpo são gentis, oferecem apoio e podem ajudar na recuperação de abusos e traumas.

Todas essas abordagens psicoterapêuticas podem ser muito úteis para reunir e restaurar uma conexão mente-corpo atenta e consciente, ajudando a processar traumas, incentivando a reconexão suave de quaisquer partes desconectadas e aliviando memórias, sentimentos e experiências dolorosas ou difíceis, inclusive de abuso por parte de um narcisista. O desenvolvimento e o restabelecimento da comunicação e da confiança entre mente e corpo apoiará nossa sensibilidade e nosso conhecimento interior.

É importante ressaltar que essas abordagens não exigem que você fale ou analise os detalhes de suas memórias traumáticas – portanto, é menos provável que sejam retraumatizantes. Em vez disso, elas apoiam de forma suave e rápida o processamento de qualquer assunto não resolvido e, subsequentemente, proporcionam uma enorme sensação de alívio dos sintomas. Muitas pessoas relatam que se sentem bem melhor depois de apenas algumas sessões de terapia. A chave, claro, é encontrar o tipo certo de abordagem com o terapeuta certo para você. Você pode procurar profissionais on-line ou pedir recomendações a pessoas que conhece. A terapia para tratamento do trauma é um processo delicado. Se você sofre de trauma, já suportou coisas demais – e qualquer contribuição precisa ser gentil, solidária e compassiva.

# 20
# Gratidão e reconhecimento

Neste estágio da sua recuperação, depois de considerar o autocuidado, a regulação emocional, os limites e a experiência do trauma, gostaria de sugerir que você experimentasse a poderosa prática diária de gratidão e reconhecimento. Ela não apenas apoia um diálogo interno mais compassivo, mas também pode alterar sua perspectiva de forma semelhante, o que é importantíssimo para sustentar o seu crescimento contínuo e a recuperação do abuso narcisista. Na minha opinião, o poder do reconhecimento e da gratidão não deve ser subestimado. Ele é capaz de oferecer uma mudança psicológica incrivelmente intensa e é uma prática fundamental para o bem-estar mental. Compreendo que a gratidão possa ser um conceito estranho a considerar neste momento, mas acredito verdadeiramente que ela pode mudar a sua perspectiva e transformar positivamente a sua experiência, sobretudo depois de tempos difíceis.

Listar coisas pelas quais você é grato ao fim de cada dia envolve um esforço consistente para provocar uma mudança de perspectiva útil e positiva. A princípio, talvez lhe pareça uma tarefa impossível, mas se você puder listar apenas uma ou duas coisas pelas quais se sente genuinamente grato a cada dia, já será um ótimo começo. Com o tempo, descobrirá que pode acrescentar mais e mais elementos à sua lista diária de gratidão.

Tente escrever uma lista de gratidão todas as noites. Escreva todas as coisas pelas quais você se sente grato naquele dia, por maior ou menor que possa parecer. Tenha como objetivo chegar a 10 – mas sinta-se à vontade para escrever quanto quiser.

Uma "lista de gratidão" pode incluir coisas como:

*Sou grato por ter um teto sobre minha cabeça esta noite.*

*Sou grato por ter comido bem hoje.*
*Sou grato por ter me libertado de uma situação tóxica.*
*Sou grato pelos meus filhos/amigos/familiares.*
*Sou grato pelo apoio e compreensão de meus amigos.*
*Sou grato por tudo que estou aprendendo.*
*Sou grato por saber ler.*
*Sou grato pelo meu cachorro.*
*Sou grato por estar aprendendo sobre relacionamentos saudáveis.*
*Sou grato por poder fazer escolhas positivas para mim agora.*
*Sou grato por ter um emprego.*
*Sou grato pela minha saúde.*
*Sou grato por uma boa caminhada na natureza hoje.*
*Sou grato pelo café!*
*Sou grato por experimentar momentos de paz.*
*Sou grato por estar aprendendo a cuidar de mim.*
*Sou grato pelo desconhecido que sorriu para mim hoje.*
*Sou grato pelo poder superior.*
*Sou grato pelos insights e pela consciência que estou ganhando.*
*Sou grato pelo clima ameno.*
*Sou grato por ter conseguido falar com meu vizinho hoje.*
*Sou grato por não ser um narcisista.*
*Sou grato pela minha liberdade.*
*Sou grato por estar vivo.*

Você também pode acrescentar à sua "lista de gratidão" noturna uma lista paralela na qual reconhece para si mesmo tudo que fez bem naquele dia ou que se sente bem por ter conquistado. Seja específico – novamente, não importa se lhe parece algo grande ou pequeno. Isso também pode ser uma ferramenta poderosa para desenvolver a autoestima, um diálogo interno mais gentil e uma perspectiva mais saudável sobre si mesmo.

Exemplos disso podem incluir:

*Eu me levantei hoje!*
*Fui produtivo. Resolvi algumas coisas hoje.*
*Eu me exercitei.*

*Comi bem hoje – fiz escolhas alimentares saudáveis.*
*Estive ao lado do meu amigo que está passando por um momento difícil, e fiz o melhor que pude. Sou um bom amigo.*
*Eu me saí bem no trabalho hoje e falei bem em uma reunião, embora estivesse nervoso.*
*Descansei quando precisei.*
*Limpei a casa.*
*Ajudei minha vizinha idosa com suas compras hoje.*
*Fui bondoso.*
*Levei o cachorro para passear.*
*Falei com minha mãe.*
*Fiz yoga.*
*Paguei uma conta.*
*Tomei uma decisão importante.*

Qualquer que seja a lista que você fizer, ela é sua. Portanto, acrescente a ela absolutamente tudo o que quiser. Sem julgamentos.

---

**PONTOS PARA REFLEXÃO**

- Por quais coisas me sinto grato hoje?
- Pelo que posso ser grato com base nas minhas experiências?
- O que reconheço em mim hoje?
- Como é fazer isso?
- O que noto depois de praticar isso diariamente por algumas semanas ou meses?

---

Como isso é algo que você vai fazer só por si mesmo com bondade, compaixão, gratidão e autocuidado, pode ser uma boa ideia se presentear com um lindo caderno e uma caneta nova para essa finalidade. Encontre um caderninho onde você gostaria de escrever e reserve alguns minutos para refletir e reconhecer todas as coisas pelas quais se sente grato, todos os dias. Pessoalmente, acredito que há poder em escrever, preto no branco, com papel e caneta, em vez de utilizar o formato digital. Com o tempo, também poderá ser interessante rever as suas listas anteriores. O principal é persistir. Dedique-se a isso, de preferência à noite, para que você possa refletir sobre o seu dia. Torne essa prática parte de sua rotina diária – como o momento de escovar os dentes e se preparar para dormir. Alguns dias serão mais fáceis do que outros. Ocasionalmente, você pode ter dificuldade para pensar em algumas coisas; outras vezes tudo fluirá com mais liberdade. O principal é começar e continuar. Pratique todos os dias e perceba as mudanças que surgirão dentro de algumas semanas. Comece hoje!

## PARTE QUATRO
## Indo além

# 21
# Conselhos para amigos e familiares

Ver um ente querido sofrer qualquer tipo de abuso é obviamente doloroso. Os amigos, familiares e colegas de alguém que se encontra numa relação abusiva ficam muitas vezes confusos, com dificuldades para compreender por que a pessoa não consegue perceber como está sendo maltratada e por que simplesmente não sai daquela situação. Conselhos e apelos não costumam ser bem recebidos. É realmente muito perturbador ver um ente querido passando por dificuldades, e frustrações e sentimentos podem atrapalhar na hora de decidir o que fazer para ajudá-lo. Frequentemente escuto pessoas dizendo que se sentem desamparadas e incapazes de ajudar ou sem vontade de se envolver, por isso quero incluir aqui algumas sugestões e indicações sobre a melhor forma de identificar e responder quando alguém parece estar sofrendo com abuso narcisista.

Uma das primeiras coisas a comentar é que qualquer tipo de abuso é absolutamente inaceitável e contra a lei. O abuso físico é o tipo mais óbvio de se detectar. Trata-se de um crime e é importante que qualquer suspeita de violência física seja denunciada à polícia, mesmo que de forma anônima. Infelizmente, os narcisistas costumam ser espertos o bastante para não deixar marcas visíveis. Por isso o abuso narcisista também é conhecido como o "abuso invisível", porque geralmente se baseia muito mais em controle e manipulação, tanto do ponto de vista emocional quanto do psicológico. Muitas vítimas relatam que na verdade gostariam que tivesse havido algum episódio de agressão física, pois assim teria sido mais fácil reconhecer que a relação era abusiva. Também ouvi muitos pacientes fazerem comentários do tipo "Ah, mas ele/ela nunca me bateu..." – como se esse fosse o único marcador de abuso. Não é. A violência psicológica, emocional e financeira também são crimes.

Um narcisista deixará um parceiro/colega/familiar com um considerável sentimento de dúvida, acompanhado de baixa autoestima e questões de amor-próprio. Estar preso em um relacionamento narcisista deixa a pessoa com a sensação de que "o problema sou eu", "a culpa é minha". E quem está de fora muitas vezes consegue ver com mais clareza que certamente não é o caso. Portanto, pode ser útil lembrar ao seu ente querido que NÃO é culpa dele.

---

*O comportamento abusivo* nunca *é culpa ou responsabilidade de outra pessoa, mas apenas do agressor.*

---

Todos somos responsáveis por nossos próprios atos. Os narcisistas são responsáveis pelos deles – só não aceitam esse fato. E isso, aliás, também é responsabilidade deles. Não sua.

A realidade e a perspectiva da pessoa envolvida com um narcisista ficará bastante distorcida. As vítimas estão acostumadas a ouvir que, essencialmente, são elas que estão erradas e que são a raiz do problema (com comentários do tipo: "Se você não fosse tão possessivo, eu não precisaria trair"). A seguir está uma lista de sugestões e sinais de alerta que amigos, familiares e outras pessoas devem observar em seus entes queridos, caso suspeitem de abuso narcisista:

- Pode ser útil lembrar ao nosso amigo ou ente querido que ele *não* é o responsável pelo problema – e que o narcisista está sendo injusto e abusivo.
- Tente ajudar seu ente querido a ver as qualidades dele – para ajudá-lo a construir uma autoestima mais forte e saudável.
- Também pode ser útil oferecer parâmetros de comparação para ajudar seu ente querido a entender como são relacionamentos mais saudáveis (por exemplo, "Se eu dissesse ao meu parceiro que fui promovido, ele ficaria genuinamente feliz por mim e me apoiaria... não ia achar que estou sendo metida ou arrogante por causa do meu progresso nem reagiria negativamente de qualquer outra forma").

- Lembre a seu ente querido o que você considera ser um comportamento ou uma linguagem aceitável ou inaceitável num relacionamento, no ambiente de trabalho ou em outras circunstâncias.
- Lembre-se de que os narcisistas, conscientemente ou não, vão querer isolar seu parceiro. (Todo mundo é muito mais vulnerável quando está sozinho e sem apoio social.) Enxergue esse esforço para isolar o outro como um sinal. Quem é o amigo ou colega que falta às funções sociais? Ou que tem que sair mais cedo? Quem foi contatado repetidamente pelo seu parceiro durante toda a noite, conferindo onde está e com quem? Essa pessoa está sendo controlada ou punida por estar, de alguma forma, desfrutando de um momento de relaxamento?
- É muito perigoso para alguém isolado dessa forma quando amigos ou familiares param de entrar em contato. O que você pode fazer é manter contato com seu ente querido e incentivá-lo a fazer o mesmo. Estimule-o delicadamente a falar sobre como está, como está se sentindo e o que está acontecendo com ele – e não com o parceiro dele.
- Um narcisista habilidoso provavelmente já terá plantado a semente de que "se você contar para alguém, ninguém vai acreditar". Se alguém lhe contar sobre as ações abusivas de um parceiro, acredite.
- Seja direto ao deixar claro que os comportamentos ou palavras do narcisista são abusivos, inapropriados, nocivos, ofensivos, intimidadores, em outras palavras: inaceitáveis.
- Nomeie as coisas que você vê e ouve. É possível que você esteja em melhor posição para fazer isso do que qualquer um envolvido nesse tipo de relacionamento ou dinâmica.
- Estar numa relação com um narcisista pode fazer com que qualquer um sinta que está enlouquecendo. Ofereça garantias de que a pessoa não está enlouquecendo – e diga a ela que esse tipo de abuso é sempre semelhante.
- Assegure seu ente querido de que você e outras pessoas estão ao lado dele e que ele pode entrar em contato com você a qualquer momento (e mostre que você está falando sério).
- Ofereça um plano de escape: algum lugar para onde a pessoa possa ir se precisar ou quando precisar. Pense em deixar pronta uma sacola com itens de emergência, caso uma saída rápida seja necessária.

- Nunca julgue a vítima.
- Tente ser paciente. É realmente muito frustrante observar a situação. No entanto, entenda que cada um tem o seu tempo para perceber o que está acontecendo.
- Se você estiver profundamente preocupado com o bem-estar ou a segurança de alguém, ou se houver alguma preocupação com a segurança de alguma criança, entre em contato com os serviços locais e com profissionais treinados para intervir.

## 22
# Seguindo em frente

Certa vez, vi uma placa escrita à mão no metrô de Londres que achei que realmente capturava a essência da recuperação do abuso narcisista. Era um "pensamento do dia" e dizia o seguinte:

---

*Não culpe um palhaço por agir como um palhaço. Pergunte a si mesmo por que você continua indo ao circo.*

---

Os narcisistas não estão mentalmente bem. Isso não é culpa sua e, o mais importante, não é responsabilidade sua tentar fazer com que melhorem. Você não é o psicólogo deles. Não existe uma cura simples para o narcisismo. A recuperação do abuso narcisista, do ecoísmo e da codependência, no entanto, é possível e está disponível. E a sua cura e seu crescimento, esses sim, são responsabilidade sua.

Espero sinceramente que nesta leitura você tenha encontrado algo útil para sua jornada. O abuso narcisista é uma coisa horrível de se vivenciar, algo realmente capaz de testar e abalar a sanidade até dos mais fortes. Quando eu mesma passei pela experiência, fiquei traumatizada. Sentia literalmente como se tivesse sido lançada para o vórtice de um tornado por um tempo e depois jogada para o outro lado. Eu estava fora de mim e não sabia o que era o quê. Por um curto período, mal conseguia comer ou dormir, e houve uma fase em que fiquei absolutamente presa à necessidade de entender e encontrar um sentido para toda aquela loucura. Precisava saber *por que* ele fez o que fez, queria fazê-lo entender tudo o que ele havia causado e se responsabilizasse por isso.

Uma das coisas mais difíceis de reconhecer foi a necessidade de aceitar que eu não tinha respostas e que, muito provavelmente, nunca as teria. Ele era um mentiroso compulsivo altamente manipulador e convincente. Tive que aceitar que nunca chegaria à verdade. Era uma expectativa impossível e inútil. Ele era incapaz de assumir a responsabilidade por seus atos. Esse seria sempre um "assunto meu". Como parte do meu processo de recuperação, precisei abandonar a necessidade de que ele pensasse de uma forma diferente. Tive também que abandonar minha tendência a ser controladora, que me causava angústia por me fazer sentir constantemente a necessidade de corrigi-lo, de me justificar ou me explicar, e de fazê-lo enxergar as coisas ou se comportar de qualquer outra maneira que não fosse a que ele próprio escolhera. Agora, porém, compreendo que ele pode pensar o que quiser. É a escolha dele. Não preciso mais me preocupar com os assuntos dele ou de mais ninguém – e que alívio isso é!

A obsessão pode surgir como reação ao trauma. Tive que me libertar de pensar tanto nele e no relacionamento. Eu estava tentando encontrar sentido, mas isso por si só era como estar presa em um looping enlouquecedor. Usei a atenção plena, a prática de yoga e as técnicas que descrevi neste livro, e trouxe o foco de volta para mim mesma de um modo lento mas constante. Então fiquei comigo e com a parte que me cabia, e soube que tinha trabalho a fazer. Quando paramos de focar nos outros e voltamos nossas atenções para nós mesmos, nos deparamos com todas as partes, inclusive os medos, a ansiedade, a inseguranças e os traumas antigos. Havia algumas verdades duras sobre meus problemas, aspectos do meu próprio narcisismo e da minha necessidade de controle. Mais camadas foram reveladas enquanto eu trabalhava em mim mesma. Em última análise, tornou-se uma jornada de profundo autoconhecimento e recuperação. É algo pelo qual sou infinitamente grata. Acredito, até certo ponto, que as coisas acontecem por um motivo e que é útil enxergar os desafios como uma oportunidade para aprender e crescer. Posso certamente dizer que, após a minha experiência de abuso narcisista, fiquei grata por ela ter sido suficientemente ruim para me levar a efetivamente fazer algo a respeito e a realizar todo o trabalho necessário para nunca mais passar por nada parecido.

Ao longo dos anos, observei amigos repetirem os mesmos padrões em relacionamentos tóxicos e passarem pelo mesmo inferno todas as vezes, e lembro-me de pensar que não havia absolutamente a menor chance de eu repetir tudo aquilo de novo – nunca mais. Sou infinitamente grata por minha experiência também ter influenciado meu trabalho, e é um sonho compartilhar um pouco dessa experiência e conhecimento na esperança de ajudar outras pessoas. Acho que o abuso narcisista é algo que você só pode realmente compreender depois de vivenciá-lo em primeira mão. É um tipo de magia sinistra e traumatizante de muitas maneiras. Minha jornada tem sido um processo em que, às vezes, especialmente no começo, eu me sinto despojada de tudo. Na verdade, penso que isso era mesmo necessário para que eu pudesse me reconstruir – desta vez com bases mais fortes e firmes do que nunca. Eu realmente aprendi muito sobre autoestima, compaixão, limites e comunicação, e tudo isso em benefício da minha vida e dos meus relacionamentos desde então.

Acredito que um primeiro passo é pesquisar e compreender a fundo o narcisismo e o abuso narcisista. Esse conhecimento serve para apoiar a necessidade natural da mente de dar sentido à nossa experiência. Ele ampara nossa elaboração dos fatos. Em seguida, é essencial encontrar maneiras de se desligar da toxicidade e trazer o foco de volta para si mesmo de uma forma gentil e compassiva. Aí começa o verdadeiro trabalho.

Gostaria de reiterar alguns pontos fundamentais para a recuperação:

**Concentre-se em você:** A recuperação de um relacionamento abusivo apresenta uma oportunidade real de crescimento positivo e mudanças. Acredito plenamente que você pode trabalhar para romper qualquer padrão destrutivo de relacionamento, trabalhando em si mesmo – é um trabalho interno. Isso inclui trazer o foco para você e para seus próprios problemas e ações, para seus próprios interesses e necessidades de autocuidado, trabalhar para melhorar sua autoestima e permitir-se vivenciar sua experiência emocional. Você não pode mudar o narcisista e nunca o fará. Mas VOCÊ pode mudar e crescer. E será também o primeiro a se beneficiar disso.

**Permita-se sentir:** A montanha-russa de estar com um narcisista deixa para trás toda uma gama de sentimentos – alguns deles ambivalentes. Você pode passar por uma fase de luto pelo relacionamento. É um fim e uma perda. Permita-se sofrer. Permita-se sentir qualquer emoção. Responda a todas elas com gentileza, bondade, perdão e compaixão.

**Use técnicas de regulação emocional e de tranquilização:** O uso dessas estratégias práticas pode ajudar você a lidar com o narcisista e amparar seu processo de recuperação. Essas práticas são fundamentais para o autocuidado e seu bem-estar mental e emocional.

**Deixe de tentar mudar ou controlar o narcisista:** Você é um ser humano. Não tem o poder de mudar ou controlar ninguém. Mais especificamente, por que você iria querer algo assim? Tentar controlar ou mudar um narcisista, apegar-se a uma fantasia e esperar que ele mude, são maneiras infalíveis de perpetuar a loucura do abuso narcisista. A necessidade de controlar os outros diz muito sobre você. Você pode entender melhor o que alimenta sua necessidade de controlar ou modificar os outros trazendo o foco de volta para si mesmo.

**Assuma a responsabilidade:** Uma das coisas mais empoderadoras que você pode fazer é assumir total responsabilidade por si mesmo. Deixe de lado a esperança ou o desejo de que alguém vá resgatar, consertar ou assumir a responsabilidade por você. Você é responsável por escolher em que objetos coloca sua atenção e seus esforços. Você é responsável por suas decisões. Você é responsável pela sua vida. Abrace e aproveite esta oportunidade de crescimento. Você assume o comando quando assume total responsabilidade por si mesmo. Ao fazer isso, você também pode deixar de assumir a responsabilidade pelo que não lhe pertence. Deixe de lado tudo que *não é* seu nem responsabilidade sua.

**Deixe de lado quaisquer crenças antigas, inúteis ou imprecisas:** Com isso quero dizer para abandonar a culpa, o medo ou o senso de responsabilidade que você sente pelo narcisista. Em relacionamentos saudáveis, permitimos que os outros assumam a responsabilidade por si próprios. É do seu interesse aprender a se tornar um adulto totalmente responsável. Ao mesmo tempo, você se concentra em si mesmo e em suas escolhas, e se livra do excesso de responsabilidade, da culpa ou dos medos. Os relacionamentos são muito mais saudáveis e estimulantes assim. Deixe de lado quaisquer crenças antigas, inúteis ou imprecisas que você possa ter sobre si mesmo.

**Mantenha o pé no chão:** É muito importante na recuperação afastar-se do pensamento fantasioso e firmar-se na realidade. Sinta os pés no chão e observe o que está acontecendo no presente, em vez de acreditar no que o narcisista diz ou se deixar envolver por esperanças e fantasias sobre como as coisas poderiam ser. Não acredite em promessas. Deixe de lado a esperança e a fantasia de que um dia as coisas serão milagrosamente diferentes, de que um dia o narcisista poderá mudar. Você é responsável por obter uma perspectiva mais precisa e realista da situação. Mantenha a simplicidade e os pés no chão.

**Limites, limites, limites:** Esteja você tentando lidar com um relacionamento ou administrando um término, lembre-se de colocar limites! Os limites dizem que você fica do seu lado da quadra de tênis e se concentra mais no que está fazendo. Manter limites com um narcisista é poderoso e fundamental para recuperar um senso de controle, seu poder e sua sanidade. Tal como uma árvore forte, com raízes sólidas firmes e profundas, com limites fortes, nós passamos a ser bem menos afetados e às vezes nem chegamos a nos interessar pelo que o outro está fazendo, dizendo ou ameaçando fazer. Limites saudáveis são realmente a base para relacionamentos saudáveis.

**Encontre sua tribo:** Uma das bênçãos de passar por uma situação de abuso narcisista é a potencial reconfiguração de todos os seus relacionamentos. Como parte do processo de recuperação, você pode realmente conhecer seus valores e descobrir o que é importante para você. Isso inclui o tipo de pessoa que você deseja em sua vida e o tipo de pessoa que deseja ser. Encontrar sua comunidade e prosperar entre amigos, familiares e uma rede de apoio social é muito importante de muitas maneiras. Apoio e conexão são cruciais para o nosso bem-estar. Não precisa se cercar de um grupo enorme de pessoas: há um imenso potencial de cura em ter apenas alguns bons amigos e pessoas que pensam no que é melhor para você (e vice-versa). Participar de um grupo de apoio ou associação pode ajudar.

Eu acredito que você é capaz de se recuperar e se curar totalmente do abuso narcisista. Com o tempo, essa pode até ser uma experiência pela qual você desenvolva uma profunda gratidão. Seja claro e esteja comprometido consigo mesmo. Aprimore seu relacionamento com você – esse pode ser o maior presente que já deu a si mesmo. Você pode encontrar maneiras de deixar o passado para trás, seguir em frente e avançar com a sua vida.

Desejo a você tudo de melhor em sua recuperação e em sua jornada.

EPÍLOGO
# O escorpião e o sapo

Uma antiga fábula conta que, certo dia, o escorpião pediu ao sapo que o carregasse durante a travessia de um rio. A princípio, o sapo hesitou, instintivamente percebendo que havia algo errado. Havia boas razões para ser cauteloso. Ele sabia que os escorpiões picam e ele estava com medo. O escorpião, porém, disse ao sapo que não iria picá-lo. Ele ressaltou que, se isso acontecesse, os dois acabariam se afogando no rio. Portanto, não haveria sentido em fazer isso! O sapo pensou nessas palavras e, sendo do tipo que gostava de ajudar, concordou em carregar o escorpião para o outro lado do rio. No meio da viagem, o escorpião acabou picando o sapo. Os dois ficaram irremediavelmente condenados à morte. No meio de águas profundas, ambos se afogariam.

O sapo, chocado e atordoado com a picada, ficou entorpecido, com dificuldade para respirar. Confuso, abalado e transtornado, perguntou ao escorpião por que ele fizera tal coisa. Ao que, de forma bastante simples e prosaica, o escorpião respondeu: "Sou um escorpião... E escorpiões picam."

É da natureza de um escorpião picar. Todo mundo sabe. O sapo sabia disso. No entanto, ele decidiu contrariar seu conhecimento e seu instinto e acreditar no que o escorpião lhe dissera. O sapo colocou a própria vida em perigo por causa de seu desejo de agradar e de ajudar. Ele queria acreditar no escorpião. Como poderia o sapo ter esperado algo diferente? O escorpião fez exatamente o que os escorpiões fazem.

# Referências e sugestões de leitura

Associação Americana de Psiquiatria, Manual diagnóstico e estatístico de transtornos mentais, 5ª edição (Porto Alegre: Artmed, 2014).
Baer, Ruth A., "Mindfulness Training as a Clinical Intervention: A Conceptual and Empirical Review", *Clinical Psychology: Science and Practice*, vol. 10 (2003).
Branch, Rhena; Rob Willson, *Terapia cognitivo-comportamental para leigos* (Rio de Janeiro: Alta Books, 2012).
Chiesa, Alberto; Serretti, Alessandro, "Are Mindfulness-Based Interventions Effective for Substance Use Disorders? A Systematic Review of the Evidence", *Substance Use and Misuse*, vol. 49 (2014).
Fennell, Melanie, *Overcoming Low Self-Esteem: A Self-Help Guide Using Cognitive Behavioural Techniques* (Londres: Constable & Robinson, 1999).
Gerhardt, Sue, *Por que o amor é importante: Como o afeto molda o cérebro de um bebê* (Porto Alegre: Artmed, 2017).
Greenberger, Dennis; Padesky, Christine, *A mente vencendo o humor: Mude como você se sente, mudando o modo como você pensa* (Porto Alegre: Artmed, 2017).
Groopman, Leonard C.; Cooper, Arnold M., "Narcissistic Personality Disorder", 2 de julho de 2010, www.health.am/psy/narcissistic-personality-disorder/.
Hofmann, Stefan G.; Sawyer, Alice T.; Witt, Ashley A.; Oh, Diana, "The Effect of Mindfulness-Based Therapy on Anxiety and Depression: A Meta-Analytic Review", *Journal of Consulting and Clinical Psychology*, vol. 78 (2010).
Kabat-Zinn, Jon, *Full Catastrophe Living: Using the Wisdom of Your Body and Mind to Face Stress, Pain, and Illness* (Nova York: Bantam, 2013).
Karpman, Stephen B., *A Game Free Life: The Definitive Book on the Drama Triangle and Compassion Triangle* (São Francisco: Drama Triangle Publications, 2014).
_____, "Karpman Drama Triangle", karpmandramatriangle.com.
Kübler-Ross, Elisabeth, *Sobre a morte e o morrer: O que os doentes terminais têm para ensinar a médicos, enfermeiras, religiosos e aos seus próprios parentes* (São Paulo: WMF Martins Fontes, 2018).

_____ e Kessler, David, *On Grief and Grieving: Finding the Meaning of Grief Through the Five Stages of Loss* (Londres: Simon & Schuster, 2005).

Kurtz, Ron, *Body-Centered Psychotherapy: The Hakomi Method: Updated Edition* (Mendocino: LifeRhythm, 2015).

McKay, Matthew; Wood, Jeffrey C.; Brantley, Jeffrey, *The Dialectical Behavior Therapy Skills Workbook: Practical DBT Exercises for Learning Mindfulness, Interpersonal Effectiveness, Emotion Regulation and Distress Tolerance* (Oakland, CA: New Harbinger, 2019).

Ogden, Pat; Minton, Kekuni; Pain, Clare, *Trauma and the Body: A Sensorimotor Approach to Psychotherapy* (Nova York: W. W. Norton, 2006).

Paris, J., "Modernity and Narcissistic Personality Disorder", *Personality Disorders: Theory, Research, and Treatment*, vol. 5 (2014).

Piaget, Jean, *A construção do real na criança* (São Paulo: Editora Ática, 1996).

_____, *The Essential Piaget*, ed. Howard E. Gruber e J. Jacques Vonèche (Nova York: Basic Books, 1977).

Siegel, Daniel J., *The Developing Mind: How Relationships and the Brain Interact to Shape Who We Are* (Nova York: Guilford Press, 1999).

Torgersen, Svenn; Lygren, Sissel; Øien, Per Anders; Skre, Ingunn; Onstad, Sidsel; Edvardsen, Jack; Tambs Kristi; Kringlen, Einar, "A Twin Study of Personality Disorders", *Comprehensive Psychiatry*, vol. 41 (2000).

Van Der Kolk, Bessel, *O corpo guarda as marcas: Cérebro, mente e corpo na cura do trauma.*(Rio de Janeiro: Sextante, 2020).

Walsh, William J., *O poder dos nutrientes: Como a bioquímica natural está substituindo os remédios psiquiátricos no tratamento de distúrbios mentais* (Rio de Janeiro: Versal, 2018).

Um agradecimento especial a todas as pessoas com quem trabalhei, que me inspiraram com sua coragem, resiliência e autoconfiança, e me incentivaram a escrever este livro.

## CONHEÇA ALGUNS DESTAQUES DE NOSSO CATÁLOGO

- Augusto Cury: Você é insubstituível (2,8 milhões de livros vendidos), Nunca desista de seus sonhos (2,7 milhões de livros vendidos) e O médico da emoção
- Dale Carnegie: Como fazer amigos e influenciar pessoas (16 milhões de livros vendidos) e Como evitar preocupações e começar a viver
- Brené Brown: A coragem de ser imperfeito – Como aceitar a própria vulnerabilidade e vencer a vergonha (600 mil livros vendidos)
- T. Harv Eker: Os segredos da mente milionária (2 milhões de livros vendidos)
- Gustavo Cerbasi: Casais inteligentes enriquecem juntos (1,2 milhão de livros vendidos) e Como organizar sua vida financeira
- Greg McKeown: Essencialismo – A disciplinada busca por menos (400 mil livros vendidos) e Sem esforço – Torne mais fácil o que é mais importante
- Haemin Sunim: As coisas que você só vê quando desacelera (450 mil livros vendidos) e Amor pelas coisas imperfeitas
- Ana Claudia Quintana Arantes: A morte é um dia que vale a pena viver (400 mil livros vendidos) e Pra vida toda valer a pena viver
- Ichiro Kishimi e Fumitake Koga: A coragem de não agradar – Como se libertar da opinião dos outros (200 mil livros vendidos)
- Simon Sinek: Comece pelo porquê (200 mil livros vendidos) e O jogo infinito
- Robert B. Cialdini: As armas da persuasão (350 mil livros vendidos)
- Eckhart Tolle: O poder do agora (1,2 milhão de livros vendidos)
- Edith Eva Eger: A bailarina de Auschwitz (600 mil livros vendidos)
- Cristina Núñez Pereira e Rafael R. Valcárcel: Emocionário – Um guia lúdico para lidar com as emoções (800 mil livros vendidos)
- Nizan Guanaes e Arthur Guerra: Você aguenta ser feliz? – Como cuidar da saúde mental e física para ter qualidade de vida
- Suhas Kshirsagar: Mude seus horários, mude sua vida – Como usar o relógio biológico para perder peso, reduzir o estresse e ter mais saúde e energia

sextante.com.br